河南博物院学术文库编辑委员会

主　任　田　凯
委　员　杜启明　丁福利　张德水　刘玉珍　翟宏志
　　　　李　琴　刘　康
策　划　刘玉珍
编　者　王学敏　柳　恒
摄　影　牛爱红等

·河南博物院学术文库·

博物馆
实用讲解艺术

BOWUGUAN SHIYONG JIANGJIE YISHU

(修订本)

王学敏　柳　恒　编著

河南大学出版社
HENAN UNIVERSITY PRESS
·郑州·

图书在版编目(CIP)数据

博物馆实用讲解艺术/王学敏,柳恒编著. —2版(修订本).
—郑州:河南大学出版社,2017.3
ISBN 978-7-5649-2773-8

Ⅰ.博… Ⅱ.①王… ②柳… Ⅲ.博物馆-讲解工作 Ⅳ.G266

中国版本图书馆 CIP 数据核字(2017)第 068475 号

责任编辑 刘小敏
责任校对 何　姣
封面设计 郭　灿

出　版	河南大学出版社
	地址:郑州市郑东新区商务外环中华大厦 2401 号　邮编:450046
	电话:0371-86059701(营销部)　网址:www.hupress.com
排　版	郑州市今日文教印制有限公司
印　刷	河南文华印务有限公司
版　次	2017 年 5 月第 2 版　印　次　2017 年 5 月第 2 次印刷
开　本	720mm×1000mm　1/16　印　张　19.5
字　数	319 千字　定　价　48.00 元

(本书如有印装质量问题,请与河南大学出版社营销部联系调换)

目 录

第一章 讲解概论 ……………………………………………… （ 1 ）
  第一节 讲解工作的内涵 …………………………………… （ 2 ）
    一、何谓讲解工作 ………………………………………… （ 2 ）
    二、讲解工作的作用 ……………………………………… （ 5 ）
  第二节 讲解工作的历史和现状 …………………………… （ 8 ）
    一、讲解工作的历史 ……………………………………… （ 8 ）
    二、讲解工作的现状 ……………………………………… （ 12 ）

第二章 讲解规范 ……………………………………………… （ 23 ）
  第一节 讲解的基本要求 …………………………………… （ 23 ）
    一、讲解时的姿态 ………………………………………… （ 23 ）
    二、讲解时的目光 ………………………………………… （ 25 ）
    三、讲解时的表情 ………………………………………… （ 26 ）
    四、讲解时的举止 ………………………………………… （ 26 ）
    五、讲解时的服饰 ………………………………………… （ 29 ）
  第二节 讲解的程序和原则 ………………………………… （ 30 ）
    一、讲解的程序 …………………………………………… （ 30 ）
    二、讲解的原则 …………………………………………… （ 34 ）

第三章 讲解的方法和技巧 …………………………………… （ 40 ）
  第一节 讲解的方式和方法 ………………………………… （ 40 ）
    一、讲解的方式 …………………………………………… （ 40 ）

二、讲解的方法 ……………………………………………（41）
　第二节　对不同类型观众的施讲 ……………………………（55）
　　一、对一般观众施讲 ………………………………………（55）
　　二、对专业观众施讲 ………………………………………（55）
　　三、对重要来宾施讲 ………………………………………（56）
　　四、对未成年观众施讲 ……………………………………（61）
　　五、对外宾施讲 ……………………………………………（68）
　第三节　不同类型博物馆的讲解特点 ………………………（70）
　　一、科技自然类博物馆的讲解特点 ………………………（70）
　　二、革命纪念馆的讲解特点 ………………………………（71）
　　三、社会历史类博物馆的讲解特点 ………………………（72）
　　四、遗址、景区、园林博物馆的讲解特点 ………………（72）
　第四节　讲解中的一些技巧 …………………………………（74）
　　一、应变观众的技巧 ………………………………………（74）
　　二、带领观众的技巧 ………………………………………（75）

第四章　讲解艺术 ………………………………………………（78）
　第一节　讲解的吐字发声 ……………………………………（78）
　　一、讲解吐字发声的要求 …………………………………（78）
　　二、普通话的有关问题 ……………………………………（80）
　　三、注意普通话的音变 ……………………………………（82）
　第二节　讲解的情感 …………………………………………（84）
　　一、什么是情感 ……………………………………………（84）
　　二、情感的把握 ……………………………………………（85）
　第三节　准确生动地表达内容 ………………………………（85）
　　一、要讲解而不要背诵 ……………………………………（85）
　　二、声音洪亮,吐字清晰,普通话标准 ……………………（86）
　　三、把握好语速、语调和语气 ……………………………（86）
　　四、选择语句重音 …………………………………………（88）
　　五、注意间歇,停连恰当 …………………………………（88）

六、克服语病 ………………………………………（89）
　　七、自控气息和音量 ………………………………（89）
　　八、因人施讲 ………………………………………（90）
　　九、较强的语言表达能力和应变能力 ……………（90）
第四节　讲解风格 ………………………………………（92）
第五节　参赛讲解 ………………………………………（93）
　　一、讲解比赛的作用 ………………………………（93）
　　二、参赛讲解与展厅讲解的异同 …………………（96）
　　三、参赛讲解的特点和具体要求 …………………（97）
　　四、参赛讲解的注意事项 …………………………（102）
　　　　附：参赛讲解有感 ……………………………（103）
第六节　讲解基本功训练 ………………………………（106）
　　一、讲解需要有基本功 ……………………………（106）
　　二、讲解基本功练习方法和内容 …………………（107）

第五章　讲词的编写 ………………………………………（119）
第一节　讲词的特点 ……………………………………（119）
　　一、讲词的文体 ……………………………………（119）
　　二、讲词的文体特征 ………………………………（121）
　　三、讲词的语言 ……………………………………（125）
第二节　讲词的书写形式 ………………………………（130）
　　一、并列对照式 ……………………………………（130）
　　二、前后照应式 ……………………………………（132）
　　三、一般文章式 ……………………………………（136）
第三节　讲词的编写 ……………………………………（139）
　　一、编写步骤 ………………………………………（139）
　　二、编写讲词应注意的问题 ………………………（140）
　　三、讲词编写举例 …………………………………（141）
　　　　附：讲词欣赏（节选）…………………………（145）
第四节　参赛讲词的编写 ………………………………（152）

一、参赛讲词的特点 …………………………………………… (152)
二、参赛讲词的编写 …………………………………………… (153)
　　附：参赛讲词欣赏（河南博物院参赛讲词）………………… (160)

第六章　讲解接待礼仪 …………………………………………… (174)

第一节　礼仪的内涵 …………………………………………… (174)
一、什么是礼仪 ………………………………………………… (174)
二、礼仪的由来 ………………………………………………… (175)

第二节　讲解接待礼仪的原则和表现 ………………………… (176)
一、讲解接待礼仪的原则 ……………………………………… (176)
二、讲解接待礼仪的规范 ……………………………………… (180)

第三节　讲解接待的礼节和仪式 ……………………………… (184)
一、礼节 ………………………………………………………… (184)
二、仪式 ………………………………………………………… (190)
三、接待场所 …………………………………………………… (196)

第七章　讲解队伍建设 …………………………………………… (203)

第一节　队伍组成 ……………………………………………… (203)
一、队伍组成 …………………………………………………… (203)
二、讲解员应具备的素质和条件 ……………………………… (205)

第二节　讲解员的招聘 ………………………………………… (208)
一、招聘的步骤和方法 ………………………………………… (208)
二、考试的过程和内容 ………………………………………… (211)

第三节　讲解员的培养和培训 ………………………………… (213)
一、培养和培训讲解员的原则 ………………………………… (213)
二、培养和培训讲解员的方法和步骤 ………………………… (214)
三、岗前培训 …………………………………………………… (220)

第四节　科学管理 ……………………………………………… (222)
一、建立健全各项规章制度，认真严格执行奖惩 …………… (222)
二、坚持文明礼貌和优质服务 ………………………………… (222)

三、规范管理 ……………………………………………………… (224)
　　四、建立考核和评比制度 ………………………………………… (224)
　　五、建立岗位监督机制 …………………………………………… (230)
　　六、稳定队伍 ……………………………………………………… (230)
　　　　附1：河南博物院讲解员有关规章制度 ………………………… (233)
　　　　附2：河南博物院讲解效果调查表 ……………………………… (236)

第八章　讲解志愿者 ……………………………………………………… (237)
第一节　志愿者的概况 …………………………………………………… (237)
　　一、志愿者的含义 ………………………………………………… (237)
　　二、志愿者的现状 ………………………………………………… (238)
　　三、志愿者与博物馆之间的关系 ………………………………… (246)
第二节　志愿者的组织和管理 …………………………………………… (247)
　　一、志愿者的职责、权利和义务 ………………………………… (247)
　　二、志愿者的组织和管理 ………………………………………… (249)
第三节　志愿者的招募 …………………………………………………… (257)
　　一、志愿者的条件 ………………………………………………… (257)
　　二、志愿者的招募办法 …………………………………………… (258)
　　三、志愿者的招聘程序 …………………………………………… (258)
第四节　志愿者的培训 …………………………………………………… (262)
　　一、志愿者的培训类型 …………………………………………… (262)
　　二、志愿者培训的内容和方式 …………………………………… (263)
　　　　附：志愿者的感想和体会 ……………………………………… (264)

第九章　讲解对象——观众 ……………………………………………… (269)
第一节　观众的类别 ……………………………………………………… (269)
　　一、观众的分类方法 ……………………………………………… (269)
　　二、讲解量与观众 ………………………………………………… (271)
　　三、听讲群体的变化 ……………………………………………… (272)

第二节 观众的信息反馈 ……………………………………（275）
一、观众信息反馈的手段 ………………………………（275）
二、对观众的调查研究 …………………………………（276）
第三节 观众的心理研究 ……………………………………（278）
一、概说 …………………………………………………（278）
二、观众的需要和动机 …………………………………（280）
三、观众的兴趣和注意 …………………………………（282）
四、观众的感觉和知觉 …………………………………（285）
五、观众的记忆和遗忘 …………………………………（288）
六、观众的思维和想象 …………………………………（290）
七、观众的情绪和情感 …………………………………（293）
八、观众的意志 …………………………………………（295）
第四节 观众的心理特征 ……………………………………（295）
一、一般观众的心理特征 ………………………………（295）
二、青少年观众的心理特征 ……………………………（296）
三、专业观众的心理特征 ………………………………（298）

参考资料 …………………………………………………………（300）

后　记 ……………………………………………………………（302）

再版后记 …………………………………………………………（303）

第一章 讲解概论

博物馆是保存人类文明实物例证的机构。走进博物馆,便走进了浩瀚的人类文明,走进了光怪陆离的自然生态。这里储藏着人类的记忆和情感,人们在这里完成了从看到思、从物到心的认识过程。

博物馆界一般认为,现代意义的博物馆具有收藏、科研、教育三种职能,其中的博物馆教育是一种社会教育,它的产生是社会的需要,是社会发展到一定阶段的产物。博物馆在一开始并不具有教育功能,在18世纪和19世纪以前,它只是珍品古玩收藏场所。随着近代资产阶级革命,出现了科学文化普及运动,作为被上层社会垄断的神圣的艺术殿堂的博物馆开始向公众开放,初步具有教育性能。到19世纪和20世纪,博物馆才逐渐成为社会教育机构,和学校教育并立于历史舞台。

讲解工作是实现博物馆社会教育职能的重要手段和途径,是博物馆社会教育工作的基本组成部分,居于博物馆工作的第一线,是博物馆工作的窗口。它是一种传播人类精神文明的高尚工作,是让博物馆陈列品说话的主体媒介,也是使讲解员与观众产生感情交流、传播知识的重要载体,人们称赞它是"文物与观众之间的桥梁",是"博物馆与观众之间的桥梁与纽带"。有人还说:"讲解,同藏品、陈列一样,是构成博物馆不可缺少的基本因素。"还有人认为:"博物馆教育活动的三个基本因素是教材(陈列)、教师和观众,离开这三项活动就无法开展工作。"[①]原国家文物局局长吕济民说:"以前评价一个博物馆,主要以藏品的数量和质量,有的再加上陈列面积和观众多少;而现在主要是看

---

① 唐云俊:《博物馆教育浅议》,《中国博物馆》1988年第4期。

在搜集、研究和陈列上的作用如何,尤其重视陈列质量,重视吸引群众,重视对人民的宣传教育作用。"①陕西半坡博物馆研究员赵文艺曾撰文说,设立专职讲解员是中国特色的体现,观众一致反映,参观博物馆讲与不讲大不一样,它集中反映了广大人民群众对人工讲解的欢迎与认可。而它的神奇魅力也是其他任何手段所无法取代的,也是我们本行业同仁公认的事实。

第一节 讲解工作的内涵

一、何谓讲解工作

1. 讲解的定义

对讲解的定义目前有这么几种认识:

(1) 讲解是通过口语的分析说明或演讲进行表达思想感情的活动,是说话的艺术。

(2) 讲解是在熟悉陈列内容的基础上,针对观众需求,运用知识储备、语言艺术、讲解技能和真挚情感进行寓教于乐的教育行为。②

(3) 讲解是剔除了中介物而由传播者——讲解员与传播对象——观众之间进行面对面交流的一种大众传播形式。这种传播形式的特点是:无论是讲解员还是观众,他们每个人都是作为一个完整的人进行全面交流的。因此,彼此之间能够传递更多、更全面的信息。所以,讲解不仅是语言符号而且也是非语言符号的传播方式。③

(4) 讲解是以博物馆陈列(展览)为依据,由讲解人员进行提炼、选择,运用语言艺术、讲解技能和真挚的感情,向观众有针对性地传播知识和信息的一种教育行为,同时也是一门综合性的艺术。④

---

① 吕济民:《世界博物馆的演变及其发展趋势》,《中国博物馆》1985年第4期。
② 齐吉祥:《以人为本 服务至上 开拓创新 持续发展》,阎宏斌、郑智主编:《社会化视野下的博物馆教育》,北京:文物出版社2006年版。
③ 曾广庆:《浅论讲解的若干原则及技巧》,河南省博物馆学会编:《博物馆学论丛》(4),郑州:中州古籍出版社1994年版。
④ 北京博物馆学会编:《博物馆社会教育》,北京:燕山出版社2006年版。

（5）讲解就是通过一定的文献资料或实物材料进行系统、完整的甄别、了解、分析、去粗取精、去伪存真后，得到的由感性认识上升到理性认识的，并经过一定的表达方式和方法，通过口头语言和肢体语言所表达出来的一门综合艺术。①

（6）讲解是知识和语言的高度综合，是专业性、知识性和艺术性很强的专门职业。②

以上这些认识从不同角度对博物馆的讲解工作作了诠释。本人赞同他们的认识，也谈一下自己的见解："博物馆的讲解是通过口语的分析说明或演讲，对观众所参观的内容进行引导和传播交流信息的活动，属于说话的艺术范畴。"

根据中国博物馆各馆的具体实际，特别是一些中小型的博物馆的实际情况，讲解工作不仅包括对观众的解释说明，还包括与其相关的延伸工作，如咨询、外出宣讲、讲课、讲座，甚至接待服务工作等。

博物馆讲解工作是一门独立的行当，是其他行业无法替代和兼并的。讲解工作与一些相关的行业如导游、教师、主持有不少相似之处。在语言艺术上，它与主持、播音有相同的基本要求，如使用标准的普通话，注重吐字发声，讲究语言艺术，要求达到生动感人等等。在引导观众方面它又与导游相似，因此人们大都认为讲解员就是导游员，甚至有不少人把讲解员干脆称为"导游员"。在传授知识方面它又与学校的教师接近，再加上国外的不少博物馆就称讲解员为"博物馆教师"，于是有人又认为其为老师。但是讲解工作和这些行业又有一些不同，我们可以作一些比较来加以说明。

2. 讲解与相近行业的异同。

（1）讲解与导游的异同

相同之处：都要组织引导游客或观众，通过说话的艺术调动大家的情绪，语言口语化，通俗易懂。

不同之处：

---

① 李剑文：《浅议博物馆讲解工作》，《中国文物报》2008年4月25日。
② 《培养职业精神　传播红色文化——关于革命纪念馆讲解员职业精神培养》，《中国文物报》2009年3月2日。

	讲　解	导　游
目的	引导、宣传、传播、交流	引导、宣传、休闲娱乐
内容	具有专业性，讲究科学性、知识性，提倡融入趣味性	注重趣味性，提倡知识、科学性
要求	仪态、普通话、声音、吐字，有一定的语言表达和应变能力，基本专业知识要精深	口齿伶俐、有一定的应变和待人接物的能力，知识面要宽，但不一定精深
风格	亲切自然、庄重大方	亲切自然、活泼家常

（2）讲解与主持的异同。

相同之处：都要能驾驭、组织观众，注重文化、知识底蕴，讲究有声语言的艺术魅力，注意仪表等。

不同之处：

	讲　解	主　持
目的	引导、宣传、传播、交流	调动感染观众、活跃气氛
内容	具有专业性	五花八门
要求	有一定的语言组织能力和应变能力	有较强的语言组织能力和应变能力
风格	较矜持庄重	较松弛灵活

（3）讲解与教师教学的异同。

相同之处：都要精通某些专业，掌握施教的方法，注重教育效果。

不同之处：

	讲　解	教师教学
目的	引导、宣传、传播、交流	教书、育人
手段	利用陈列展览，直观生动	利用书本，欠直观生动
方法	利用语言艺术效果和一定的施教方法	利用多种施教方法，可以深入浅出、举一反三
对象	各种观众	学生
效果	基本上是一次性的，会产生一定的印象	多次施教、反复练习、考试，会留下深刻的印象

由此可以看出，博物馆的讲解员与导游、主持、教师的工作是比较接近的，

属于姐妹行业;但同时他们又有一些不同之处,都有各自的特点和优势。讲解是介于它们之间的一种工作,既需要向他们学习借鉴,又不能全盘吸收,必须探索自身行业的特点和规律,走自己的路。

二、讲解工作的作用

1. 引导作用

在观众的参观活动中,讲解员要带领听讲观众并引导观众参观,指示参观路线和内容。随着讲解员的引导,既方便了观众的参观,又节省了观众的参观时间,使观众省心省力,这种引导作用是显而易见的(见图1-1)。

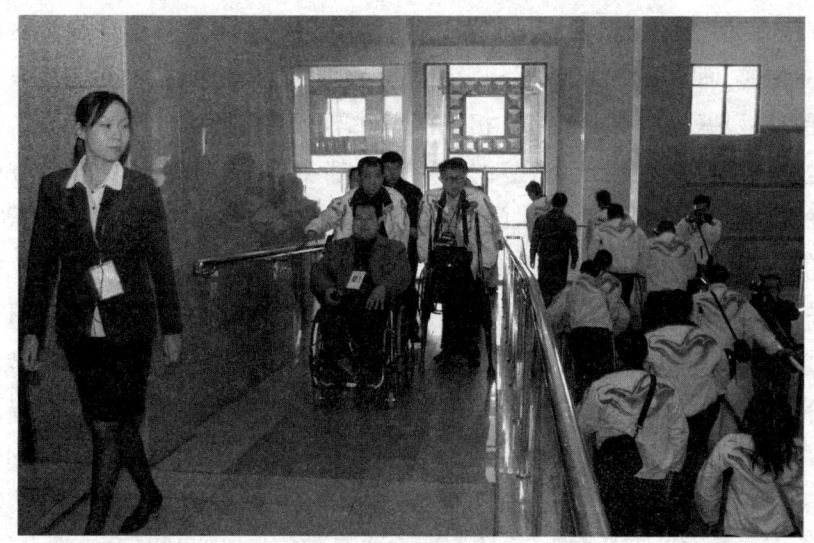

图1-1 讲解员的引导作用

2. 认识作用

讲解员的讲解可以帮助观众认识和理解陈列展览内容,揭示陈列展览的深刻内涵,提高观众的鉴赏能力。观众看到的多是一些表象的东西,而博物馆的陈列说明也往往比较精炼,如果陈列手法再比较简单,那么观众就不可能全面理解和认识博物馆陈列展览的主题和用意,有的甚至不能认识文物或展品的价值所在,特别是对那些艺术价值较低的文物或展品,比如原始社会的红陶、灰陶器和石器等。过去经常听到观众看到这些文物后发出的怨言"破盆烂罐,没什么好看的!"在展厅匆匆而过。但如果听到讲解后,他们则会发出:

"我们的祖先多么了不起,在几千年前都能有这样的发明创造!"的感叹。不少观众反映,"听讲和不听讲就是不一样","不听讲根本看不出什么!"这就是讲解所产生的认识作用。

3. 传播、交流作用

国际博物馆协会在远景规划中称,"博物馆必须成为传播知识、交流思想的积极参与者",并将"支持博物馆成为社会和文化发展的工具"作为未来十年远景规划的第一目标。博物馆的种类繁多,各馆的陈列展览各有不同,整个来说博物馆的知识可以包罗万象。穿梭于其中的讲解工作,笼统地说可以传播各种科学文化知识和信息,有"传道、授业、解惑"[1]之功效,可以说它也是一种口头传播的大众媒体。在博物馆里,知识的传播不再只是讲解员向观众的单向传递,而是双向交流,互相影响。"社会学研究表明,互动是交往双方在互通信息、根据各自所提供信息相互认识并不断调整行为方式的交往。而在信息技术不断发展的今天,人际的一切交往都在起着交流的作用。一方面讲解员的讲解是根据观众所提供的信息(职业、年龄、文化程度、参观需求等)将陈列信息有目的和有针对性地提供给观众;另一方面观众对这种目的性和针对性的讲解效果做出反应,并提供给讲解员。讲解员接收到这些效果信息以后,对自己提供的陈列信息的效果有一个正确的估计,并以此为依据,修正和调整自己的行为方式,以求得最好的宣传效果"[2]。在人们的素质不断提高的今天,更是如此。传播者与被传播者之间不仅互通信息,而且在这一过程中会产生良性互动,这一现象是新时期博物馆讲解工作的一个特点。这种信息的交流大概表现在以下几个方面:来自观众自身的信息、知识的信息、学术信息、馆际信息、社会信息、国际信息。在这种交流中,不仅加深了双方的理解,同时也进行了情感的交流。

4. 弥补陈列展览之不足

陈列展览内容受到陈列空间的限制,不可能将其深刻的内涵全部展示,而讲解则不受空间的限制,可灵活地把握内容,可深可浅,可长可短,从而弥补陈

---

[1] 韩愈:《师说》。
[2] 肖国梁:《试析讲解员与观众的互动因素》,湖南省博物馆学会编:《博物馆学文集》(三),1992年。

列展览的空缺,延长陈列展览的空间。

5. 启发联想作用

德国教育家第斯多惠说:"教育的艺术不仅在于传授本领,主要的是善于激励、唤醒和鼓舞。"陈列内涵的丰富和多层次、多侧面性,使欣赏者可以从不同的角度去认识和把握,"智者见智,仁者见仁"。它的多意性给欣赏者留下了想象、联想和再创作的广阔空间。例如观众在看到司母戊大方鼎或听到对它的介绍时,各自脑海中都会想象出一种它的摆放或祭祀场面,并且还会浮想联翩。再如有时观众参观欣赏一件艺术品后,会在此基础上受到启发,脑海中产生新的艺术创作形象,甚至会产生创作灵感。通过对科技内容的参观,激起观众发明创造的灵感,从而引发新的发明创造。这种通过艺术作品,引起观众对美的想象,引起新的艺术创作的行为,就是启发联想的作用。由于观众的兴趣、思维认识等基础的不同,在博物馆会得到不同的启发联想,观众听同一个讲解员讲解、观看同一件青铜器,当问他们的感受时会有不同的答复,这就是每个人通过听讲和观看陈列展览后所受到的启发和联想的不同。

6. 审美作用

讲解可以给人以美的享受,这种美来自三个方面(见图1-2):

图1-2 引导观众审美

第一,讲解的内容,特别是文物自身的艺术价值。那优美的造型、流畅的线条、绚丽的色彩,给观众以极大的美感和震撼。郭沫若先生曾说过,"人的根本改造应当从儿童的感情教育、美的教育入手",而美育的积极倡导者蔡元培先生则把博物馆看成是美育教育的殿堂。博物馆在提高美育修养中有得天独厚的优势,博物馆里众多精美绝伦的艺术品,都可以使观众受到美的熏陶,提高其审美能力,纯化自己的心灵。当观众面对着那色彩绚丽的彩陶、锈色斑驳的青铜器、秀骨清相的石刻造像时,随着讲解员通俗易通的语言,由浅入深地引导,使他们发现其中的美,包括内在的美和外在的美,让这些不同的"美"唤起情感上的共鸣,使他们在参观博物馆的同时会不知不觉地接受了美的熏陶。

第二,讲解员自身的魅力。对观众热情礼貌的接待和认真的工作态度,优雅的仪态等,会给观众留下美好的印象,为观众带来美的感受和心灵的愉悦。

第三,讲解员语言的艺术美。如生动的语言、优美的嗓音、清晰的吐字、感人的语调以及流畅的表达等等。讲解员在为观众讲解时,常选用一些优美的语句和形象的词汇以及典故、诗词等来说明自己的讲解内容,起到感染观众、教育观众的作用,充分发挥讲解语言的魅力。例如洛阳博物馆的讲解员在讲解洛阳的概况时,常引用宋代文学家司马光的一句诗作为概括:"欲问古今兴废事,请君只看洛阳城。"一句点睛之语,高度而形象地赞美了洛阳,还避免了"老王卖瓜,自卖自夸"之嫌,深受观众喜爱。河南博物院讲解员赵唯唯在为江泽民总书记讲解古代建筑时,采用了一句极富哲理的名言:"音乐是流动的建筑,建筑是凝固的音乐。"得到江泽民总书记的赞赏。此类事例不胜枚举,在展厅观众留言簿上,常看到一些观众赞美讲解员的话语:"听他们讲解是一种艺术享受。"这足以证明讲解工作所具有的美育作用。

长期以来,讲解工作在面向大众,服务社会,进行爱国主义教育和宣传方面起到了独特的作用,为社会和广大群众所称道,成为社会的一种需要。

第二节 讲解工作的历史和现状

一、讲解工作的历史

1. 讲解工作的起源

讲解工作起源于何时,目前尚无定论。马青云认为,世界博物馆的讲解起源于法国罗浮宫:"1789 年法国资产阶级革命爆发。1793 年法国共和国艺术博物馆成立,它由一个管理委员会管理,向公众开放。当时虽无专门宣传讲解机构,但管理委员会的成员实际上担负着为重要人物参观介绍的任务。"①中国的讲解源于周代的"春官"之职,"博物馆的讲解,作为一种文化现象,可追溯到遥远的古代。我国博物馆萌芽状态的讲解,究竟起于何时,目前尚未有定论。周代已设'春官'之职,专管收藏王室宝物的祖庙。如果说周代祖庙被视为博物馆的萌芽,那么'春官'在向周王及其臣属介绍这些宝物时,实际上已经充当了萌芽状态的博物馆讲解人员了"②。

据有关资料介绍,现代意义上的讲解工作,大约出现在19世纪初期的美国。1869年美国纽约州科学博物馆大兴讲学之风,密切配合学校对学生进行教育;1892年美国波士顿美术馆举办学术讲演课程;1903年美国圣塔易博物馆还培训一批工作人员,编写教学大纲,为学校服务。1906年美国波士顿艺术博物馆增设讲解员,称为"docent"(临时教员),每周二、四、六上午讲解1小时。此后欧美的许多博物馆都陆续增设讲解员,大多称为"博物馆教师"。苏联在伟大的十月革命胜利后,在许多博物馆特别是在反映卫国战争的博物馆、纪念馆里都设有讲解员,他们大多由大学本科毕业生担任,称为"导游讲师"。另外还有一些参加过卫国战争的战士、战斗英雄到博物馆当讲解员。

中国博物馆的讲解工作大概出现于20世纪早期。"中国最早倡导博物馆对观众提供讲解服务的是创办南通博物苑的张謇。他于1905年向清政府建议在京师建设帝室博物馆时提出:'遴派观察员、招待员,用为纠监导观之助,必须通东西洋语言文字二三员,以便外宾来观,有可咨询。'这里的'导观'即是通过讲解引导观众参观,而且要有英、日语的讲解。遗憾的是他的愿望未能实现。"③

1925年,故宫博物院成立后,一些老学者开始收费为观众讲解导游。1927年河南博物馆建立,据新中国成立前该馆出版的《河南博物馆馆刊》记载,该馆设有"宣教员"。这些大约就是我国早期的讲解员了。据有关资料介绍,三四十年代,陕甘宁边区举办了一些英雄模范人物展览,请英雄模范现场演讲、说教,又抽调部队文工团员、文化工作者做解说宣传工作,这些大约就是

---

①② 马青云:《讲解艺术论》,成都:四川大学出版社1994年版。
③ 北京博物馆学会编:《博物馆社会教育》,北京:燕山出版社2006年版。

中国共产党领导下的早期讲解员了。

1949年7月7日,东北博物馆正式开馆,成为新中国成立前夕,最早建成开放的一座人民博物馆。该馆招收讲解员,成立讲解组。这批人员是目前所知,新中国成立前夕的第一支专职讲解队伍。①

2. 讲解工作发展的历史

讲解工作的真正起步,还是中华人民共和国建立后。1951年"文化部确定北京历史博物馆和故宫博物院为改造重点,借鉴苏联博物院的经验,设立群众工作部,担负对观众的联络、组织和讲解工作。当时从事讲解工作的人员称为说明员或讲解员"。"由于新中国成立之初,百业待兴,加之教育的不发达,各方面都缺少高文化程度的干部,当时的讲解员大多只有初中、小学文化程度,也没有对讲解人员的专门业务培训。"②据资料介绍,新中国的第一批讲解队伍已明确以宣传历史唯物主义和爱国主义为主要任务,并逐步建立完善了讲解制度。第一代讲解员成为博物馆宣教工作的垦荒者,开创了"阵地讲解"与"流动展览讲解"的新局面。他们先后接待了毛泽东、周恩来、刘少奇、朱德等党和国家领导人及外国贵宾,受到好评。还撰写了一些有关博物馆讲解的论文和文章,对讲解工作进行了有效的研究和探讨。在此影响下,各省市有些比较大型的博物馆也都纷纷开始了讲解工作。到1955年,全国的50所博物馆普遍建立了讲解队伍,称为"群众工作部",当时凡举办陈列展览大都有人讲解。"1956年5月文化部召开了全国地志博物馆会议,文物局副局长王冶秋在大会报告中提出'讲解工作是博物馆文化教育工作最前线,讲解的效果直接影响广大观众,讲解员就是观众的老师,作为老师只有进行科学研究,精通自己的业务,熟悉每一件展品,并能解答观众,才能更好地帮助观众提高思想水平和科学文化水平,才能更好地发挥博物馆的文化教育作用'"③。后来,人们谈到讲解工作时,往往用"第一线"、"前沿"等词汇来说明它的重要性。

1959年,中国历史博物馆、中国革命博物馆和中国军事博物馆相继建立,在周总理的直接关怀下,从应届毕业的大、中学生中挑选了40名大学生和60名高中生,又从各大军区选拔200名解放军官兵,吸收为中国历史博物馆、中国革命博物馆和中国军事博物馆的首批讲解员,组成了新中国成立后最为强大的讲解

---

①②③ 北京博物馆学会编:《博物馆社会教育》,北京:燕山出版社2006年版。

队伍,并建立了讲解员的独立机构——"群工部",全国各地也开始效仿。

20世纪60年代,博物馆的讲解工作进入了第一个高潮期,中国历史博物馆、中国革命博物馆等开展了讲座、辅助教学、电化教育等工作,创造了"因人施讲"的宝贵经验,根据不同类型观众的需要有针对性讲解。有的编写了适应小学生、初中生、一般听众、外宾等不同需要的几套讲解稿。当时也存在一些制约博物馆讲解工作发展的因素,大多数讲解员身兼讲解员、保管员、安全员、清洁员等数职,无力向专业化方面发展;另外"大多数讲解员业务知识贫乏和有些馆过分强调所谓的政治性、思想性,故在讲解内容上多为照本宣科,熟练背诵讲解稿。人们总结、交流讲解经验,也主要是着眼于讲解技巧。这也导致社会上对讲解工作的一种错误认识,认为讲解就是'背稿'……"①并派生出讲解工作是"青春职业"的认识。

20世纪60年代末到70年代末,为中国十年动乱时期。这一时期许多博物馆都一度关闭,讲解工作也步入了它的低谷。党的十一届三中全会后,随着各地博物馆工作的复苏,讲解工作又开始了新的起步。在搞好阵地讲解的同时,开展了小版面流动展览到偏僻的农村、学校、部队、工厂等进行讲解宣传,发挥了应有的作用。"被誉为'文博战线轻骑兵'的小分队格外活跃,如东北烈士纪念馆的小分队,除深入本省各地宣传烈士事迹外,还在国家文物局的倡导下,到全国16个省、市宣讲烈士事迹2000多场,受教育人数达160万人次。他们出色的工作,得到民政部、文化部、解放军总政治部、黑龙江省委等领导机关的嘉奖"②。同时也成为小版面流动讲解的一面旗帜。1982年中国博物馆学会建立,并同时召开了包括博物馆群众教育工作在内的学术讨论会。1985年中国博物馆学会又在哈尔滨召开了专门的"群众教育工作学术讨论会",对于博物馆的群众教育工作特别是讲解工作起到很好的推动作用。

为了进一步推动博物馆的宣教工作,1986年,国家文物局在天津召开全国博物馆第一次群众教育工作座谈会,针对当时大部分博物馆讲解员实行的"三员一体"制,会议所发《纪要》中明确提出:"讲解、保管、卫生三员一体,不利于群众教育工作的开展和群众教育队伍素质的提高。"并要求省级以上博物馆尽快改变"三员一体"局面,建立博物馆专门教育机构,配备专职的群众

---

①② 北京博物馆学会编:《博物馆社会教育》,北京:燕山出版社2006年版。

教育人员,有力地推动了博物馆包括讲解在内的社会教育工作的蓬勃发展。这时期许多博物馆都摒弃了"群工部"的名字,更名为"宣教部"或"社会教育部"、"公关部"等。1987年前后,一种专门的博物馆群众教育研究团体出现,如"北京社会教育专业委员会"、"江苏省群众教育研究会"等相继建立。1988年9月,"中国博物馆学会社会教育委员会"在北京成立,全国的博物馆社会教育工作者有了自己的学术团体和带头人,博物馆的社会教育工作又进入了一个新的阶段。为了提高讲解水平,更好地宣传博物馆和家乡的文物,国家文物局和中国博物馆学会,于1992年9月18日至22日在南京首次举办了全国讲解员讲解比赛,在讲解队伍中引进了一种新的竞争机制。此后于1997年10月和2004年9月又两次举行全国讲解比赛。在此期间,还分门别类或按地域举行了各种讲解比赛。在一定程度上提高了讲解水平,成就了一批新人,展示了讲解员的风采。自20世纪90年代至今,不少讲解员已经涉足讲解理论的研究领域,"出现了《博物馆教育入门》《讲解艺术论》《博物馆社会教育工作》等一批专著,还有许多研究论文"[①]。

二、讲解工作的现状

几十年来,讲解工作一直是中国博物馆宣教工作的重头戏,特别是近些年来许多新建的博物馆、纪念馆在这方面都做得相当出色,不少博物馆还将这项工作做成了精品。可以说,今天的讲解工作已经步入成熟化、系统化、规模化,并有一定理论指导的时期。

1. 讲解队伍壮大

我国的博物馆到目前已达到2400余所,许多过去没有讲解员的博物馆都建立了专职讲解队伍,目前绝大多数博物馆都有讲解人员从事对观众的讲解服务工作,讲解队伍不断壮大。以河南省文物系统的讲解员为例,在20世纪八九十年代,讲解员仅有一二百人,如今已发展有五六百人。据不完全统计,现在全国文博系统大约有两三万人专职或兼职从事此项工作,为开创讲解工作的新局面做出了贡献(见图1-3)。

---

① 2003年,齐吉祥在南京"中国博物馆学会社教委员会换届改选暨学术讨论会"上的总结发言。

图1-3 河南博物院讲解员队伍

许多博物馆特别是一些大馆,除了有一定数量的专职讲解员外,还有一定数量的兼职讲解员或志愿者。志愿者服务现在已经成为衡量现代社会文明程度的一个要素。博物馆志愿者是博物馆与公众联系的桥梁和纽带,志愿者的参与不仅有利于公众对博物馆的了解和支持,同时也为志愿者更多地获取藏品知识乃至感受博物馆文化创造良好的机会。随着各馆志愿者队伍的出现和不断发展,他们除了为观众讲解以外,还是博物馆对观众服务的主体,同时也是对外宣传的载体。它的成分覆盖了社会的方方面面,有退休的、在职的,还有一些大学生(见图1-4、图1-5)。

2. 层次提高

如今讲解员的文化程度由过去的平均中学水平提高到大专水平,还有不少为本科文化程度,甚至研究生学历。人员素质得到很大提高,队伍的专业组成更加趋于合理。

一些较大的博物馆还根据观众的层次,设置两三个档次的讲解人员,即一般讲解人员、知识较丰富并有一定接待经验的讲解人员和专业讲解人员。大量的一般性的讲解,由参加工作不久的年轻讲解人员来承担;有特殊要求的观众安排知识较丰富的优秀讲解人员来承担;而对专家、学者和较高身份的观众则安排专业型的讲解人员或专家来担当。有的博物馆还增加了辅导员、老师等称谓。

图1-4　河南博物院志愿者在安阳殷墟

图1-5　河南博物院"国宝讲解小明星"选拔现场

3. 改进和提高了讲解手段

（1）增加了人工讲解的语种。这样不仅满足国内观众的需求，同时也注意到外宾的需要。在人工讲解方面除了以汉语讲解为基础语种外，不少馆都设有英语讲解，有的馆还增加了日语、法语、俄语、德语等多语种的讲解，以满足日益增多的外宾的需要。

（2）引进了电子讲解系统，扩大了讲解的范围。近年来在讲解中还引进了一些高科技的产品，或将一些高科技原理运用到讲解中来。1987年陕西西安半坡博物馆首次试行声光同步的电子讲解，当观众步入遗址大厅，就能听到声音洪亮、吐字清晰的汉语讲解，并随着讲解，有指示灯引导观众进行参观。1988年故宫博物院与美国录音导游公司及香港中萃发展有限公司合作，利用录音系统，制成具有10种语言的便携式语音导览器，供观众参观租用，满足了外宾和零散观众的需要。随后上海博物馆、河南博物院、陕西秦始皇陵兵马俑博物馆等都已使用这种产品。这在很大程度上改进了讲解手段。近年来，故宫博物院又"引进一种新型的语音导览设备——电子讲解设备。这种电子导游讲解设备与传统的语音导览设备有着本质的区别，它实现了从普通讲解播放器向智能电子导游讲解设备的质的飞跃，它不再只是简单的播放器，更是一个集智能化与人性化于一体的全自动电子导览设备"①，为广大观众参观提供方便（见图1-6）。

（3）改进了观众咨询手段。有许多博物馆如上海博物馆、河南博物院、秦始皇陵兵马俑博物馆等，都通过电脑触摸屏，提供参观内容和顺序、场所位置、知识问答等有关咨询，改变了过去那种单一的人工咨询形式，快速便利。有的博物馆还采取电话咨询和网上咨询。

4. 改进并创新了讲解形式和方法

目前，讲解的形式和方法已经有了很大的改进和提高，并有不少借鉴和创新。

（1）改变单一说教的模式。长期以来，大多数博物馆形成了以说教为主的单一讲解教育模式。这一教育模式以讲解员的"讲"为主，观众成为被动的"听众"。这种说教模式只是一种知识的灌输，不利于激发观众的兴趣和调动

---

① 阎宏斌：《谈语音导览在故宫博物院的运用》，阎宏斌、郑智主编：《社会化视野下的博物馆教育》，北京：文物出版社2006年版。

图1-6 电子讲解设备

其思考的积极性,在很大程度上制约了博物馆教育功能的发挥。目前许多博物馆的讲解员已改变了这种单一的说教模式,采取多种形式的互动教育方式,充分调动观众的积极性,使之参与其中,由被动地"听"转变为主动地吸收知识,最大限度地发挥博物馆的教育功能。在讲解教育中,根据观众的心理营造一种使之自由参与的宽松的空间氛围,与之建立一种平等尊重、信任和谐的关系,鼓励并调动其积极性,使之充分表达自己的思想、情感,体验到参观的乐趣,从而提出问题,自行获得知识、运用知识(见图1-7)。

(2) 分层次进行教育。有的博物馆针对观众年龄和受教育程度的不同,将青少年至少划分为小学生、中学生和大学生三个基本层次,并根据其不同年龄的特点,设计专门的讲解教育计划,安排与之适应的讲解员。

(3) 创新讲解形式。有一些博物馆特别是纪念馆,如延安革命纪念馆、重庆歌乐山纪念馆、北京抗日战争纪念馆、广州鸦片战争纪念馆、辽宁省博物馆等利用自身的特点将讲解与朗诵、讲故事、唱歌、跳舞、演奏乐器、乐曲结合起来,与情景剧、活报剧的演出有机地结合起来,收到了很好的教育效果,是对讲解工作的一种延伸。充分发挥了观众在参观学习过程中的主动性、积极性与创造性,使他们在参观过程中真正感受到参观的乐趣,记忆深刻。

图 1-7　河南博物院展厅寻宝，激发少年儿童的兴趣

鸦片战争纪念馆紧扣虎门销烟和鸦片战争这一历史题材，充分利用禁毒教育和国防教育的优势，在 2005 年和 2006 年，积极到威远职业中学等学校、沙角部队、大宁社区开展有关毒品防范和鸦片战争的知识讲座，使广大青少年认识到毒品的危害，珍爱生命，拒绝毒品，号召广大青少年为中华民族的伟大复兴而努力学习。并创编了禁毒的活报剧，利用新的方式和手段，丰富了青少年及广大观众获得历史知识的途径，走出了一条融教育、交流于一体的富于吸引力和感染力的新路子（见图 1-8）。

辽宁博物馆大胆创新讲解形式，将在讲解中比较难以理解的原始社会时期人们的生产、劳动情况，创作成情景剧《叩开历史的大门》，由讲解与话剧表演穿插进行，使那些遥远的朦胧的内容走进了观众的视线和脑海，变得通俗易懂、生动有趣（见图 1-9）。

抗日战争纪念馆将讲解与朗诵结合，由一人作为讲解员出现在舞台上，另一人作为第一人称的抗日英雄人物赵一曼也出现在舞台上，通过朗诵式的独白，将在讲解中难以言表的赵一曼的心理活动得以充分展示，催人泪下（见图 1-10）。

有的博物馆改变由一人一讲到底的形式，出现联讲的新形式，使观众颇有新鲜感，增加了听讲兴趣。如河南博物院创新的三人联讲"莲鹤方壶"的形

图 1-8　广东鸦片战争纪念馆活报剧《远离毒品》

图 1-9　辽宁省博物馆情景剧《叩开历史的大门》

式：一位讲解员讲解莲鹤方壶的外部特征；一位讲解员讲解莲鹤方壶的铸造工艺；一位讲解员讲解莲鹤方壶的流传经过。三个讲解员从不同角度向观众讲解了"莲鹤方壶"，通过这种新形式把"莲鹤方壶"立体地介绍给观众，使观众真正感悟"莲鹤方壶"的魅力，对它留下极为深刻的印象（见图 1-11）。

图 1-10　北京抗日战争纪念馆讲解、朗诵《赵一曼》

图 1-11　河南博物院三人联讲《莲鹤方壶》

　　河南安阳殷墟博物馆在讲解甲骨文时,还独创了由一人讲解,另一人在旁边将她讲的甲骨文字笔画和线条用优美的形体动作图解的新形式。

　　原有的外出演讲活动如今也有所发展,由一个单位的外出演讲发展成多个博物馆联合外出演讲,如陕西省组织了全省优秀讲解员的联合演讲活动。

不少博物馆在单纯演讲的基础上与多媒体结合,使演讲活动更胜一筹(见图1-12)。

图1-12　江苏南京梅园新村革命纪念馆多媒体讲解《一张地图》

龙华烈士纪念馆在加强青少年思想道德建设中,为进一步探索创新各种教育资源的合作模式,以获得 1+1>2 的教育效果,精心打造情景诗剧《先驱》。该剧已在上海10所高校进行了巡演,在大学校园里引起较大的反响和好评,社会各界也对该剧给予高度的关注。《文汇报》在头版头条以《情景诗剧〈先驱〉感动大学校园》为题,深度报道了该剧的演出盛况,上海电视台、《解放日报》也作了相应的报道。该剧把思想道德建设与文化艺术活动紧密结合起来,通过寓教育于艺术的情景诗剧形式,将民族精神教育渗透到青少年的社会实践中,为培育和弘扬民族精神,深化民族精神教育走出了一条新的途径。该剧已成为上海文化发展基金会的资助项目,为当代青少年及大学生,特别是未成年人思想道德建设提供了一部生动、形象的爱国主义教材。同时,也为博物馆集聚社会力量,合作开发各种教育资源做了有益的探索和尝试。

龙华烈士纪念馆还创作演出音乐诗画《又是清明花开时——来自龙华烈士陵园的报告》,根据牺牲于上海的欧阳立安、殷夫、茅丽瑛、王孝和、李白等五位烈士的事迹,采用烈士与青少年对话的形式创作的音乐诗画,曾荣获上海市"民政之花"创作表演一等奖,并参加了在上海图书馆举行的由上海朗诵艺术中心主办、上海文广新闻传媒集团文艺频道承办的"祖国啊,我亲爱的祖国"庆祝中华人民共和国成立55周年大型主题朗诵会。如今《又是清明花开时》已走出纪念馆,走进学校、走进社区,赢得了社会各界群众的广泛赞誉和好评。

目前在科技馆又悄然兴起一种科普剧的表演形式,是对科技馆讲解的一种延伸,它比起操演试验更生动,使观众特别是儿童在轻松、愉快的氛围中实现了对深奥的科学原理和现象的领悟。

"科普剧是当前国际上流行的一种全新的、独特的科普教育形式。它集艺术性、知识性和趣味性于一身,以多个原理简单现象明显的物理、化学试验为基础,配以相应的剧情,给科学知识插上了艺术的翅膀。表演通常有二至三人共同完成,现场伴随一个科学小试验,表演有悬念、有故事、有刺激;剧情跌宕起伏,灯光音响配合渲染,台上和台下的气氛热烈而活跃,小观众们与演员热情呼应,知识的传授完全是在一种动态的、娱乐的氛围中进行"①。

(4)利用互联网讲解咨询。近年来随着互联网在我国的高速发展,网络所具有的互动性、娱乐性、时尚性,迅速吸引了广大青少年的注意,并得到他们的宠爱。有的博物馆利用网络服务于社会,服务于青少年,加强讲解员和青少年之间的联系。例如有的博物馆讲解员开展"网上讲解、演讲","网上智力测验","网上观众咨询","网上调查"等,并在网上发布博物馆的各种参观展览信息,策划适合青少年参与的各项互动活动,为他们学习博物馆藏品等相关知识提供全方位的服务。他们还对青少年实施在线教育,为孩子、教师、家长提供系统化的、全面的和细致入微的学习指导等等。

在网络飞速发展的今天,河南博物院除了展厅讲解,还积极尝试利用网络平台为观众服务。讲解科有针对性地选择专题展览或具有代表性的展品,与相关部门联手,拍摄视频资料,配以讲解音频,令五湖四海的观众足不出户就能在网上欣赏河南博物院精彩丰富的陈列。河南博物院志愿者团队里的年轻志愿者,为了更好地服务公众,他们利用自己的计算机特长,分析网络上文化爱好者、以及潜在博物馆观众的特点。他们的分析数据精确,甚至连网络文化

---

① 张鸿起:《科技馆展览教育》,阎宏斌、郑智主编:《社会化视野下的博物馆教育》,北京:文物出版社2006年版。

爱好者几点上网浏览信息,周几有多少人上网都记录在案。志愿者们利用大数据,钻研出一系列举办网络展览的心得体会,并将中原文化、博物馆展览搬上了互联网,满足公众认知历史、文化、博物馆的精神需求。

第二章 讲解规范

讲解需要有一个完美的表现形式和过程,如讲解员讲解时应具有的仪态、讲解的程序和原则等,使之更具有行业标志和体现人性化的服务。本章针对这些问题谈一些讲解中所要遵循的规则。

第一节 讲解的基本要求

讲解的基本要求是指讲解员在讲解时所要遵从的要领,包括讲解姿态、目光、表情、举止、服饰等,以此来规范自己的仪态。讲解员规范自己的仪态,不仅是在树立博物馆的对外形象,同时也是对观众的尊重和礼貌。讲解员应该给观众一个美好的形象,对他的"第一印象",往往在观众脑海中记忆较深。这里所说的形象是经过塑造的讲解形象,是指抽象的形象,而不是具体的形象,除了自然长相外,它还包括讲解员的精神、气质、风度、姿态、举止和服饰等。

一、讲解时的姿态

1. 基本要求

讲解姿态主要指讲解员的精神状态和站姿等态势。呈现在观众面前的讲解员应当是精神饱满、大方庄重、亲切自然。这就要求讲解员站立时要自然收腹挺胸,双肩放平,头部端正,双手自然下垂或自然握于胸前腹间。对观众不卑不亢、热情礼貌(见图2-1、图2-2)。

2. 注意事项

(1)整个身体不要松松垮垮,显得没有精神;或过于拘谨、做作。

图 2-1　双手自然下垂

图 2-2　双手自然握于胸腹间

(2) 不要驼背凹腰或鼓肚子。

(3) 不要双腿叉开较大,显得粗野和松懈。

(4) 不要侧向观众或背对观众站立。

(5) 不要浑身乱动,尤其是手、脚。这是一种紧张不自信的表现,会影响讲解员的形象,应当抑制这种动作出现。

二、讲解时的目光

1. 基本要求

讲解时讲解员的目光要平视并自然地环顾观众,与观众进行目光交流,一方面显示了讲解员对观众的尊重,另一方面也表明了讲解员锁定的目标。要求讲解员的目光要高低适中,既不要向上看也不要太向下看。向上看给人以目中无人、高傲自大或者好像在背词的感觉,而向下看则又显得小气、羞怯、不自然(见图2-3)。

图2-3 讲解员的目光

2. 注意事项

(1)目光不能总看着版面、文物或文物说明。

(2)目光环顾观众时眼睛不要太活或有规律转动。

(3)对大批观众讲解时,目光要虚视,不要仅盯着一个人或一部分人,而忽略了另一部分人。但如果为一个人讲解时,就要目光专注,不断地和其进行目光交流,而不能左顾右盼或者目光茫然。

(4)为领导讲解时要多注意与主要领导的目光交流,不要为了顾及大家而忽视与主要领导的交流。

三、讲解时的表情

1. 基本要求

讲解员的面部表情要具有亲和力,讲解时要时常面带微笑,特别是迎送观众和回答观众问题时更应该如此,从而缩短与观众之间的感情距离,使观众产生好感。这种微笑要亲切自然、轻松愉快,发自内心,不要强装笑颜。

根据讲解内容讲解员应当有适当的表情,如喜、怒、哀、乐等。但这种表情要恰到好处,是真实的自然流露,而不要过分,好像在演戏(见图 2-4)。

图 2-4 讲解员的表情亲切自然

2. 注意事项

(1) 微笑时表情要自然,不要面部僵硬。

(2) 微笑时表情不要过多,否则显得虚假或像在做戏。

(3) 面部表情不要过于严肃,否则像在板着面孔教育人。

为解决以上问题,建议讲解员平常可以有意识地对着镜子练一练微笑和其他简单的表情。

四、讲解时的举止

1. 基本要求

举止包括讲解员的走路、手势和动作等。这些都要稳重高雅,既大方庄重,又不呆板机械;既亲切自然,又不轻浮随便。在带领观众行进中,脚步要放轻,走路要协调稳当,动作要适度并尽量减少。讲解员带领观众参观时一般要倒着走,使观众看到讲解员的正面,这样显得亲切礼貌。但是在引导较长的路程时或者有其他原因时应正着走,但讲解时要重新面向观众。

图2-5 指示文物

图2-6 指示图版

讲解员在讲解时应有一些指示、指引和表现的手势，但以指示、指引性的手势为主。手势要自然和谐、恰到好处，不宜过大过频。在导引和指示时用靠近展柜、版面、展品一边的手；一只手去指示的时候，另一只手要自然下垂。指示时五指要自然并拢，一般手心向上或向前，手背向下或向后。指示文物或版面要稍有停留，待观众看清后，方可收回，指示次数和时间要适当。指示的目标要与所讲的内容相符，做到准确而有实际意义，主要目的是将那些重要的部位或观众不容易看到的细部指示给观众（见图2-5、图2-6）。

2. 注意事项

（1）走路不要摇摇摆摆，松松垮垮或僵硬、做作，甚至作秀，像时装表演。

（2）不要有过多过大的动作，如摸头、甩头发、搓手、玩讲解棍等等。

（3）手势不要过多和零乱，特别是新讲解员讲词不熟时容易出现此种现象。有的人习惯性地伸出一个拇指点来点去，或者手势过少，不能起到为观众指示的作用（见图2-7）。

图2-7　适量的手势

（4）指示展品不要使用远离展品一边的那只手，否则显得笨拙而别扭；或者用一只手指示，另一只手平拖着，显得不舒服。

（5）指示时不要五指张开，显得粗笨，缺乏美感，特别是男讲解员在紧张时容易出现此种现象。

（6）指示不要没有目的,只是一味地为了有些手势配合,有的人甚至是毫无目的地指示或作秀,这些都不可取。

3. 讲解棍的使用

在版面较大、较多或展柜中文物较多的情况下,讲解员需借助于讲解棍来引导观众的视线。手拿讲解棍时两臂弯曲至水平线,双手对握讲解棍,棍头和棍尾一般与水平线成45度夹角。在手拿和使用讲解棍时需注意:第一,讲解棍不要双手平托。第二,讲解棍一般放在胸腹间,不要紧靠腹部,要外距胸腹间二三寸,不可太低也不可太高。第三,讲解棍拿得要自然,不要太僵硬。使用讲解棍要做到稳、准、轻。稳,收放棍要稳,不要在空中乱晃乱画;准,指示要准,不要指错;轻,触点要轻,不要发出响声。讲解棍指点展品要停留一定的时间,待观众看清或讲完后再收回。指点照片一般指在画面的一角即可,人物指在胸部,指点无展柜的文物禁止直接触及,以免损坏文物。在不使用讲解棍时,不要在手中搓来晃去,以免影响观众视线。参观中向前、向后、拐弯以及上下都要给观众以手势和言语的导引,不要使用讲解棍。

五、讲解时的服饰

1. 基本要求

讲解员在讲解中,特别是接待外宾时,应当服装整洁大方,着装以职业装为好。一个单位的讲解员最好设计一种具有本馆特色和本职业特征的服装,统一着装。讲解员应适当注意修饰,保持良好的精神面貌,但修饰要大方。发式也要简单大方,头部和身上的各种装饰如发卡、领带、胸花等要从简,自然和谐。面部一般施淡妆。总之,一切都要给人以自然大方之感,一切要适合讲解工作的职业性质(见图2-8)。

图2-8 讲解员的服装

2. 注意事项

（1）着装不要过于透、露，身上的装饰不要过多。

（2）发型要大方，一般不要染彩发，杜绝梳怪异发型，头发上不要挂着头屑。

（3）袖口或领部不要出现污渍，皮鞋要经常擦拭，保持光亮干净。

（4）不要浓妆艳抹，口红和眼影不要十分明显。

（5）装饰不要追求怪奇或显得珠光宝气。

（6）要注意修饰，不要显得邋遢窝囊。

第二节　讲解的程序和原则

讲解工作同其他工作一样，也要遵照一定原则和程序进行，否则会杂乱无章、有头无尾或有尾无头。

一、讲解的程序

1. 熟悉内容

博物馆、纪念馆、自然科技馆的讲解首先要熟悉陈列计划或陈列大纲，了解其办展目的、宗旨以及所要表达反映的主题；其次要了解陈列品的基本情况，包括文物标本和复制品、代用品、景观、沙盘、雕塑等辅助展品。文物、标本除了熟悉其直接材料，如名称、时代、造型、纹饰、铭文等，还要熟悉其背景资料，如来源、流传经历、文化背景、反映的历史情况等。另外，还了解陈列图版的内容，包括大小说明牌上的文字、文摘、照片、绘画等。

遗址、文物景点、古代建筑、纪念类建筑等的讲解主要熟悉他们的基本情况：名称、时代、地点、由来、特点等以及与其有关的传说典故、人物等。

2. 熟悉讲词

（1）阅读讲词（查阅生字，读准字音），弄懂所讲内容（包括它的主题、内涵、意境和专业术语、文摘等，见图2-9）。

（2）熟读并背记讲词（带着感情和语言色彩）。

图 2-9　熟悉讲词

3. 现场练讲

要找好讲解对象所在位置,观察它们的特征,特别是其的细部特征,选定讲解的最佳位置,实地演习(加上手势的示意和指示等。见图 2-10)。

图 2-10　现场练习

图 2-11　你讲我听

4. 试讲

请同行听，请专家听（包括本部门和陈列部、保管部、研究部等），请领导听（本部门或上一级部门），批准后方可上岗讲解（见图 2-11、图 2-12）。

图 2-12　请专家领导听讲

5. 正式讲解

讲解流程：迎接引进观众→开场白→讲解→结束语→送出观众。

开场白一般包括两方面的内容：一是礼貌地问候，二是概括介绍一下参观内容和顺序。在礼貌性地问候里，要有礼貌和准确恰当的称谓或是笼统的称谓，如"大家好！""来宾好！""先生、女士们好！""首长好！"等，并且要表达对观众的欢迎之意，如"欢迎大家到此参观"、"欢迎各位的光临"等。概括介绍本馆的一些基本情况、开放的陈列展览以及它们所在的位置和参观顺序等，要求简练、概括、明了。人们常说："良好的开端是成功的一半。"因此开场白要精心设计，既体现共性又体现个性，力求新颖独特，达到一开始就能吸引观众的目的。

举例：

　　大家好（您好）！欢迎光临博物馆。请随我（到展厅）来参观！

　　大家好（您好）！欢迎光临我们这里。今天（下面）由我为大家（您）讲解，希望大家（您）能参观愉快！

　　大家好（您好）！欢迎光临我们这里。接下来我将引导大家参观游览，相信大家一定能在这里度过一段美好的时光！好，请大家跟我来！

结束语是总结和告别性的语言，一般应该画龙点睛地总结一下参观过的内容，让观众对本馆留下美好而难忘的印象。最后要表达对观众的挽留之意和依依不舍之情，礼貌而富有人情味的告别。

举例：

　　各位来宾！我的讲解到此结束，希望我们这个博物馆悠久的历史和丰富的馆藏，能给大家留下深刻的印象，欢迎再次光临！再见！

　　各位来宾！我的讲解到此结束。今天和大家相处得非常愉快，欢迎大家再次光临！再见！

　　观众朋友们！短暂的参观就要结束了，让我们简单回顾一下今天的参观内容（因各馆情况不同，省略）。但愿我的讲解能给您留下一定的印象,请您留下宝贵的意见和建议。欢迎下次光临!再见!

二、讲解的原则

1. 思想性、知识性和趣味性结合

知识性是思想性的前提和基础,思想性又是知识性的重要保障,而趣味性又是思想性、知识性的润滑剂。讲解员在传授科学文化知识的过程中,总是要靠正确的世界观和思想方法去引领,有了正确的思想观点和牢固的科学知识,再加上讲解员对所讲内容的吸收和提炼,才能使讲解更为精彩,以符合多数观众的需要和趣味,取得应有的讲解效果。要达到思想性、知识性和趣味性的结合就要做到以下几点。

(1) 讲解的内容要注意提高品位,强调思想性,弘扬爱国主义精神。剔除落后的、封建迷信的糟粕,避免庸俗化,坚决杜绝黄色内容,用正确的思想引导观众,不能迎合少数观众落后低级的趣味。例如:有的讲解员在讲解革命领袖人物时说"他出生时空中金龙显现",令人感到荒唐可笑。河南博物院的一位讲解员在讲《中原丰碑》陈列时,讲到"在淮海战役中河南人民全力支前,车推肩扛,向前线运送了大量的粮食和物资,为战役的胜利做出了极大的贡献。陈毅元帅曾说:'淮海战役的胜利,是人民用小车推出来的'"。这时,有一个观众马上挑衅地向讲解员发问:"现在人民还会这样么?"讲解员马上回答说"怎么不会呢?前一段四川汶川地震,全国人民自发地支援,不就是最好的说明么!"这位观众无言对答,不好意思地低下了头。

(2) 讲解的内容要准确、真实,有据可查,具有科学和知识的含量。不能信口开河,更不能凭空杜撰。切勿根据个人的好恶去选择内容,连篇累牍地去讲一些无稽之谈。讲解时要紧紧围绕中心内容,不得随意发挥。不能唯我独尊,以个人为中心,突出表现个人。

(3) 讲解不能空洞干巴,要有针对性、趣味性的内容,力求生动化。如适当穿插故事或神话传说,以烘托气氛,增加内容的趣味性。但不能将这些内容作为重点,大篇幅地渲染和讲解。同时还要发挥语言表达的魅力,丰富多变,精彩到位,引人入胜。浙江南湖革命纪念馆徐金桥举例说:"比如现场讲到'一大'纪念船舱里的方桌时,就可以指着器物这样讲:'大家现在看到的这张小方桌是一张地地道道的麻将桌,在代表们开会时,它可是发挥着很大的掩护作用,外面一有什么风吹草动,这张桌上就会立刻响起稀里哗啦地麻将声……'"①讲解员在讲解中还要善于发掘并利用文物的广阔文化内涵,避免讲解内容片面单一,使观众在参观过程中不仅仅从知识上得到满足,更要使他们在精神领域有所收获,在情感上产生共鸣。如原洛阳市博物馆群工部主任冯建介绍她在讲解《洛阳文物精华展》中西晋微雕金狮和金链子时说:"介绍其精美绝伦的工艺价值时,还适时向观众介绍了洛阳作为西晋王都时贵族间豪奢之风盛行的状况,如观众感兴趣,我再将王恺、石崇斗富的故事穿插其间,这样就加深了观众对历史和文物的深入了解,从而收到了很好的效果。"②(见图 2 – 13)

图 2 – 13　讲解员深刻认识文物

2. 视听结合,讲看并举

日本博物馆学专家鹤田总一郎先生认为:"博物馆是物与人相结合的并有密切关系的教育体系。"③"博物馆对于利用它的广大观众来讲,应该肩负

---

① 徐金巧:《浅谈博物馆讲解的个性化》,《中国博物馆通讯》2004 年第 7 期。
② 冯建:《试谈历史类博物馆讲解的本质》,河南博物馆学会编:《博物馆学论丛》(4),郑州:中州古籍出版社 1994 年版。
③ 日本博物馆学会:《博物馆学入门》,日本理想社 1956 年版。

起来的首要使命,就是要告诉观众正确的'观看''物'的必要性。"①博物馆的陈列展览具有直观性,直观性是观众学习和掌握知识的有利途径。人的思维是从具体到抽象,由形象思维到抽象思维发展的,特别是青少年观众,更需要具体而形象的东西。发挥博物馆陈列展览直观性的优势,有助于提高观众的兴趣,使观众的大脑皮层处于兴奋状态,保持饱满的学习情绪。因此,讲解不仅诉诸观众听觉,而且同时诉诸观众视觉。

图 2 - 14　引导观众观察

"人类视觉的识别能力是远远超过听觉的,而且较国语之类具有地域色彩的语言有更多的普遍性。最要紧的不是要忘记博物馆乃是从'物'供人用眼看的机构"②。讲、看并举也符合教育心理学的原则,有实验表明,一个人通过听讲,能记住所讲内容的45%,而通过听讲又加上用眼去观看,就可以记住所有内容的75%。所以,讲解员不是一味地讲解和说教,而是让自己所讲的内容与文物、图版有机结合,说到指到,令观众看到,当好观众与文物的中介,时刻将观众视线引向文物,充分发挥博物馆教育直观生动的效果(见图2 - 14)。

---

　①　伊藤寿郎、森田恒之:《博物馆概论》,中国博物馆学会丛书,长春:吉林教育出版社1986年版。

　②　伊藤寿郎、森田恒之:《博物馆概论》,中国博物馆学会丛书,长春:吉林教育出版社1986年版。

讲解员应当认识到讲解是为陈列展览服务的,讲解的基础是陈列展览和文物标本,没有这些,博物馆的讲解就与社会上的口头宣传一样,没有什么个性可言。这里既体现着博物馆的教育特征,同时也体现着"让文物说话"的宗旨。只有高质量的文物标本和高水平的陈列展览,再加上优秀的讲解,才能给观众一个完整的知识输入和完美的艺术享受。另外,从讲解效果的角度来看,个人滔滔不绝、一味地给观众灌输,并不一定能够取得良好的讲解效果,有时还会适得其反。因此,讲解员为观众讲解,一定要利用好陈列展览这个立体的教材,紧紧结合着陈列展览和文物为观众讲解,做到自己的讲和观众的看恰到好处、有机结合。"让观众自己去欣赏、看而'品'之。因为有些内容只有观众自己去观察、思考,才会有所感触,有所发现。……由此可见,'听'可以欣赏到看不到的东西,看也能情有独钟,刻骨铭心。……有时需要以讲为主,以看为辅,娓娓而谈,晓之以理;有时需要以看为主,以讲为辅,让观众随心漫游,独自陶醉,独自思考,以感触更深层次的东西。有讲有看,讲看结合,才能奏出和谐的音符。"①(见图2-15)

图2-15 讲看结合

---

① 温革新:《浅谈"因人施讲"》,河南省博物馆学会编:《博物馆学论丛》(4)中州古籍出版社1994年版。

3. 有主有从，主次分明

"主"是指讲解的重点，要抓住主要内容，并突出难点；"次"是指讲解的非重点，是陈列中次于重点的内容。每个陈列展览都有代表性的内容，每件展品又都从不同角度反映出它的特色。讲词必须在照顾全面的情况下突出重点。面面俱到，没有重点的讲词是不成功的。在主要内容上要多费一些口舌，还可以通过加重语气、重复、放慢语速等讲解技巧来加以突出。次要内容可采取简练明了的讲解，或者是用加快语速，轻松带过的方法。

讲解员对一些历史艺术价值极高的文物的讲解过程就是观众对优秀传统文化学习的过程，应该主题明确，脉络清晰，所有讲解内容都要紧紧围绕主题展开或收缩。对重点内容要不惜浓墨重彩，尽可能详细地讲，而不能随心所欲地去讲；将非重点的内容任意展开，哗众取宠或以偏概全，将会丢掉精华部分。

4. 因人施讲

因人施讲既是一种讲解原则，也是一种讲解方法，还是讲解艺术的一个方面。讲词是讲解的基础，但在实际讲解时，讲解员的口头讲解内容不是以一代百、千篇一律的。它必须是从实际出发，因人、因时而异，有的放矢，即根据不同的观众以及当时的情绪和周围的环境进行讲解，也就是根据观众的需要和实际接受能力给以针对性的解说，达到应有的教育效果。常言道："弹琴要看对象，射箭要看靶子"、"一把钥匙开一把锁"，它体现的正是这个道理，既说明了讲解的灵活性，又代表了讲解的实效性。切忌不顾观众的千差万别，一律对待的现象。

因人施讲内含着"因人"和"施讲"两个方面的问题。"因人"就要熟悉各类观众的兴趣爱好及心理活动，"施讲"就要根据观众的需要给予不同内容、语言、方法的讲解。有人把它概括为："看对象，定深浅；看要求，定重点；看时间，定长短；看人数，定音量。"①齐吉祥先生说："讲解有三个层次：熟练背诵、生动讲述和因人施讲。背稿仅仅是最低要求。……我们大家都在积极探索'因人施讲'的途径，努力由知识灌输转化为知识服务，最大限度地满足观众

---

① 杨瑾：《谈讲解员与博物馆的社会教育》，赵文艺主编：《文博宣教工作论丛》，西安：三秦出版社1996年版。

需求,增强博物馆给观众的亲和力。"①

　　因人施讲很重要,但对于刚上岗的新讲解员来说不要急着因人施讲,应当先坚持"照本宣科",将讲解词这个拐棍利用好,等时机成熟后再因人施讲。因为新讲解员对博物馆和其中的内容还不熟悉,还要有一个相当时间的熟悉过程。就像小孩学走路一样,必须要"先学会走,才能再学会跑",不可为了追求"因人施讲"而操之过急,那样不仅达不到因人施讲的效果,还会陷入一个非常尴尬的境地,如出现语无伦次、结结巴巴、忘词等现象,甚至讲不下去。讲解员达到真正的"因人施讲"需要一个很长时间的磨炼,随着实践、知识、技能、经验的不断积累,逐步提升,由"照本宣科"到一定的"因人施讲"再到真正的"因人施讲",它体现着一个讲解员的修养和水平,成熟和成果,也是讲解员为之奋斗的一个远大目标。

---

①　齐吉祥:《以人为本　服务至上　开拓创新　持续发展》,阎宏斌、郑智主编:《社会化视野下的博物馆教育》,北京:文物出版社2006年版。

第三章　讲解的方法和技巧

讲解的方法和技巧是讲解员需要掌握的施教方法,对于讲解员来说也是很重要的。讲解员掌握知识固然是重要的,但有了知识而没有传播这些知识的技能也是枉然。讲解员的能力应该包括两个方面:一方面是知识和信息,另一方面是传授知识的技能和方法,缺一不可。

第一节　讲解的方式和方法

一、讲解的方式

讲解的方式是指在讲解中采取的形式。虽然形式是为内容服务的,但形式有助于内容的发挥,有助于讲解的效果。在长期的讲解实践中,讲解员们创立了多种讲解方式,其中常见有导引式、陪同交流式、操作表演式、演讲式、介绍式、录音式、讲演式等。

1. 讲解服务的方式

(1) 导引游览式。是讲解员进行讲解并引导观众参观的一种讲解服务方式,是大多数博物馆最基本的一种讲解服务方式。因为一般博物馆都是按照历史顺序或人物、事件的先后顺序进行陈列展览的;另外,这些陈列展览也多半不集中于一个地方,而是分布在各个展厅或景区,比较分散。这种延续性和变化性需要有人进行导引性的讲解。

(2) 陪同交流式。是讲解员边介绍边与观众问答的方式。这种方式可以交流感情,传递信息,显得融洽和谐,一般适合古迹导游、科技馆和专家、学者、领导等观众。

（3）操作表演式。是讲解与操演或表演为一体的讲解服务方式，更加直观生动，主要适用于科技馆、艺术类博物馆和革命纪念馆。

2. 语言的表达方式

（1）演讲式。演讲式讲解也可以说是正规讲解（有人也叫报告式）。其特点是声调较高，富有激情，多数是按稿宣讲，讲解熟练流畅。这种方式显得严肃庄重，一般适合革命史类的陈列或外出宣讲报告、讲解比赛等，较适应团体观众。

（2）介绍式。这种讲解多偏重于解释、说明，像说话一样，显得比较亲切、自然，一般适合自然、科技、文物、古代历史类陈列和成年观众及零散观众。

（3）录音式。将重点内容录音通过扩音装置或便携式语音导览器播放，节省人力和劳动量，具有随意性，一般适合概括介绍和零散观众。

（4）讲演式。讲演式是讲解和表演的结合，如讲解和唱歌、表演、跳舞的结合等。这种形式是对传统讲解的一种创新，更具有吸引力，也是与时俱进的具体表现。比较适合艺术类、社会历史类和民族、民俗博物馆、纪念馆。

以上这些方式各有各的长处和使用场所，应根据内容、观众人数和讲解员自身所具有的特点而灵活使用。有的讲解员适应面比较宽，有的讲解员适应面比较单一，有的擅长演讲报告式讲解，有的则擅长介绍式讲解等。无论选用哪一种方式，只要能比较完美地表达好内容，能抓住观众就行。我们希望各种方式进行竞争，出现"百花齐放"的局面。一个优秀的讲解员应当不局限于使用一种讲解方式，而要学会使用各种讲解方式，灵活运用，才会收到好的效果。

二、讲解的方法

讲解的方法是发挥博物馆宣传教育效果的重要保障，是对讲解原则的灵活运用。有方法而且方法得当才能真正发挥博物馆特有的功效。日本博物馆学专家伊藤寿郎、森田恒之认为："展品本身固然能对学习者起到很大的教育作用，但是怎样才能利用好这些'物'进行更有效的学习呢？经验告诉我们：这要有学艺员（类似讲解员）亲自体验和动手去搞，确立博物馆自身特有的方法论,对于每个工作人员来讲,是一项重要的课题。"①

1. 系统讲解法

系统讲解法是讲解员用口头语言按照参观顺序有条理地从头到尾向观众系统地传授知识和技能的方法。这种方法比较系统,内容较全,能给观众较为丰富的知识和较多的信息量。它适合求知和参观时间较充足的观众。其教育方法强调以讲解员为中心,用我讲你听的方式进行公众教育,是一种比较传统的对公众进行传授知识和思想道德教育的方法。这种方法一般适用于讲课、演讲报告和社会历史类博物馆的讲解中。因为这类博物馆一般是人类文化记忆与传承、创新的重要阵地,具有收藏、陈列、研究和教育四大职能,其展览内容,一般是历史的藏品、标本及图版文字说明。由于其展品、藏品价值的特殊性,展览形式常常是以陈列为主,展品在展柜里保持一种静态,观众只能观看不能触摸;用简单的文字加以说明,供观众去认识和感受久远的历史与文化。

讲授法容易出现只注意讲授,而忽视启发观众思维、调动观众积极性的现象,有时会形成注入式,应当加以改进。事实上很多社会历史博物馆都已经扭转或正在扭转这种局面,采取各种措施去调动观众的积极性。

2. 概括讲解法

将全部内容提纲挈领地集中讲述,然后让观众自己去观看、对照、欣赏展品。这是一种画龙点睛式的讲解,它适合停留时间较短或以观看文物为主的观众。这种方法在遗址类博物馆文物景点中运用得较多,如秦始皇陵兵马俑博物馆的秦陵铜车马坑部分就是采用的这种方法。其讲词如下:

> 秦陵铜车马是1980年12月在秦陵西侧20米处8米深地下发掘出土的。经过多年修复,终于完整如初地再现了它当年的瑰丽风姿。铜车马分为前后两乘,前车古称"立车",系戎车;后车古称"安车",是主人乘坐的车子。他们均是按照秦代真人、真马、真车二分之一的比例制作的,每乘车的重量均在一吨以上,每车的金银饰件约7公斤之多,零部件达3400余个,采用了铸造、镶嵌、焊接子母扣连接、活铰连接等多种工艺组装而成。这是目前考古发现中造型最大、挽具最齐全、工艺最完美的古代

---

① 伊藤寿郎、森田恒之:《博物馆概论》,《中国博物馆学会丛书》,长春:吉林教育出版社1986年版。

单辕双轮铜质车马。如果说兵马俑是世界第八大奇迹的话,铜车马就是"奇"中之奇、"宝"中之宝。①

3. 重点讲解法

根据观众的需要有选择地、跳跃式地讲述重点内容。它适合团体学生观众和有时间要求的观众。如河南博物院 2008 年接待郑州市教育局组织的初三年级学生参观博物馆、纪念馆实践活动时,为了便于初中生理解内容,增加参观兴趣,起到应有的效果,社教部确定采取重点讲解,并制定了五个讲解重点:(1)"文明曙光"(《河南古代文化之光》一厅),重点介绍河南新石器文化的两个重要代表——裴李岗文化和仰韶文化,限时 20 分钟。(2)"逐鹿中原"(《河南古代文化之光》三厅),以青铜文化为切入点,重点介绍郑国的青铜铸造和争霸中原的历史,限时 20 分钟。(3)"科技之光"(《河南古代文化之光》五厅),重点介绍地动仪、冶铁等古代科技成就,限时 10 分钟。(4)"瓷业兴旺"(《河南古代文化之光》七厅),重点介绍宋代经济的繁荣以及河南名窑的成就和特色,限时 10 分钟。(5)"震撼心灵"(《中原丰碑》展厅),重点介绍二七大罢工、列宁号飞机、红二十五军长征、三路大军挺进中原、淮海战役陈官庄战场及五位著名的河南籍英雄人物,限时 20 分钟。再如河南博物院的《中原丰碑》陈列展览,在给初、高中生讲解时就要挑选其中的重要文物、事件、人物来介绍,对小学生甚至讲两三点内容即可,而不是泛泛介绍,以免孩子因疲劳而注意力分散。

4. 专题讲解法

为突出某一主题而进行的较深层次的专门性讲解,也叫深层次讲解。如专题讲解某个展厅或专题讲解展览的某个部分、某些内容等。河南博物院在 2006 年"五一八"博物馆纪念日当天,配合广场上举办的专家免费文物鉴定,社教部两个讲解科长分别为入馆观众进行了《河南古代玉器》和《楚国青铜艺术珍品》两个专题的深层次讲解,收到了良好的效果。

5. 讲解演示法

即边讲解边通过多媒体展示或实际操演等方法,使观众对内容一目了然。这种方法直观生动、浅显易懂,很好地发挥了视觉效应,为观众提供了更丰富

---

① 马青云:《讲解艺术论》,成都:四川大学出版社 1994 年版。

的感性材料,使观众运用多种感官来感知事物,形成完整而牢固的表象。主要适于主题讲解、讲座等,如对某些陈列内容的扩展或深入性的讲解。河南博物院社教部针对2008年郑州市教育局组织九年级学生参观的活动,除了采取五个重点讲解外,还改进了一般性的泛泛参观方法,采取讲座加重点文物介绍的方法,即在多媒体教室内介绍历史文化背景30分钟(见图3-1),而后进入展厅鉴赏重要文物30分钟,收到了较好的参观效果。

图3-1 河南博物院多媒体讲解演示

在国外的一些博物馆中常见这种教育方法。举世闻名的瑞典斯坎森户外博物馆具有浓厚的民俗性,在那里"不仅仅是房舍、家什的展示,同时也配有生活在其中的人(真人),他(她)们的服饰及活动全是17世纪以来的方式。身着各种色彩绚丽传统服装的人们走来走去,或者从事各种生活、生产操作表演,例如捣奶油、吹玻璃、烧壁炉、制作银器、装订书本等等"①,让观众形象地看到当时的情景。南京民俗博物馆在每个展厅结尾,安排老艺人一边同观众交谈,一边表演剪纸。开封博物馆一边由讲解员讲解朱仙镇年画的制作,一边由老艺人当场制作年画,使复杂的制作过程变得浅显易懂。

---

① 徐治平:《民俗性博物馆的模拟法与演示法》,《中国博物馆》1988年第1期。

6. 讲解实验操作法

讲解同实验操作同步进行,或者是通过简单地介绍后由观众亲自动手操作、实验、测试来验证科学原理、规律或实验体会的方法。这种方法能使深奥的道理或原理变得简单明了,教育效果十分显著,给观众印象很深,充分发挥了观众的参与意识,颇能激发观众的兴趣,常用于科技馆的教育中。因为科技馆的主要职能是展示、研究和教育,极力创造一种宽松的、自由的学习环境。科技馆里的教育人员在展厅的作用主要是引导观众、辅导他们观察展品,激发他们参与的好奇心,启发、调动他们对科学的兴趣和求知欲。馆中展品允许观众动手操作,用趣味性调动观众动手参与的兴趣,激发他们学科学、爱科学的热情(见图3-2)。观众在科技馆可以按照自己的兴趣去索取,去追求;同时观众也可带着思索和问题走出科技馆。中国科技馆及许多地方科技馆,如郑

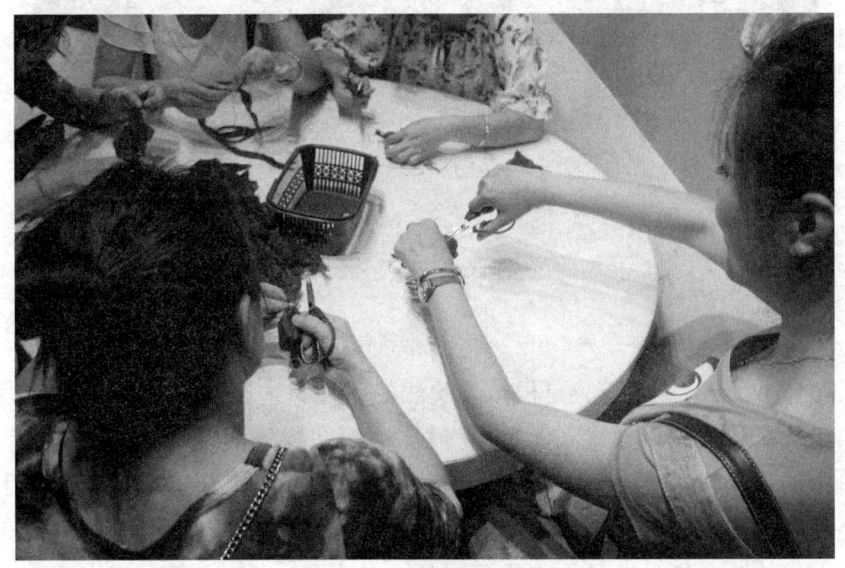

图3-2 中国丝绸博物馆扎染体验

州科技馆,都设有专门的操演台,由辅导员(讲解员)在讲解的同时为观众操演"摩擦起电"、"高压放电"、"超导磁悬浮"等,而后让观众进行实验体会。丹麦的一座试验博物馆,除了让观众参观外,还允许观众来馆居住,亲自体验史前社会人类的生活。他们住在用兽皮和树枝搭起的帐篷或者粗糙的木头房子里,在那里打制修整石器,制陶、纺织,用陶制的炊具煮饭、盛饭等。近几年

来，国内不少博物馆也都增加这种观众参与体验、感受的活动。如河南博物院刚开馆时搞的活字印刷、射箭、投壶等观众参与项目，北京古代建筑博物馆让观众摆放建筑构件等，都属于这一类（见图3-3）。"河北省博物馆引进的'身边的科学'——100个科学小实验临时展室，采用这种讲解方式效果不错。我们一边做实验，一边演示讲解，吸引了许多孩子，并激发了孩子们的兴趣。有的青少年观众甚至多次前来动手实验，取得了较好的展览效果"①。

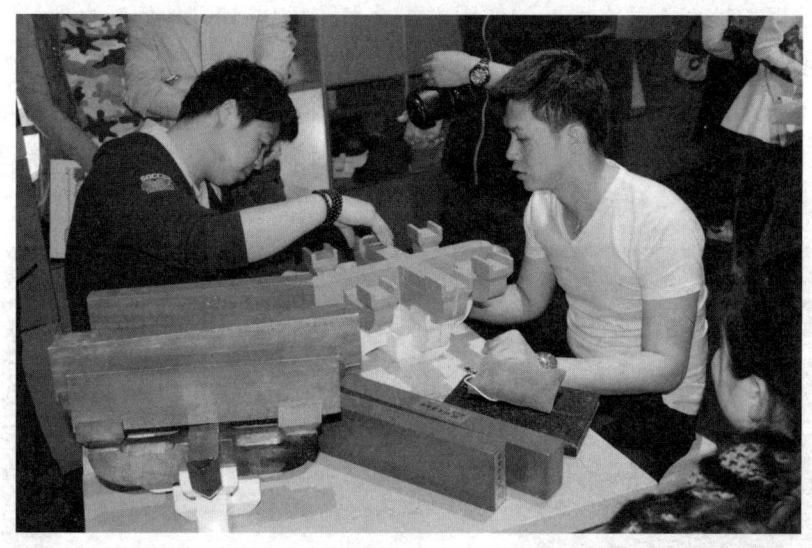

图3-3　模拟斗拱榫卯扣接技术

留作业、智力测验等也是模拟实验法的一种。过去的中国博物馆，特别是社会历史类的博物馆在这方面运用得较少，而在国外博物馆却比较常见。丹麦哥本哈根动物馆要求青少年学生参观展览后填写"作业记录单"，让学生将自己看到的在课本上没有的内容填写上，培养学生们独立思考、提出问题和解决问题的能力。通过这种作业或测试的方法，可以让参观者对博物馆讲解员所讲的内容进一步加深认识、理解和记忆。

有条件的博物馆可以专门为少年儿童开辟一个"创意"展厅，为少年儿童提供一些有趣味性的教育活动，少年儿童在这里可以亲自动手学书画、搞发明，还可以制作各种人物及器物模型，使他们通过游戏和互动展品，来了解和

---

① 何琨：《针对青少年，临时展如何讲解》，《中国文物报》2009年2月27日。

认识我国的历史与自然(见图3-4)。

图3-4 模拟实验鼎的拼接合铸技术

7. 讲解表演法

讲解表演法(简称讲演法)是在讲解的同时,借用唱歌、跳舞、演奏等形式来进一步说明或演示内容,让观众有直观的感受,进一步加深对内容的理解,是对传统讲解方法的一种创新。这种方法生动有趣,引人注目,由于增加了娱乐成分,能起到"寓教于乐"的作用,比较适合革命纪念馆或历史博物馆、戏剧博物馆、民俗博物馆等。这种方式目前有两种形式:一是先讲解后表演,如戏剧博物馆在观众听完讲解后到剧场观看剧目演出,湖北省博物馆、河南博物院、南阳市博物馆等不少博物馆的讲解员身着古代服饰为观众表演古代音乐和舞蹈等(见图3-5、图3-6);另一种是讲解与表演穿插或同步进行,如重庆歌乐山纪念馆的大型演讲剧《红岩魂》、延安革命纪念馆的讲解与陕北民歌、西柏坡纪念馆的快板书与小民谣等穿插进行,收到很好的效果。

据资料介绍,20世纪70年代,周恩来总理回到延安到延安革命纪念馆参观,这里的讲解员对革命圣地怀着深厚的感情,在为总理介绍大生产运动中用过的纺车时,情不自禁地边表演边演唱《纺线线》,将总理带回到当年火热的延安岁月,周总理十分激动地赞扬这种讲解风格好。于是"讲、唱、跳"的讲解方法很快在延安推行开来。为此,延安革命纪念馆还编写了《"讲、唱、跳"讲

图 3-5　结合演奏展示历史人物

图 3-6　河南博物院利用舞蹈展示汉代七盘舞

解技巧实施方案和培训制度》,使"讲、唱、跳"的讲解艺术逐步形成完整的体系。江泽民同志观看了延安的"讲、唱、跳"后说:"你们把延安精神讲活了!"

　　为了使观众对于中共"一大"会议由上海转移到浙江嘉兴南湖续开这段

历史有更深的印象,南湖博物馆的讲解员"将讲解的内容编成快板书,积极参与到红红火火的广场文艺演出中,用群众喜闻乐见的形式来宣讲革命历史。表演时,台上高潮频频,台下掌声阵阵。对于这种创新,观众的反响十分强烈,好评如潮。一位老年观众看了我们的节目后,连声称赞:'好,太好了!内容好,形式新……'"①。

湖南刘少奇同志纪念馆免费开放后,组建了一支宣传队,自编自演节目十多个,以讲、唱、跳、演的形式将刘少奇思想形象地搬上舞台,进入社区、机关、学校、部队进行宣传。

8. 辅导法

辅导法是对观众给予指导、提示和帮助,最后由观众找出答案的方法。这种方法便于发挥观众的积极性,培养观众特别是青少年的独立思考能力。博物馆在这一方面更具有一定的优势,应该经常定期举办一些类似活动,充分地发挥博物馆的教育功能。不少馆采取的智力测验和答卷活动都属于这种。例如为前来参观的少年儿童设计一些问卷,事先由讲解员适当进行一些提示和辅导,让他们带着问题进行参观。当参观结束时,他们的老师会让大家回答这些问题并将答卷交还给博物馆的工作人员。这样做一方面可以让他们对参观内容记忆深刻,另一方面也可以为博物馆改善陈列展览工作提供参考依据。

荆州博物馆为了配合学生参观,组织了文物知识有奖问答,出了100道有关陈列展览的文物知识、相关的历史文化知识和文物保护知识等方面的问答题,由学生举手回答,回答有效和回答正确者领取精美的礼品。河南博物院在学生寒假期间,经常为学生推出主题答卷活动,如"中华古代科技成果觅踪"、"龙年寻根回首八千年"、"走进河南博物院历史知识竞猜答卷"、"中原万年时空寻宝"(中、小学生两套),随学生参观发放。这些活动在社会上产生了广泛、深刻的影响,引起了从中央到省、市多家媒体的相继报道。

以上这些活动的特点是学生可参与性强,充分体现了博物馆专业人员与学生们的互动关系,得到了各校师生的肯定,他们还要求将这种活动长期办下去。通过这些活动,在弘扬民族文化、振奋民族精神、加强道德教育、提高民族素质等方面,很好地发挥了博物馆教育基地的作用。

---

① 徐金巧:《浅谈博物馆讲解的个性化》,《中国博物馆通讯》2004年第7期。

9. 研讨法

研讨法是就博物馆的某些问题发表见解或展开辩论进行探讨的方法。这种方法可以调动讲解员和观众双方的积极性，特别是增强互帮互学、探讨研究气氛，减少"教"与"学"的鸿沟，促使观众积极进行思维，通过研讨，达到"知识互补"和"认识的暂时统一"，使知识深化。这种方法可以在讲解之后专门组织观众座谈或交流。使用这种方法要注意：

（1）要在有一定基础的前提下进行。

（2）事先要根据观众经常提出的问题进行归纳总结，提出一些有代表性的讨论题。

（3）在讨论中要积极引导，在充分研讨的基础上做出相应的结论。

10. 外出宣讲法

讲解员携带本馆或本地区有代表性内容制作的小版面，外出到学校、部队、机关等单位宣讲，有力地宣传了本馆和本地区的历史和文化、自然面貌，增强了人们热爱国家、热爱家乡的情感和意识。这也是对博物馆讲解工作的一种开拓和创新，尤其是近几年配合多媒体宣讲，收到了很好的社会效果。

从20世纪60年代起，东北烈士纪念馆便成立了讲解小分队，带着小版面走出馆门到黑龙江各地和大江南北为部队、机关、学校讲解烈士事迹，感染了一代人，被命名为全国"三八"先进集体。

20世纪70年代，延安革命纪念馆成立了"延安精神宣讲团"，走出窑洞，让延安精神走向农村、工厂、学校、部队，走到了中央国家机关的大礼堂，先后赴北京、天津、上海、山东、河北、云南、深圳等十多个兄弟省、市及省内宣讲延安精神上千场次。

南京中共代表团梅园新村纪念馆也成立过讲解小分队，把馆里的基本陈列、专题陈列等制作成小型展板、幻灯片和VCD，分别送往边远地区和因种种原因不方便来馆参观的大、中、小学校，使学生不出校门就能接受教育，开阔眼界，增长知识，受到师生们的一致好评。他们还定期组织讲解员、党史专家、大学生义务讲解员为团体的宣讲团到学校，为在校的大、中、小学生进行伟人事迹的宣讲。为了让先辈们的生动事迹深入人心，他们采用了宣讲、提问、交流相结合的方法，在学生中产生了强烈的互动效应，收到了"春风化雨，润物无声"的教育效果。

郑州二七纪念馆的报告小分队,多年来一直不断推出主题鲜明的报告会,提高对青少年教育的针对性。他们的报告小分队长年活跃在郑州各大专院校,坚持送报告、送展览到基层,深入到机关、学校、部队、农村,免费进行以爱国主义教育和革命传统教育为中心内容的专题讲座和报告会,先后与华北水利水电学院、解放军信息工程大学、中州大学等二十多所学校签订了共建单位,有多名讲解员被学校聘为校外辅导员。通过走出去这种形式,把开展青少年革命传统教育和爱国主义教育落在实处。

"河南博物院爱国主义宣讲团"自1999年成立一直坚持到今天,以"热爱河南,争辉中原"为主题,先后编写了《杨靖宇将军》、《鄂豫皖首府——新集》、《革命圣地——竹沟》、《九九回归话澳门》、《五四运动畅想曲》、《走进河南博物院》、《中原瑰宝》、《熔铸的辉煌》、《千年骨笛奏新曲》、《华夏文明的见证》、《天地精华文明凝聚》、《莲鹤方壶》、《龙骧虎峙话神兽》、《古代的过街楼》、《宏笔绘就千年秀》、《丝竹萦回绕梁行》、《故乡的彩陶》、《甲骨史话》、《国宝的故事》、《美妙的旋律》、《陶瓷载史》、《与先烈对话》等宣讲稿三十余篇,由一些比较优秀的讲解员担当宣讲任务,走进学校、部队、机关,进行历史文化、科技知识和爱国主义精神的宣讲。河南有线电视台、河南信息广播电台、《河南日报》、郑州教育电视台、中央教育电视台等对此进行录音、录像并报道,中央人民广播电台在黄金时段《新闻纵横》中也进行了播送。2006年"河南博物院爱国主义宣讲团"再次进行了组合,充实了力量;对宣讲形式进行了较大改革与创新,用比较先进的多媒体形式代替了已经落后的小版面;由单纯的一人宣讲创新为多人组合宣讲,还融入朗诵、表演等青少年喜闻乐见的形式,宣讲效果明显提高(见图3-7、图3-8)。

2008年洛阳天子驾六博物馆副馆长王荔等人组织洛阳博物馆、天子驾六博物馆、关林艺术博物馆、洛阳古墓博物馆、洛阳民俗博物馆、洛阳周公庙、洛阳八路军办事处纪念馆七家博物馆、纪念馆的新老讲解员,组成"解读洛阳"宣讲团,到洛阳师范学院、洛阳大学、洛阳理工大学、河南科技大学等高校,宣讲洛阳的悠久历史和文化。宣讲完毕,根据学校要求,又增加了学生提问过程。他们有意安排新讲解员进行宣讲,老讲解员回答问题,使新老讲解员在胆量、讲解艺术、知识、应变能力等诸多方面都得到了锻炼和提高。

陕西文博部门组成的宣讲团,由西安半坡博物馆、秦始皇陵兵马俑博物

图3-7　中原历史文化宣讲团进校园

图3-8　带着文物复制品进校园讲文物

馆、西安事变博物馆等许多博物馆的优秀讲解员组成,这些讲解员不仅演讲生动,并且能唱会跳,多才多艺,先后应邀到过不少大专院校和部队,足迹遍及整个陕西。其生动深刻的宣讲和精彩的文艺演出,深深打动着观众,受到热烈的欢迎。2003年8月1日,他们来到地处偏僻的韩城市武警三支队七中队宣讲慰问,这里不仅有部队官兵,还有村民,在礼堂里,武警官兵和数百村民济济一堂,宣讲、演出完毕,军民情绪高涨,掌声如潮。此时此刻,讲解员们不仅感受到自己的责任和义务,认识到讲解工作的重要价值和意义,而且思想也得到进一步净化、启迪和升华(见图3-9)。

图3-9 陕西讲解员宣讲世界遗产

据资料介绍,2008年奥运会来临之际,由首都博物馆、中国人民抗日战争纪念馆、中国电影博物馆、毛主席纪念堂、郭沫若纪念馆、孔庙国子监博物馆等多家单位工作人员组成的北京地区博物馆"弘扬古都文明 喜迎奥运盛典"宣讲团,冒着酷暑高温,进入学校、部队讲述北京历史文化,宣传古都文明,为北京人文奥运构筑了一道靓丽的风景线。宣讲内容共分为九个篇章:(1) 开创了中华文明的周口店——北京人;(2) 八百多年前建造的著名的桥——卢沟桥;(3) 北京历史最悠久、保存最完整、建筑面积最大的一组宫殿建筑群——紫禁城;(4) 凝聚着中华民族的魂魄的"巨龙"——长城;(5) 中西合璧的著名园林——圆明园;(6) 北京的胡同和四合院;(7) 北京国粹——京剧;(8) 中国沧桑的见证——天安门;(9) 我的奥运梦想。

7月9日、10日,在学生们刚结束紧张的期末考试之际,宣讲团就走进了北京市重点中学161中学和北师大实验中学,为在校生及即将参与奥运服务的近千名志愿者进行了宣讲。同学们反映:宣讲活动内容精炼,让我们在轻松的气氛中了解了北京的文明史,学到了新知识,可以说,是为我们志愿服务者上了一堂生动的人文奥运补习课。7月23日宣讲团在总参部队的宣讲场面更是感人至深,容纳几百人的大礼堂齐刷刷地坐满了部队官兵,宣讲多次赢得了官兵们雷鸣般的掌声。部队领导感慨地说:"博物馆工作者将古都文明和奥运知识的宣讲送进军营,为我们官兵做好奥运的安保工作增添了精神食粮,是为我们充电、鼓劲,希望这样的活动多来军营。"

"博物馆与社区建设",不仅是一个博物馆日的主题活动,已经成为博物馆的一个工作内容。这项工作为博物馆的发展提供了一个更为广阔的空间,使博物馆更加贴近群众,进入寻常百姓家。作为博物馆进社区的主要形式,小版面讲解和宣讲也将会占据这个空间,发挥着更大的作用。

11. 其他

除了以上十种讲解方法以外,各个博物馆、科技馆、纪念馆还利用自身的优势,开展不同形式的讲解,很好地发挥了其社会教育功能。

中国人民抗日战争纪念馆1994年就组建了"播撒爱国主义种子"大篷车,先后到多个省市及北京市社区、郊区,把党课送进校园,把英雄带进高墙,把文明礼仪推广到100多个社区、军营,把抗战歌曲传到中、小学校,大大扩展了宣传教育的覆盖面。

为了普及文博知识,加强对青少年的社会教育,开封博物馆在一些中、小学校开设了文博兴趣班,由博物馆社教部的工作人员义务为学生讲解文博知识和开封的历史、民俗,与学生建立师生关系、朋友关系,在扩大了社会教育面的同时,也拉近了与青少年的距离,增强了教育效果。他们还与媒体紧密结合,利用媒体的广泛影响对青少年进行教育。如和开封电视台联合举办了"革命故事电视大赛",并通过这一活动引来企业的赞助,进行了文化产业与社教活动相结合的有益尝试,随后录制的两个小时的节目在电视台播出后,收到良好的社会效益和经济效益。河南博物院讲解员也多次与河南省电视台、电台联合举办节目,宣传河南博物院的陈列展览和文物(见图3-10)。

以上这些方法,要根据参观者的目的、要求以及本博物馆的性质、任务和优势,其次也根据参观者的基础、接受能力、年龄特征、参观时间等情况来确定。一般来说,社会历史类的博物馆多以讲授法、讲授表演法、辅导法、研讨法为主,而自然科技类的博物馆以讲授演示法、模拟实验法、辅导法、研讨法为主。由于各馆人力、财力、基础条件的不同,既有自己所长,也有自己所短,应根据本馆的基础和优势选择对自己适用的方法。

图 3-10　河南博物院讲解员参加电视台节目

第二节　对不同类型观众的施讲

来博物馆参观的观众大体可以分为一般观众、特殊观众。特殊观众又分为专业观众、重要观众、未成年观众、外宾等。对这些不同类型的观众应采取不同的方法施讲。

一、对一般观众施讲

一般观众包括成年人和大学生。他们来博物馆兼有求知和娱乐两种要求，一般没有很明确的目的，对这种观众主要进行普及教育，讲解一般知识即可。也可根据他们的要求或在参观中的兴趣而进行调整，特别要注意知识性和趣味性的结合，寓教于乐。时间可长可短。采取重点和一般相结合的方法，语言要雅俗共赏，讲解气氛要轻松愉快。

二、对专业观众施讲

这部分观众参观的目的很明确，是为了求知和搜集专业信息，有的是将书本上的东西联系实际，进行对照。对这部分观众要以丰富他们所学的专业知识并给以一定启发为原则,适当宣讲学术新观点,特别是要满足他们所需要的专业知识。鉴于专业知识范畴较宽,大致可分为考古、历史、艺术、农业、青铜、陶瓷、玉器、石刻等类别。除了照顾到他们的专业外,还要注意选择有本馆特点的内容,将这部分内容作为重点讲解。如同样是青铜器,但是大多数博物馆都具有时代性和地域性,这就是本馆特点。如湖北省博物馆的青铜器主要是战国时期曾国的青铜器,带有明显的汉淮地域风格;河南博物院的青铜器主要是夏、商、东周时期的青铜器,具有中原地区的特点;陕西省博物馆的青铜器主要是西周、西汉、唐代的青铜器,同样具有中原地区的特点。这些特点永远不会雷同,再有学问的专业人员都会感兴趣。为这部分观众讲解时语言要准确、精练、概括,画龙点睛。一般采用重点讲解,无须系统连贯地讲,以交流式讲解为好,并注意及时向他们学习请教,以达到知识互补。

三、对重要来宾施讲

重要来宾主要包括国内外部级以上领导、知名人士及社会名流等群体。重要来宾一般是带着任务参观,停留时间较短而且要求严格。对这部分观众主要是导引服务,根据他们的兴趣和需要介绍,重点讲解本馆特点。语言要高度精练概括,注意称呼、开场白、结束语和细致周到的服务。特别要把握好时间。

1. 做好接待前的准备工作

首先,要探寻来宾心理,做到心中有数。重要来宾的参观视察往往不是随兴的,而要经过周密的安排后通报接待单位。根据停留时间的长短,接待单位往往要上报详尽的接待方案,包括接待人员、参观线路、参观内容、应急预案等,这就为我们的准备工作赢得了时间。在讲解之前应先了解重要来宾的背景资料,如参观目的、参观时间、职务经历、所学专业、兴趣爱好等。根据这些资料,迅速确定他们的文化层面,对讲解内容有所筛选和侧重,以便探寻来宾心理,使讲解有"针对性",这是因人施讲的关键所在。

其次,进行试讲。根据参观要求和所准备的内容,假设虚拟对象实地试讲 1~2 次。在试讲过程中,要不断对讲解内容进行修正,广泛地设想问题,并找出应对方案。

2. 接待环节中的注意事项

（1）注意对来宾的称谓。称谓可遵循以下四种标准：按性别，如"先生"、"女士"；按职称，如教授、工程师；按职务，如省长、部长、书记、总理、主席等，部级以上领导也可统称首长；若由于准备不充分对来宾身份了解不足，也可使用敬语"您"。

（2）注意开场白和结束语。开场白是讲解的开篇之作，关乎讲解员留给观众的第一印象，一般包含三个要素：欢迎辞、自我介绍、本馆整体介绍或展览概貌。而一段完整的讲解也必须做到善始善终，所以结束语也必不可少。结束语往往包含两个要素：对展览的简要总结和致谢词。在特殊情况下，开场白中的整体介绍和展览概貌以及结束语中的简要总结可以适当省略。

（3）做好引导服务工作。随着社会文明程度的提高以及博物馆走下神坛深入人心，人们的服务意识和人权意识都不断增强。博物馆不仅是学习历史文化知识的殿堂，也是大众喜爱的休闲娱乐场所。而观众，既是博物馆的服务对象，又是博物馆赖以生存的社会基础。我们不仅要通过讲解满足观众的文化需求，而且从迎接观众的那一刻起，直到送别，都必须具备高度的服务意识，这也是讲解员敬业精神的体现。在参观过程中，"以观众为本"，营造使观众自由参与的宽松氛围，建立一种平等尊重、信任和谐的关系。尤其在接待重要来宾的过程中，要注意各种礼貌礼节的运用，做到细致周到的服务。特别要注意的一点是，在文物转换、展厅转换、上下楼梯、上下电梯时，不仅要语言提示，而且要有恰当的手势予以辅助指引。

（4）准确把握时间。灵活自如地控制讲解时间，也是衡量讲解水平的重要标尺。重要来宾的停留时间往往要求严格，讲解员需做到合理安排，准确把握。在准备阶段，讲解员要事先对讲解内容、讲解路线、讲解站位、讲解速度做周密的设计，对在每个展厅内停留的时间做到心中有数。此外，还要计算并预留来宾提问、相互交流及行走的机动时间，在现场讲解时随机应变。

（5）恰当选择内容。在把握重点和亮点的基础上，可以根据重要来宾的兴趣和知识点适当调整讲解内容，有所侧重和倾斜，但要做到能放能收，不偏离主题，重点宣传本馆特点。如果在走动的过程中遇到冷场现象，讲解员可利用间隙宣传本馆及文物的相关背景资料（见图 3-11）。

（6）注意讲解语言和语气的把握。在为重要来宾讲解的过程中，讲解员的语言要高度凝练概括，简明扼要，对简单的问题和概念不必做过多解释，语言力求流畅、准确、生动,切忌零散、拖沓、冗长。在表达语气方面,采用汇报式的语气讲解,设问和反问等句型要慎用。

图3-11　坦桑尼亚联合共和国总理弗雷德里克·苏马耶参观河南博物院

(7) 主动配合领导题词。根据重要来宾的停留时间和参观接待方案,结合实际情况,在讲解结束后,邀请来宾为本馆题词或签名,若来宾婉拒,则不要勉强。

(8) 注意迎送的细节。对重要来宾,不仅要热情相迎,周到服务,也要礼貌相送,做到善始善终。讲解员要将来宾送至车旁,与来宾一一握手告别,待车队启动行走时,站在本馆领导侧面与所有来宾挥手再见。

3. 寻找讲解共鸣点

不积跬步无以至千里,不积细流无以成江海。讲解员的工作不仅仅局限于讲解过程,要出色地完成讲解任务,幕后工作往往更为重要。讲解员要不断对讲解内容进行"再创造",在一成不变的陈列内容基础上,进行创造性地挖掘和揣摩,使其呈现出丰富的变化,向观众阐释深藏其中的文化内涵。此外,应根据自己的爱好和工作需要,博览群书,培养多种爱好,如美术、音乐、书法、建筑等。这些看似关系甚远的知识,会对讲解员的艺术感悟力产生潜移默化的影响,培养讲解员敏锐的感知力、丰富的想象力和透彻的理解力,使讲解工作真正做到驾轻就熟、厚积薄发。

(1) 利用文物的"三性"进行艺术创作。文物的"三性"指的是历史性、科学性和艺术性,是界定文物价值所依据的标准,也是文物鉴定、文物分级所依据的标准。博物馆中所展示的文物,一般都在三级以上,其必定具备某一方面的价值,或者两者、三者兼备。因此,在讲解历史文物时,无论任何情况,讲解员只要紧紧把握所讲文物的"三性"进行艺术创作,便不会偏离主题。例如河南博物院的镇院之宝莲鹤方壶,就是一件三性兼备的国宝重器。讲解员可以从该文物的历史价值、科学价值、艺术价值三方面逐一分析,将文物全貌条理清晰地展示于观众面前,令观众有一个全面且深入的了解,最后,引用专家的评价"青铜时代的绝唱"作为结语,水到渠成,说服力也较强。

(2) 从艺术美的时代性入手。讲解员在讲解时,一定要引领观众将所讲文物还原到所处的时代去鉴赏,方能令观众深入领会。例如河南博物院院藏西周时期的玉柄铁剑,由于年代久远,锈迹斑斑,甚至已经断为两截。如果从今人的审美角度出发,只会令观众视若无睹。但是,讲解员如果帮助观众了解这把剑的材质和工艺,将中国历史上铜器时代与铁器时代的概念引入,再将该剑所处的年代——西周晚期时冶铁技术的发展和意义作以阐释,相信观众都会重新审视并深入理解。

(3) 以尚未解决或正在研究的课题作切入点、突破点。博物馆里的大量展品,信息含量十分丰富。而且,随着考古的深入以及科技的进步,涌现出了大量的新发现、新观点和新学术成果。作为博物馆的讲解员,要敏锐捕捉各类信息,以便充实到自己的讲解当中。例如讲到河南博物院《天地经纬》展览中的地动仪,就可以绕开平铺直叙的传统手方式,从如今人们对地震现象的关注,谈到汉代张开衡地动仪留下的未解谜团,再结合实体操作台演示河南博物院与国家地震局的科研成果,就会在很大程度上将枯燥的理论转化为生动的画面,从而激发观众的探索兴趣,更好地理解先人"求实疾虚"的科学精神。

(4) 以观众最熟知或感兴趣的事和物作切入点,尤其是"知其然,不知其所以然"的事物,最具拓展空间。例如,在一次接待日本来宾的过程中,看到汉代的"相扑图"壁画时,笔者同来宾交流"如今相扑是日本的国粹,可有一个细节很令人费解,为何相扑运动员的头顶都要扎一个小辫呢?是比赛的需要?还是什么特殊的来历呢?"当时,那位日本来宾愣住了,对于本国人这一热衷又熟悉的竞技项目来说,这确实是一个常人不曾注意却又不知缘由的问题。于是,笔者从看似毫无关联的中国史前时期为纪念"铜头铁额"、勇猛善战的蚩尤所创立的"蚩尤戏"讲起,直到发展为汉代的"角抵戏"以及与如今相扑运动的关系,迂回却又有理有据地说明了"相扑源于中国"这一历史史实,这比直抒胸臆更能令观众信服,情感上也更能够接受。再比如"鉴定"、"模范"、"炉火纯青"、"唇亡齿寒"等词汇,以及生活中很多典故的来源,都可以在我们的展览中找到答案,这无疑会在很大程度上激发观众的求知欲,调动观众的参观兴趣,达到寓教于乐的目的。

(5) 可以适当增加文物的背景资料。一般说来,重要领导的参观有时间要求,在保证讲解重点和亮点的情况下已经所剩无几,因此,许多次要内容不一定展开来讲。然而,遇到某些特殊情况下,可以适当增加文物的背景资料,借以激发来宾的参观兴趣和注意力。如各博物馆镇馆之宝的流传经历,以及他们的发现过程,都是一段传奇。在一般讲解时这些都不作为重点,然而特殊情况下,可以适当倾斜,或许会取得意想不到的效果。

(6) 可以根据来宾的身份或兴趣寻找切入点。在接待一位台湾政要时,笔者了解到他此行河南的主要目的是参加黄帝故里拜祖大典,于是,就着重为他介绍了河南鹿邑长子口大墓的重要发掘,尤其是该墓主人与他姓氏的渊源,结合历史文献和考古发掘,证明了百家姓大都源于河南,勾起了他两岸一家亲的思乡情怀,现场的参观气氛既温馨又和谐(见图3-12)。

图3-12 台湾亲民党主席宋楚瑜参观河南博物院

在讲解过程中，讲解员要善于察言观色，从来宾的目光、言语、肢体语言中捕捉他们的兴趣点，再结合他们的参观目的，最大限度地寻找展览和其兴趣爱好的契合点，调动其参观热情。

对著名人物要视具体情况灵活对待。主要也以导引服务为主，根据他们的兴趣和需要讲解介绍，重点讲解本馆特点（见图3-13）。

一名成功的讲解员，除了具备既专且博的知识结构，还必须要具备灵活敏锐的感知能力、现场分寸的把握能力、讲解节奏的调控能力和和蔼可亲的感召能力。这才是一个主体的、思辨的、优雅的、艺术的讲解员形象，也是我们今后努力的方向。

图3-13　老艺术家参观河南博物院

四、对未成年观众施讲

青少年是祖国的未来，是民族的希望。博物馆对青少年开展爱国主义教育是一个永恒的主题。青少年到博物馆来参观，为他们举办更多更好的展览，并为他们提供更精彩的讲解，这是博物馆人，尤其是宣教工作者的努力方向，也是时代赋予的历史使命（见图3-14）。

中小学生属于未成年观众，对他们的讲解具有一定的难度，是讲解员应该

图 3-14　为学生观众施讲

好好研究的课题。这部分观众生理和心理正处于不断成长阶段,喜欢新鲜的、宽松的教学方法和氛围,不太喜欢一本正经的说教和刻板的教学方法。他们具有较强的荣誉感,喜欢让表扬,不喜欢遭到大声训斥和批评。所以接待他们一定要友善,尊重和理解他们,减少教育性,增加引导性和参与性。

　　初中生和小学生记忆能力强而理解能力差,参观缺乏持久性,爱听故事,对新奇的事比较感兴趣。讲解的方式和内容都要贴近青少年的实际生活,要尽量能与他们现实生活中熟悉的内容相联系。讲解员要能根据不同层次的青少年观众群体,组织不同的讲解,如针对小学生的讲解,要选择具有情节或故事性的内容,讲解时间最好不要超过 1 个小时。语言要浅显易懂,深入浅出,适当增加解释,并尽量用生动活泼的儿童语言去引起他们的兴趣和共鸣。可以鼓励孩子们大声读念重点内容,还可以在讲解中适当采用穿插提问、反问、重复重点部分等方法,引导他们开动脑子,注意力集中,以加深印象。对他们还要减少挪动次数,避免因挪动而带来讲解中断,影响参观。对初、高中学生应采取重点讲解的方法,切忌求全求多,避免深奥的或空洞的、泛泛而谈的内容,要融知识性和趣味性于一体;对大学生,则要侧重于知识性和艺术性,主要让他们感受博物馆真、善、美的东西,对博物馆的内容产生兴趣,使他们感到参观博物馆是一件开心和美好的事情,还愿意再来。参观中对他们要加强组织和引导,不要听任其自由行动(见图3-15)。

图3-15　少年儿童参观者

讲解时还要根据青少年观众参观博物馆的不同次数,善于把握他们的喜好和情绪,组织不尽相同的讲解内容,运用不同的语言和讲解方法,传达不同的信息,让他们有常来常新的感觉,每次的参观都能有不同的收获。

在对未成年观众施讲方面,有很多颇有见地的认识。如郑州二七纪念馆邓学青认为:"应采取差异化的讲解方式。在讲解过程中,讲解员应主动与学生沟通,要听其言,观其行,集中他们的注意力,激发他们的兴奋点,努力使讲解贴近他们的年龄、贴近他们的心理、贴近他们的兴趣,在孩子们的心中产生共鸣,进而使参观内容入心、入脑。"①(见图3-16)

广西壮族自治区博物馆李善华认为:"青少年学生观众可根据他们年龄段的不同分为大中专和中小学生两大组。……要针对他们不同年龄组采用不同的讲解方式。对大中专学生组讲解,我们通常采用出题式的讲解。所谓出

---

①　邓学青:《如何架起博物馆与青少年之间的桥梁》,2006年"全国部分博物馆、纪念馆'博物馆与青少年'学术研讨会暨创新展示"与会论文。

图 3-16　郑州二七纪念馆的讲解,努力贴近孩子们的兴趣

题式的讲解,就是采用提出问题的方式讲解,把你所要讲的陈列展览内容归纳出几条题目,然后依次逐题进行讲解。例如,对'广西古代铜鼓陈列展览'的讲解,在开讲之前,先把铜鼓陈列展览的看点、亮点、难点、疑点一一告诉他们,然后,把这几个点的问题化解于讲解之中。这种讲解方式对大学生来说非常管用。但是,大学生也有学科和专业之别,不同专业有不同的侧重点。如艺术学院校的学生参观铜鼓展览,他们对铜鼓怎么来的或怎么铸造的不一定有兴趣,他们感兴趣的是铜鼓上的各种纹饰图案。恰恰相反,要是广西民族大学民族学专业的学生,他们感兴趣的是铜鼓的发展史,对铜鼓上的纹饰不一定在乎,这就是讲解的特性。值得指出的是,出题式的讲解方式对中小学生来说并不一定适用。因为中小学生还不具备更多历史知识和理论知识,对于他们讲解只能把悠久的历史和丰富的文化内涵演变为通俗化或故事化来讲解。"[1]

河南省济源市博物馆胡成芳认为:"目前,大多数博物馆的讲解都是以统一的模式面对观众的,这一教育模式以讲解员的'讲'为主,观众成为被动的

---

[1] 李善华:《关于对青少年开展爱国主义教育问题的探讨》,2006 年"全国部分博物馆、纪念馆'博物馆与青少年'学术研讨会暨创新展示"与会论文。

'听众'。这种说教模式只是一种知识的灌输,不利于激发观众的兴趣和调动观众思考的积极性。尤其是对于青少年幼稚的童心、好奇的天性,尚没有一套专用的解说词。并且就孩子的天性来说,他们需要引导而不喜欢说教,很难接受一些成人尚难理解的说教式解说服务,因此建议博物馆在讲解方面要着重对青少年准备一套特殊的解说词,还要把讲解员适当地进行分类,来满足孩子们的特殊需求。对不同年龄段的学生讲解的侧重点也要有所不同,对小学生要着重向他们讲解与文物遗迹有关的历史事件、民族英雄、革命先烈的动人故事,从小培养他们热爱祖国、热爱社会主义的情感;对中学生和青年观众,要着重向他们介绍中华民族的灿烂文明和优良的革命传统,激发他们的爱国主义精神,坚定社会主义信念,培养高尚情操;对大学生和青年知识分子,要着重引导他们认清中国国情和社会发展的必然规律,增强民族自信心和历史责任感,自觉继承和发扬祖国的优秀传统文化和伟大民族精神。"[1]

郑州市博物馆沈家慧认为:"针对青少年观众求知欲强、愿意回答自己知道的问题的特点,讲解员可以利用激趣、诱思的方法来启发引导他们……激发兴趣是吸引他们的有效方法,美国哈佛大学心理学家詹姆士曾用实验证明,通过激发兴趣,人的积极性甚至可以增加3~4倍。兴趣是青少年积极认识事物、积极参与学习活动的一种心理倾向。他们一旦对某一事物产生浓厚的兴趣,就乐于接触它,并且兴致勃勃地全身心投入学习和探索。为此,讲解活动中,讲解员要根据青少年的心理,充分挖掘陈列内容的趣味因素,力求讲解过程集科学性、知识性、趣味性于一体。在讲解实践中不难发现,'开端激趣'至关重要,俗话说,'好的开始是成功的一半'。由于'好奇'心理,大部分的青少年观众在刚开始参观时,往往抱有很大的热情,如果此时讲解员能够以趣引入,就会激发青少年朋友强烈的兴趣。……'诱思'。学起于思,思源于疑,讲解员在讲解过程中要努力营造一种宽松、平等、和谐的气氛,激发青少年朋友敢想、敢说的热情。……引导他们运用发散性思维,在参观中主动地、独立地发现新事物,提出新见解,使他们的'脑'充分活跃起来。"[2](见图3-17)

---

[1] 胡成芳:《如何发挥博物馆对青少年的教育功能》,2006年"全国部分博物馆、纪念馆'博物馆与青少年'学术研讨会暨创新展示"与会论文。

[2] 沈家慧:《如何更好地发挥讲解工作对青少年的教育功能》,出处同上。

图3-17 河南博物院国宝展厅里的儿童专场报告会

郑州博物馆杨扬认为,在讲解员和青少年之间应建立新型关系,"(1)合作的关系。……由讲解员和青少年共同合作来完成讲解工作。……通过合作的关系使青少年认识到讲解行为是需要讲解员参与其中的,讲解不再只是讲解员的行为。只有这样青少年才会不再感觉自己是一个无关的局外人。(2)和谐融洽的关系。是指讲解员和青少年之间的情感联系。……我国现代教育学家认为:教育是不能没有爱、没有情感,如同池塘之没有水一样。没有水,就不成其为池塘,没有情感,没有爱,就没有教育。所以讲解员在为青少年讲解时,不仅仅需要传播知识,同时也要进行情感的交流,在讲解员和青少年之间架起感情的桥梁,不再让青少年感觉'博物馆太严肃了,很压抑'。(3)互动的关系。对青少年的讲解过程是讲解员和青少年相互作用和影响的过程,所以要在讲解员和青少年之间建立互动的关系。通过这种互动的关系,讲解员和青少年之间才能进行信息的交换和行为的交换,最终导致相互之间心理上和行为上的改变。讲解员不仅要会讲解,还要注重在讲解中和青少年的交流互动,在交流当中了解青少年的想法和需要,再根据这些反馈信息改变讲解工作的方式和方法。随着时间的推移,青少年是在不停地发生变化的,讲解员也需要随着这些变化不断地调整讲解方式和方法。通过讲解员的改变,让青少年感到博物馆也是有新意和创造力的"①(见图3-18)。

图3-18 郑州市博物馆对小学生的特殊讲解

邯郸市博物馆郝良真认为:"博物馆的讲解要因人施教,使未成年人首先能听得懂、吸收消化得了。正如《意见》指出的那样,'多用鲜活通俗的语言,多用生动典型的事例,多用喜闻乐见的形式,多用疏导的方法、参与的方法、讨论的方法'。很多中小学生反映听不懂博物馆的讲解,而且感到很沉闷,究其原因是讲解方法上还存在着问题,没有考虑到少年儿童接受知识的能力特点。由于中小学生历史知识和文化水平的贫乏,这就需要我们的讲解员介绍不能千篇一律,要研究中小学生喜欢看什么,喜欢听什么,讲解要有针对性。必要时要结合学生课本的学习进度,选择和学生课本内容比较接近的展览内容,并且还要和任课老师合作备课,利用博物馆场所共同完成讲解任务,以期收到比较理想的教育效果,这样中小学生才能对博物馆的讲解听得懂,记得住,从而对博物馆产生浓厚的兴趣。"②(见图3-19)

郑州市博物馆丁薇认为:"讲解员应注意青少年观众的反馈信息并加以整理,作为下一步工作的深入点。博物馆要加强对青少年的教育职能,其关键

---

① 杨扬:《如何建立讲解员和青少年的新型关系》,2006年"全国部分博物馆、纪念馆'博物馆与青少年'学术研讨会暨创新展示"与会论文。
② 郝良真:《博物馆应该真正成为青少年教育的第二课堂》,出处同上。

图 3-19 为未成年人讲解河南博物院大厅

在于加强与青少年的联系。因此对于讲解员,应该把青少年反馈的信息回收起来,如陈列展览的内容质量高与否,讲解的深度与清晰度够不够等等。面对青少年,更应该注意他们的表情变化、言谈举止,及时与他们沟通,取得他们的理解。"①

五、对外宾施讲

近些年来光顾博物馆、历史古迹的外国学者、游客日益增多。对这部分观众无论是用外语讲解或中文讲解都需注意以下问题:

1. 严格遵守国家有关涉外接待的规定

尊重各国民俗,遵守社会公德,遵时守约,女士优先,尊重隐私。要特别注意礼貌礼节,对于外国元首、要员应注意称呼、礼节性的开场白、结束语和人性化的服务。掌握礼仪修养知识,如行为举止、仪表和服饰及接待礼仪等。

2. 注意各个民族的习俗和禁忌

事先了解他们的身份、参观目的、停留时间和有关情况等。因为虽然都是

---

① 丁薇:《从讲解员角度谈加强博物馆青少年教育新职能》,出处同上。

外国人,但各国的情况并不一样。西方人有关于数字、颜色、花卉及动物等许多忌讳。他们普遍忌讳"13"及星期五,其原因与信奉基督教有关。印度国家与众不同,点头代表"不",摇头代表"是"。有些国家忌讳一些颜色,如日本人忌绿色,认为绿色不吉祥;泰国人忌红色,因而他们用红笔写死人的姓氏;巴西人忌棕黄色,欧洲人忌黑色,认为它们是凶丧之色等。

龙和凤在中国代表着吉祥,而在西方龙和凤则截然不同。西方认为龙是罪恶和邪恶的代表,凤则是再生复活的意思。在西方神话传说中,龙是一种巨大的蜥蜴,长着翅膀,身上有鳞,拖着一条长尾巴,嘴里能喷火。到了中世纪,龙则演化为罪恶的象征。大象和孔雀等动物在中国被认为吉祥、长寿或喜庆,但在一些西方国家却被视为愚蠢、淫妇。鹤与龟在中国代表长寿,而在东南亚一些国家则被视为讨厌的两种动物。

在中国对客人直呼其名会被认为是不礼貌、没有教养的行为,而欧美国家则喜欢别人直呼其名,因为对他们来说,只有相处很久、关系密切的人才彼此称呼名字。类似的禁忌和习俗还有很多,如果不加注意会引起误解。

3. 注意中国与外国的不同点

(1) 语言习惯的不同。外国人喜欢倒装句,中国人喜欢顺装句。古代历史国外喜欢用公元来纪年,而中国喜欢用朝代或农历来纪年,讲解历史时就要用公元纪年代替朝代纪年,要尽可能适应外国人的语言习惯,便于他们理解。

如果用汉语讲解,不要用正常语速并且很连贯地讲下来,而要放慢语速并分小段去讲,以便于翻译。

(2) 文化背景和兴趣爱好的不同。一般人对异国历史难免会有陌生感,例如,你直截了当地讲某一展品是哪朝哪代的,外国观众一定会一头雾水。在讲解文物时,不要频繁地介绍年代及出土地,这样只会让外国观众产生距离感,因为他们对这些是陌生的。

对外国朋友讲解时,应着重讲解其最感兴趣的、富有中国特色的、中西文化差异较大的东西。但同时也要注意到,除了熟知中国历史的专门学者之外,如果能将所讲内容同他们本国同时期的历史事件或者重要的历史人物联系起来更好,这样可以找出中西文化的交汇之处,引起共鸣,外宾才容易明白,理解才深刻,同时又能突出中国文化的多元性和独特性。例如,讲到武则天时,我们可以联系到英国的伊丽莎白女皇、俄国的叶卡特琳娜二世。她们是世界上比较著名的三位女皇,我们可以把她们作一下对比,穿插一些有趣的小故事,效果会很好(见图3-20)。

图3-20　接待瓦努阿图共和国总理哈姆·利尼参观

外国朋友一般文化、知识水平较高,讲文物时要适当讲一些较为深层的东西,比如文物的外观,参观者容易看得出来,不必讲得太多;而具体到某一细节的寓意或特殊作用则可以多花一些言辞加以介绍。

对外国朋友讲解,讲解员不仅要熟知中国历史,并且在平时学习中还要有意地多涉猎一些西方国家的历史及传统文化,广泛搜集资料,使讲解内容能中西贯通,取得良好的效果。

第三节　不同类型博物馆的讲解特点

一、科技自然类博物馆的讲解特点

科技自然类博物馆的讲解重在对观众进行阐述和解释说明,同时加以操作和演示,使观众受到启发和教育,指导实践。其讲解的主要目的是传递实物标本蕴含的科技文化知识。因其观众多是学生或是为某种目的而来的求知者,对他们要像讲课一样,目的明确,内容充实,条理清晰,逻辑性强,推理和论

证充分。其讲解特点概括如下:

1. 讲解风格:亲切、自然、轻松。

2. 讲解原则:着重科学性和知识性,注意因人施讲,讲解、操演和观众观看同时进行,创造一种和谐的相互学习的氛围。

3. 方式方法:基本采用操作表演或介绍、交谈式的讲解,即边讲解边操作或演示。改变传统博物馆以讲解员为中心,观众置于被动地位的状况,充分发挥观众参观学习中的主动性,鼓励观众动手触摸、操作,"以展品现象本身作启示,从特殊的现象中探索出科学规律来,也就是'知识从动手中获得'"①。讲解中不是以情感人,而是以事实来证明自然发展规律和科技原理,以理服人,要深入浅出,举一反三。创新教育方法,推广科普剧的演出,以适应不断变革的形势和观众口味变化的需要。

4. 讲解语言:注意讲解的层次性和目的性,做到讲解脉络清晰明了。语言既通俗易懂,又不能太多大白话。

二、革命纪念馆的讲解特点

在革命纪念馆中,陈列的主要是革命文物,从直观上大多不如艺术品、动植物标本那么具有吸引力,但蕴藏在文物中的情感则是极为感人的。所以在讲解过程中,要注重以情感人,首先在于讲解员个人感情的真挚。否则,单靠声音、语言表现会是虚的,讲解也缺乏吸引力。其次,重在以实事和情节打动和感染观众,使观众有所感悟,洗涤心灵,受到熏陶和教育。原东北烈士纪念馆邢继贤深有体会地撰文写道:"在东北烈士纪念馆的陈列讲解中,当讲解员讲到抗日女英雄赵一曼面对敌人的残酷刑讯坚贞不屈;杨靖宇烈士为了中华民族的解放事业吃草根、树皮、棉花,坚持战斗到最后一息;李兆麟将军带领抗联战士在'火烤胸前暖,风吹背后寒'的艰难困苦中仍对革命充满着必胜的信念……这些感人肺腑、催人泪下的动人事迹时,讲解员也深深地被感动着,他们是噙着泪讲的。每当这时,烈士的事迹和讲解员的真挚感情感染了观众,激

---

① 张鸿起:《科技馆展览教育》,阎宏斌、郑智主编:《社会化视野下的博物馆教育》,北京:文物出版社 2006 年版。

起了观众感情的波澜。"①

革命纪念馆的讲解特点概括如下：

1. 讲解风格：庄重大方、自然和谐。

2. 讲解原则：通过具体事例如人物、事件的介绍、宣讲，打动观众、感染观众，观点明确，讲解严肃、认真、投入，并对所讲内容怀有深厚的情感。

3. 方式方法：一般采用演讲报告式或介绍式讲解，会较多地运用讲演技巧，充分发挥讲解语言的魅力，注意故事性和情节性，通过真实的感情和一定的讲解技巧，调动观众的情绪，教育感染观众。同时要与时俱进，注意讲解方式方法的创新，选择更适合社会大众特别是未成年人的方式方法。

4. 讲解语言：注意语言的生动性和感染性，做到脉络清楚，吐字清晰。既通俗易懂，又不能过于口语化和随意化。

三、社会历史类博物馆的讲解特点

社会历史类博物馆重在向观众宣传、传播文明，讲授知识，说明历史发展的主流，使观众看到历史发展和变化，面对未来更充满信心。其讲解基本特点如下：

1. 讲解风格：大方亲切，自然和谐。

2. 讲解原则：着重传播知识、交流信息，注意科学性、知识性和趣味性的统一，注意因人施讲，利用文物展品进行讲解，让文物说话。

3. 方式方法：采用介绍、讲授和交流的方法，边讲解边向观众指示所要讲的内容，以物证和实事服人、感人、教育人，方法要灵活多变。

4. 讲解语言：流畅生动，通俗易懂，准确鲜明，逻辑性强，做到脉络清晰，层次分明，重点突出，通俗易懂与简练概括相结合。

四、遗址、景区、园林博物馆的讲解特点

遗址、景区、园林博物馆着重在引导观众参观、欣赏景物，宣传文明，传播知识。讲解必须在照顾全面的情况下突出重点，主要讲解有代表性的景观，以

---

① 邢继贤：《新形势下，如何提高革命纪念馆陈列讲解效果初探》，2006年"全国部分博物馆、纪念馆'博物馆与青少年'学术研讨会暨创新展示"与会论文。

反映出它的特色内容。应该从实际以发,因人、因时而异,做到有的放矢,即根据不同的游客以及当时的情绪和周围的环境进行导游讲解。在注意观众兴趣的同时,还须注意到提高观众的欣赏品位。陕西秦始皇陵兵马俑博物馆宣教部主任孟剑明认为,遗址类博物馆的讲解宣传,要向观众讲清楚该遗址的时代、文化内涵及意义,讲清楚该遗址中出土文物和陈列中展品的名称、时期、用途及在遗址中的作用价值,并回答观众的问题。有人认为,遗址博物馆的讲解,无非是讲解博物馆的陈列加上对遗址的讲解而已,似乎比较简单。实际上远不是这样。对遗址的讲解与对遗址博物馆的讲解,不是简单的加法,而是一种融合,要将对遗址的讲解与遗址陈列的讲解融会贯通,互相糅合,互相衔接,此中有彼,彼中有此,既不容过分的重复,更不能有空白带。其讲解的基本特点如下:

1. **讲解风格**:亲切轻松、质朴自然、娓娓道来。

2. **讲解原则**:着重趣味性、知识性,加强与观众的交流,充分利用景区进行讲解,宣传自己的观点但不强加于人,多留给观众一些想象思考的空间,让智者见智,仁者见仁。

3. **方式方法**:主要采用介绍和交流的方式方法进行讲解,在讲解的同时注意回答观众的提问,并耐心听取观众的意见和看法,指示所要讲的内容,加强参观的引导和组织工作。注意寻找与观众的共鸣点,适当提一些引发观众兴趣的问题,调动观众参观的积极性和趣味性。特别值得一提的是遗址、景区、园林博物馆的讲解和导游,要把握好观众和游客的观赏节奏和时间。"过于紧张的观赏节奏会使游人疲于奔命,引起生理上的不适,从而冲淡其审美感受。反之,节奏过于缓慢单一,也会产生消极作用,使游人的审美期望指数降低,观众兴趣减弱。因此,游览观赏节奏,必须同生理、心理节奏相对和谐统一,这就要求导游员根据实际情况、人员结构、线路安排与具体游程灵活掌握,适当调节"[①]。这类博物馆一般面积比较大,参观点较分散,在讲解中特别要注意口头和肢体语言的导引和示意,加强对观众的组织、带领工作。并要事先安排好导游线路,选择省时、省劲、安全的线路。

---

① 王洁:《试谈露天博物馆与室内博物馆讲解的异同》,河南省博物馆学会编:《博物馆学论丛》(4),1994年。

4. 讲解语言:通俗、易懂、大众化,注意语言的生动和逻辑性,做到脉络清晰、层次分明。

第四节 讲解中的一些技巧

一、应变观众的技巧

1. 出现忘词

在讲解中如果出现忘词,可采取以下应变措施:

(1)次要内容可以省略不讲。

(2)巧妙地将忘记的内容设置一个问题,让观众予以回答,并可利用这段时间加以回忆。

(3)还可利用间歇时间,如让观众休息一下,自己抽身去查询后再讲或回答问题。

2. 发生口误

在讲解中如果发生口误,可采取以下应变措施:

(1)属于无关紧要的词语,可以置之不理,以后引以为戒。

(2)对于可以引起误导的词语,要马上加以纠正,勿使谬误流传,以确保讲解内容的正确性。

(3)介于两者之间的口误,可以巧妙周旋,转移观众的注意力,使其淡漠记忆。

3. 遇到干扰

在讲解中可能会遇到以下干扰:纪律较乱、不礼貌的行为、原定参观路线发生变故、外界噪音等。如果出现干扰,可采取以下应变措施:

(1)把握好自己的情绪,充分利用自我调控能力,做到临场不乱,沉着应变。

(2)想办法绕过干扰源。

(3)想方设法排除干扰,如转移观众视线等。

(4)改变讲解方法,摆脱困境。

4. 观众不愿意听讲

在讲解中假如观众的情绪出现波动,如困倦、溜号、走动、交头接耳等不愿意或不认真听讲的现象,讲解员首先要控制好自己的情绪,千万不要急于草草结束或严厉训斥观众,而应当观察分析其原因,然后再根据具体情况对症下药。假如观众是太劳累了,就要让观众休息一下;如果是观众对讲的内容不感兴趣,就要临时调整内容或调整角度,寻找共鸣点,顺势穿插一些观众感兴趣的内容,并且要努力讲出新意和特点;如果观众在讲解中需要处理一下私人事务,就要耐下心来等待一下,千万不要急于讲解,这样会徒劳无用,白费力气和口舌。

5. 与观众发生矛盾

如与观众发生意见分歧、争执或遇到观众投诉等,讲解员要保持冷静的头脑,要自控情绪,主动放弃争执或采取高姿态承担责任,多数情况下观众都会谅解,化解前嫌。有时还要忍辱负重,顾全大局。

首先要尽可能避免这些情况的出现。讲解员要加强自身修养,学会谦让,争取不与观众发生冲突。古人云:"让得祥,争得殃。"谦让是一种美德,是理智的行为,是有涵养的表现。讲解员要学会待人接物,学会说话特别要学会说好话,减少发生矛盾的可能和导火线。关于说话问题,在这里还有一个小故事:有一个人买了一个海尔冰箱,没过几天冰箱就不制冷了,这个人很生气,就给海尔维修部打电话,但刚一接通电话,还没有来得及发火,就听见对方轻声地说:"真对不起,您一拨这个电话,就说明我们给您添麻烦了,实在对不起!"听了这番话,这个人的气立刻消了一半,然后对方又详细地询问了情况,答应下午就登门查找冰箱的毛病并采取相应的措施。一句温和的话犹如解除矛盾的消融剂,实在太重要了。作为窗口工作人员一定要会说话,会化解矛盾。

一旦真的出现了矛盾,讲解员也应采取冷处理的方法,尽力去化解矛盾,大事化小,小事化了,千万不可头脑发热,采取硬碰硬的态度,那样会使矛盾更加激化。假如遇上了刁蛮的观众,要学会忍让,不予理睬,任凭其发火,一个巴掌总是拍不响的。

二、带领观众的技巧

1. 气氛张弛错落

"张"就是紧张、急促;"弛"就是轻松、舒缓。在带领观众讲解中,特别是讲解时间较长的时候，要张弛有度、错落起伏，不能造成讲解气氛的一味地"张"或一味地"驰"，要让观众经历紧张、严肃和轻松、舒缓的交替变化，减少一点观众的疲劳，保持观众的参观兴趣。比如，在讲解中有庄重严肃的表情和语言，同时也要适当增添一些幽默的话语和活泼的表情。

2. 要组织引导观众，加强示意和指引

讲解员在讲解中不能只管讲解，而不管观众的参观情绪和秩序，尤其是对大批的观众特别是学生，要适时地进行组织和指挥。遇上纪律较差时，除了组织指挥以外，还要想办法去吸引他们，不能放任自流，听之任之，否则讲解既吃力还没有什么效果，这样的讲解等于是在做无用功。

讲解中变换场所时，需要拐弯或者需要上下楼等，要示意指引，包括语言和手势的指引，须加引导语："请随我到这边参观"、"请参观下一个展厅"、"接下来我们去参观……"等，使观众明白参观路线和顺序，能紧跟着你顺利地进行参观。中途换人讲解时也要向观众说明，并示意观众："请继续参观！"不可过于"吝啬"口舌和手势。

讲解员带领观众前行时要瞻前顾后，不能只顾自己走，而不管身后的观众。特别是在观众较多的地方，讲解员一方面在前面带领观众行走，保持一定的距离；同时还要不时回头看一下身后的观众，不断招呼他们前行，如果自己走得太快了，就要放慢脚步，等候观众赶上；到达需要讲解的地方要稍微等候一下后面的观众，待大部分观众到达后才可开始讲解，不能只顾自己赶时间，不管观众的行踪。

3. 巧妙躲避观众拥挤碰撞

在讲解中常碰到有多批观众在同一场所相撞的现象，在这种情况下讲解员应巧妙周旋、互相谦让，采取加快、放慢或放低声音进行躲让，在不影响讲解内容的情况下也可绕道迂回或另辟展厅以相让。若使用有扩音器要互相放低或关闭，否则会互相干扰。切不可互相抬高声调，互相较劲，那等于"内部打架"，使观众也无所适从。

4. 调和未交费听讲观众与交费听讲观众的矛盾

现在随着社会经济的发展和博物馆讲解质量与水平的提高，付费讲解的观众越来越多，但是在为这部分付费观众的讲解中，往往会不断加入蹭听的观众，讲解员不能采取武断或粗暴的态度驱赶蹭听的观众，而是要协调好这种关系。一般应采取提醒的方式告知未交费的观众让位于交费观众,或者用客气委婉的语气对这些观众说:"观众朋友们你们好,我现在所进行的是一场有偿讲解,费用是由××先生提供的,建议现场所有的观众朋友和我一起,用热烈的掌声对××先生表示衷心的感谢!同时请××先生一家站到前面,我会提高自己的音量,尽可能让每位观众都能听到讲解,我也衷心地感谢大家配合我来完成这场讲解工作!"[1]

5. 给观众以适当的休息

参观是一件比较辛苦的事,长时间的站立和行走会使观众疲惫不堪,特别是那些比较长的展览或老年参观者。讲解员在带领观众参观中要让观众劳逸结合,适时适地安排观众小憩,比如在讲解一个段落后,带他们到录像厅、音乐厅或休息厅稍作休息,讲解员也可趁机休息一下,然后再继续参观。

---

[1] 惠立:《讲解员的艺术把握与形象建构》,《中国文物报》2008年11月7日。

第四章　讲解艺术

著名美学家朱光潜先生曾说过:"话说得好,就会如实地达意,听者感到舒服,发生美感,这样的说话,就成了艺术。"讲解是一门说话的艺术,内含有许多说话的技巧。讲解内容是吸引观众的关键,但讲解的艺术性也是吸引观众的重要一面。在确定并搞好内容后,就需要在讲解的艺术性上下功夫。讲解的艺术主要体现在五个方面:讲解的吐字发声、讲解的情感、讲解的语言魅力、优秀的语言表达和应变能力、独特的风格。

第一节　讲解的吐字发声

一、讲解吐字发声的要求

讲解员要发音正确,能自控气息和音量;吐字清晰、准确,基本没有吐字毛病。在声音方面总的要求是声音明亮圆润,音色优美,不尖涩不嘶哑,能高能低,能大能小,随着听讲人数的多少和内容的需要有高、低、大、小的变化,高低声区调整转换自如,做到"高不冒、低不闷"。

1. 声音洪亮

(1) 发音部位准确,一般在声带上下,不要过于靠前或靠后,也不要过于靠上或靠下。过于靠前会感觉虚,过于靠后会不出音,过于靠上会感觉飘、不实在,有时还会出现鼻音,过于靠下会发闷。

(2) 学会胸腹联合呼吸法。气是发声的动力,不会用气,声音就会无力,讲解时会上气不接下气,往往缺乏底气。只有用好气息,声音大小高低才会运用自如,能随着听众的多少和内容的需要进行调整控制。学会胸腹联合呼吸法才会有底气,有气息支点。

(3) 口腔完全打开,开闭自如。有的讲解员存在口腔不能完全打开的毛病,有的是上口腔能打开,但下口腔打不开或者不能完全打开;有的是下口腔能打开,但上口腔打不开或者不能完全打开。口腔是出声的通道,通道打不开或者不能完全打开,声音就会受阻,影响声音的传出,所以口腔必须要完全打开。

(4) 用好共鸣音。多数情况下讲解员采用口腔共鸣或口腔、胸腹腔共鸣即可,但需要声调高或音量大时则要口腔、胸腹腔、鼻窦腔甚至头腔共鸣。有的讲解员嗓子的共鸣状态不佳,在讲解中一味追求低沉结实或响亮高亢的声音。这种做法的后果是声音偏前或靠后,其声音猛一听,似乎有一种磁性,但仔细听就有一种明显的挤压色彩,感到不顺畅、不自然。只有恰当地使用共鸣,才可以改善声音的色彩,美化声音,使声音更富于表现力。

2. 吐字清晰

在吐字方面要求吐字准确,每个字和每句话都能清清楚楚地传入观众的耳中,没有吃字、吞字、尖音、团音等各种毛病。必须做到:

(1) 口形准确,注意开、齐、撮、合的发音口形。

(2) 唇部有弹性,松紧适中。

(3) 舌头灵活,与牙齿的配合准确无误。

(4) 吐字轻松自如,没有尖、团音。

有不少没有经过训练的讲解员在吐字上存在口松、口紧的问题,要么唇舌无力,说话懒,没有力度和颗粒感;要么声音太硬,犹如进字一般,张口不自如;要么舌硬齿僵。这就要加强咬字系统的训练,先练习唇部的功力,使之富有弹性,张闭自如;然后练习吐字,将练习的重点放在字句上,练习时做到:字头出字有力,字腹立字饱满,字尾归音到位。注意语音的规范,先将声母、韵母练习好,避免方言痕迹;将单音节字和双音节词练习准确,做到字音准确清晰,圆润动听。同时还要注意声调的准确。这个问题在后文中讲解基本功时还要专门提及。

3. 普通话标准流利

读准分清普通话的声母、韵母和舌尖、舌面、舌根音,掌握普通话的四种声调,特别要掌握好普通话的音变:如上声音变、儿化、轻声等。

在声音、吐字、普通话方面,容易出现以下问题:

(1) 声音小或声音太软,缺乏力度。

(2) 声音只能高不能低或者只能低不能高。

(3) 声音缺乏明亮度或音质欠佳。

(4) 有吃字、吞字或咬字不清现象。

(5) 有尖音或团音。

(6) 有的字四声不准。

(7) 有错别字读音等。

声音、吐字和普通话,除了自己的先天条件外,后来的吐字发声训练也非常重要,要学会改变自己的声音、吐字和不标准的普通话(后文会专门提及这一问题)。

二、普通话的有关问题

普通话是全民族的共同语,是以北京语音和北方方言为基础,以白话文为语法的一种语言。在使用普通话讲解中,必须注意以下问题:

1. 勿将北京话代替普通话

虽然普通话是以北京语音为基础,但绝不能误认为普通话就是北京话,特别是有些老北京话。尽管多数时候,他们在发音、声调上相同,但也有不少不同的地方。例如普通话中"档案"的"档"读第四声,而北京话则读第三声;普通话中"捧场"的"场"读第二声,而北京话则读第三声;普通话中"住室"的"室"读第四声,而北京话则读第三声;普通话"尺寸"的"尺"读第三声,而北京话则读第二声;普通话中"友谊"的"谊"读第四声,而北京话则读第二声;普通话中"熟悉"读"shúxī",而北京话则读"shóuxī"。普通话中"淋雨"的"淋"发"lín"的音,读第二声,而北京话发"lún"的音,读第二声,等等。

2. 不能混杂方言土语

普通话和各种方言土语差距较大,特别是在发音、声调方面。例如:河南周口地区把"天黑"说成"天歇","来客"说成"来妾",于是他们说"天黑了来了个客"便成了"天歇了来了个妾",容易让人误解。上海人说"你"为"侬",说"洗头"为"打头"。东北有的地方说"人"为"银"……有的方言土语不仅发音、声调不同,而且语义和语法也有差别。广州人说"你先走"是"你走先",意思都变了。所以,讲解时必须纠正方言土语,使之合乎普通话语言规范化的要求,切忌用普通话的调子填当地语音。

3. 杜绝错字和白字

首先,不能想当然地读音。如"波浪(bō 浪)",有的就自以为是地读成"pō 浪","老妪(yǔ)"读成"老欧","大腹便便(piān piān)"读成"大腹遍遍","纤(xiān)维"读成"前维","商埠(bù)"读成"商富"等等。

其次,要注意多音字和同音字。汉语中有大量的多音字、词,即一个字有多种读音,在不同的地方发不同的语音。例如:"着"有四种读音:(1)"zhāo"、(2)"zháo"、(3)"zhuó"、(4)"zhe"(轻声)。在"高着儿"中读(1)音,在"着凉"、"灯着了"中读(2)音,在"着落"中读(3)音,在"跟着"中读(4)音即轻声。再如"血"有两种读音,在"血液"、"血糖"、"血压"、"血统"、"血型"、"血气方刚"、"血液循环"等词中读"xuè",在"流血"、"吐血"、"血淋淋"中读"xiě"。

普通话一字多音举例:

语音不同:

校:(1)xiào:如学校、校舍、大校、校服等;(2)jiào:如校对、勘校等。

露:(1)lòu:如露脸、露头、露底、露怯、露苗、露馅、露相、露出马脚等;(2)lù:如揭露、暴露、泄露、露骨、原形毕露、露天电影、露水、露营、露珠、果子露、崭露头角等。

给:(1)gěi:如送给、不给、给以等;(2)jǐ:如给予、供给、给养、自给自足等。

畜:(1)xù:如畜牧、畜养、畜产;(2)chù:如家畜、畜生、六畜兴旺等。

声调不同

禁:(1)第四声 jìn,如禁止、禁闭、禁忌、禁令等;(2)第一声 jīn,如情不自禁、禁得起、禁不住、禁受等。

尽:(1)第三声 jǐn,如尽管、尽快、尽量、尽自、尽可能等;(2)第四声 jìn,如尽力、尽情、尽兴、尽职、尽忠等。

创:(1)第四声 chuàng,如创造、创办、创建、创举、创新、创刊、创业等;(2)第一声 chuāng,如创伤、创痕、重创等。

吐：(1)第四声 tù，如呕吐、吐血、上吐下泻等；(2)第三声 tǔ，如吐痰、吐核、吐露、吐故纳新、吐穗、吐口等。

与此相反，汉语中还有不少意义和写法不同，而语音和声调却完全一样的"同音异义"字、词，如果发音不准，别人就会听错。如"油"和"邮"、"全部"和"全不"、"走进"和"走近"、"中年"和"终年"、"向前看"和"向钱看"等，发音极为相近，稍不注意，就会混淆。

另外，讲古代历史类陈列展览时，还要注意古音和今音的区别。"龟兹"古音要读成"qiū cí"，"月氏"古音要读成"yuè zhī"，"吐蕃"古音要读成"tǔ bō"，"单于"古音要读成"chán yú"等等。还要注意古代文物中的一些冷僻字和专用字。如青铜器上的一些纹饰"饕餮纹"、"蟠虺纹"、"蟠螭纹"、"夔纹"，一些青铜器的名称"鬲"、"簋"、"卣"、"斝"等。

三、注意普通话的音变

普通话的音节与音节、音素与音素、声调与声调之间，由于互相影响，会出现语音音变现象。比如，"打倒"一词，按照常规应读成"dǎ dǎo"，由于两个以上音节连续，声调与声调的相互影响，前边的音节"打"，就变为阳平声，听起来就好像"达倒"。

普通话音变现象很多，主要有变调、轻声和儿化。变调常见以下三种情况：

1. 变调

（1）上声变调，两个以上上声音接连在一起，前边的音节均变为阳平声。例如"洗澡"变为"xí zǎo"，听起来好像"席澡"；再如"我打你"，由于三个上声音节相连，前两个音节都由上声音调变为阳平声调，听起来好像"窝达你"。

（2）"一"、"不"音节的变调。"一"、"不"两个音节单读时仍按原调，但在词句中，则要根据后面一个音节的声调而变化。"一"在去声音节前，一律变阳平声，例如"一寸"、"一份"、"一定"、"一切"等。而在非去声音节前，一律变为去声。例如"一分"、"一尺"、"一般"、"一言"等。"不"在非去声音节前仍读去声。例如"不吃"、"不玩儿"、"不想"、"不准"、"不管"等；在去声音节前，一律变阳平声。例如"不去"、"不看"、"不要"、"不会"、"不必"、"不客气"、"不谢"、"不累"等。

2. 轻声

轻声是普通话之外的一种特殊声调,它是音节连续时产生的一种音变现象,而不是一种独立的调类。有的音节在一定场合里失去原调,变成一种既短又轻的调子,就叫轻声。例如"头",单独使用时或在"头脑"、"头发"等词中读原调阳平声,但在"石头"、"木头"、"甜头"等词中,"头"就变成轻声了。还有"子",单独使用或在"子弹"、"子孙"等词中读原调第三声,而在"孩子"、"儿子"、"孙子"等词中"子"就变成轻声了。轻声有分辨词性和词义的作用。比如"虾子"与"瞎子",前一个词中的子表示孩子的意思,必须要读"zǐ",而后一个词中的"子"则没有词义,应该读轻声。诸如此类,信儿(消息)与信(书信)不同,画儿(名词)与画(动词)不同,东西(事物)与东西(方向)不同等等。所以应该读轻声的一定读轻声,不应该读轻声的就不能读轻声。

一个音节在何种情况下失调变轻声,不是太好区别,但也有一些规律可循。一般在下列情况中,有的音节变为轻声。

(1) 叠音节后边一个音节失调变轻声。例如"妈妈"、"叔叔"、"看看"、"坐坐"、"读读"、"试试"等。

(2) 常用双音节后边一个音节习惯上读轻声。例如"太阳"、"萝卜"、"玻璃"、"胳膊"、"耳朵"、"窗户"、"行李"、"钥匙"、"便宜"、"扫帚"、"东西"等。

(3) 作为合成词词缀的"子、头、的、于、化、性、者"读轻声。例如"儿子、刀子、石头、甜头、干巴巴的、笑嘻嘻的、勇于、敢于、规范化、大众化、阶级性、创造性、作者、老者"等。

(4) 语气助词"吧、吗、呀、哇、呢、啊"等读轻声。

(5) 辅助词"的、地、得、着、了、们、个"等读轻声。例如"同志们、小伙们、这个、那个、三个、四个、吃饭了、考上了"等。

(6) 表示方位的词有时读轻声。例如"山上、树上、这边、那边、屋里"等。

3. 儿化

在普通话音变现象中,除了以上情况外,还有一种"儿化"音变现象。"儿化"就是一个音节的韵母后边因附加卷舌音"er"而发生的音变,如"信儿"、"点儿"、"盖儿"、"麦苗儿"、"唱歌儿"等。"儿化"音节一般都能代表一定的词义和词性,并能表达一定的感情色彩。有些具有表达词义作用的"儿化"音变现象,就必须按照"儿化"音来读,否则可能造成歧义。如"信"在未"儿化"

前代表书信的意思,"儿化"后的"信儿"则代表消息的意思,因而"信"不能读成"信儿","信儿"也不能读成"信"。再如"盖"未"儿化"前一般作动词用,表示一种动作,而"儿化"后的"盖儿"则作名词用,表示一种物品,如"茶杯盖儿"、"茶壶盖儿"等。因此"盖"和"盖儿"也不能互相混淆,必须按照其正确的语音去读。

在口语中还有表示喜爱、亲切,表示程度、范围大小,或者带有亲昵的感情色彩的词语,也应该儿化。如"你这个小不点儿呀"、"小宝贝儿"、"小心肝儿"和"墙脚儿"、"冒烟儿"、"猫眼儿"、"门鼻儿"、"抠门儿"、"小门儿"、"拐弯儿"、"花儿"等等。

还有一些介于儿化与不儿化之间,既可儿化,也可不儿化。比如"宝贝(儿)""门(儿)"、"干劲(儿)""雨点(儿)"等。

普通话中这些特殊情况,要求讲解员平时要养成多查字典、多听广播、多讲普通话的好习惯,通过日积月累,定会讲好普通话。

第二节 讲解的情感

一、什么是情感

情感就是感情,是一个人对待人和事物态度的体现,是真情实意。讲解的情感是什么?法国艺术家罗丹曾说过:"艺术就是感情。"[1]这句话同样适合讲解。讲解的情感集中体现在三个方面:一是对讲解工作的热爱之情;二是讲解员对所讲内容的理解、感悟和对此所产生的情感,如对文物、人物的热爱崇拜等;三是对观众的关爱之情,进一步说就是对观众的讲解和为观众服务有真情实意,全身心投入讲解之中。

以上这些主要取决讲解员对讲解工作的认识。只有热爱讲解工作,有高尚的讲解动机和对观众的满腔热情,并有丰富的专业知识和对讲解内容的深刻理解以及具有优秀的语言表达能力和讲解技巧,才会如此。由于情感是互相作用的,观众的积极情感反过来又促使讲解员对观众更有情感,更有讲解欲

---

[1] 《罗丹艺术论》,北京:人民美术出版社 1978 年版。

望,更加起劲地为观众讲解。

二、情感的把握

情感的把握应注意以下几点:

(1) 认真对待每一次讲解和每一批观众,不情绪化,不挑肥拣瘦,一视同仁。

(2) 排除一切干扰和私心杂念,专注地进行讲解,不跑神,做到眼前有物,脑中有景。

(3) 对所讲内容要有真情,在感动别人之前自己要先受感动;然后才能随着内容而流露出自然的感情,特别是对革命纪念馆的讲解。讲解员能用自己对讲解内容的深刻理解,艺术地表现出内心深处对它们的热爱之情、厌恶之情、同情之情、悲愤之情等,从而感染观众、唤醒观众内心的情感。

(4) 永远把每一批讲解作为"第一次"。讲解员都会有这样的体会:第一次为观众讲解特别投入,特别认真,高度重视。但是随着讲解次数的增多,会逐渐麻痹起来,不像原先那么认真、重视了,甚至敷衍了事。在这种情况下,讲解员应当克服这种心态,永远保持一种旺盛的精神,永不懈怠。

讲解中的情感,是讲解员与观众相联系的纽带,有情感投入的讲解与毫无情感投入的讲解其效果是截然不同的。感情投入与否,从观众方面考量有以下客观标准:观众听讲认真、投入,受到感染,注意力紧随讲解员讲解,秩序良好。反之,就需要认真自我反思,多从个人方面找原因,而不应该埋怨观众。

第三节 准确生动地表达内容

讲解中对内容的表达很重要,一个讲解员除了对内容的深刻理解外,其对内容的表达是讲解成功和讲解好坏的关键。对内容表达得准确、生动、到位,就会使观众易于理解,听得饶有兴趣,能很好地起到讲解的作用;反之,讲解就会平淡无味,降低讲解的功效。要处理好这个问题,可从以下几方面入手。

一、要讲解而不要背诵

讲解员首先要加深对讲词的理解,真正理解它的内容含义,并将其变成自己的话；另外要克服背的痕迹，从语调、语势、语速等方面加以把握和区分。讲解时要把已知的内容分出层次来讲，不能一锅端。

二、声音洪亮，吐字清晰，普通话标准

请参阅《第一节 讲解的吐字发声》。

三、把握好语速、语调和语气

语速是表达内容的速度和节奏。在讲解中，语速的快慢适中是很重要的，它是让观众能听得舒服和准确的基本条件。语调是指声音的高低、轻重和抑扬顿挫。语气是语言的感情色彩。

1. 适中的语速和语调

不管是哪种内容的陈列展览，讲解都要有声调和节奏的变化，特别是对革命史类陈列展览的讲解，声调和节奏的变化尤为重要，能起到渲染环境、抒发革命情感的作用。即使一般介绍性的讲解，也不能一个调子讲下来，好像唱戏一样，老是"流水"板，时间一长，就变成观众的催眠曲了。声调和节奏的变化，是表达感情色彩的重要手段和技巧，可以增强讲解内容的感染力度，还可以起到突出重点、激起高潮的作用。例如，重要的内容可以抬高或加重声调，引起观众的注意。在评论讲解员的讲解时，常听到有的观众说："讲解平淡，应增强生动性。"为什么会出现平淡呢？声调和节奏没有变化是原因之一。

首先要定好讲解的基本声调，做到高低适中、讲解自如，观众听着舒服。另外，还要注意语句的抑、扬、顿、挫。所谓"抑"即向下压，所谓"扬"即向上挑，所谓"顿"即停顿，所谓"挫"即拐弯或上下跳动。表达语句只有注意抑、扬、顿、挫的变化，形成语句的错落有致，才能表达得生动、富有感染力。否则会显得平淡、乏味，没有艺术性和生命力。

其次，准确地表达语调。讲解的语调有的是平直调，有的是升扬（向上挑）调，有的则是降抑（向下滑）调。讲解中内容的变化如段落、层次的转换，也需要通过语调的变化来体现。假如上一段结尾是抑的调子，那么下一段的开头就可以变为扬的调子，这样就能显示不同的层次。另外，还要控制好语速。讲解的语速一定要适中，并根据所要表达的内容有所变化，或快一些，或慢一些，做到语速快慢有度，以观众听清楚、明白、舒服为准则。语速太快会给

观众一种紧张感,脑子根本来不及思考和转弯;太慢又让观众听得着急,感觉不够流畅自如。

讲解中声调和节奏的变化,主要根据讲解内容和参观对象以及参观时间而定。一般说革命史类陈列展览的声调和节奏变化较大,历史、自然和科技等陈列展览的声调和节奏相对变化较小。就具体内容说,对于那些重要的内容,需要观众重点理解和记住的内容就要稍慢一些。如题目、物品的尺寸、人物的生平简历、遗址中的主要出土文物等。对于那些非重要的内容或背景材料就要快一些。在讲解悲痛内容或烈士事迹时声调和节奏要比较低缓沉痛;在讲解紧张情节或激昂内容时声调和节奏一般高亢并紧快连续;在讲解一般内容时声调和节奏则比较平和稳当。就参观对象而言,观众多时声调就要高一些,观众少时声调就要低一些。另外,对青少年观众的声调要稍高稍大,速度不宜过慢,因为青少年持久性较差,容易受外界影响,对于高亢、紧快、激昂的声调和节奏容易接受。声调高能引起他们的注意,速度快使他们不至于厌倦。但对于中老年人则要声调平稳,速度稍慢,因为他们自制和持久能力较强,不宜受外界的影响,声调适中、节奏平稳能使他们心平气和,速度稍慢可以留有回想余地。另外声调和节奏的变化也要根据自己的声音和运用气息的习惯以及语言技巧的基础来定,声音、气息和掌握技巧好的讲解员可以恰到好处地进行转换,基础较差的讲解员就不能因强求变化而弄巧成拙,从而暴露了自己的弱势。

2. 正确的语气

除了声调和节奏的变化,语气也始终贯穿在讲解员的讲解中,对正确地表达内容起着举足轻重的作用。

在讲解中叙述的语气同感叹、抒情的语气不同,问话的语气同答话的语气不同,肯定的语气同否定的语气不同,这些在讲词中可以靠标点符号来区别,但在口语中则主要靠正确的语气来分辨,语气正确观众就听得明白,语气不正确就影响观众对内容的理解。例如:"那么,汝窑究竟在何处?这个疑问始终萦绕在无数人心中"这句话中的前半句"那么,汝窑究竟在何处?"是一种反问的语气,而后边的"这个疑问始终萦绕在无数人心中。"却是一种肯定的叙述句,在表达这句话时就要有变化,准确而恰当地把它的意思表达出来。

但是,在语调和语气的运用中也容易出现以下几种问题:

（1）语调没有什么变化，通篇一样，讲得较平淡，缺乏感染力。
（2）基调没定好，定得过高或过低，观众听着不舒服。
（3）声调较直或较硬，缺乏柔和；或声音太轻或太弱，缺乏力度。
（4）表达的语气不够准确。

四、选择语句重音

讲解时，每个句子中的词语在表意上并不完全并列和同等重要，而是有的重要些，有的次要些。在每句话中，需要加重突出的词语就是语句重音。语句重音一般分逻辑重音和表情重音两种。逻辑重音跟句子的内容有关，在句子中起增递或强调作用，不能随着说话者的思想而变，在句子中有逻辑作用。例如："商代青瓷尊是目前发现我国最早的瓷器"一句，应选择其中"最早的"三个字作为语句重音加以突出，因为它强调的是这件瓷器的重要价值。而表情重音则含有强烈的情感，表示一种喜爱和赞扬。例如"人民的好儿子——焦裕禄同志"这句话，随便哪一个词都可以重读；再如"这个小孩太可爱了"也同样如此，因为它们都是随着说话者的思想而变的，是他们情感的表示。对于那些需要突出的语句可以采取以下办法加以强调：

1. 加重语气或加大音量

讲解时声音和气息的分配也不会完全一样，所发出的音节必然会有轻、重、强、弱之分，讲解员在讲解语句重音时最常用的就是加重语气并加强气息。

2. 减弱语气或放低声音

选择语句重音并不难，事实上我们平时在说话中为了表示自己的意思，都在自觉或不自觉地使用着语句重音，不过在讲解时我们应该变不自觉为自觉，变不明显为明显罢了。

五、注意间歇，停连恰当

间歇即有空隙，也是讲解员换气、稍作休整的时间。停，指停顿；连，指连接。有停顿、有连接才能更好地达意传神。在讲解中一个句子、一个层次、一个段落、一个部分之间要相对紧凑连贯，特别是一个句子之间除特殊情感的需要之外，一般都要连贯，不要有间隔，使一句话、一个层次、一个段落、一个部分保持它的连贯性，让观众听明白。做到"快而不连，慢而不蹦"。讲解中部分与部分、段落与段落、层次与层次、句子与句子之间则要有停顿和间歇,而不能逗号、句号不分,层次、段落、部分不分,"一气呵成",让观众没有思考的余地,甚至听得不明不白,出现"讲解员讲得累,观众也听得累",出力不落好的结果。

容易出现的问题:
(1)每句话和每个字轻重一样,不分重点和次要。
(2)讲解中的间歇少,连接较紧。
(3)停连较随意,不根据内容去停或连。
(4)有蹦字现象,一句话和一个段落讲得较散,缺乏紧凑和连贯性。
(5)每句话和每一段连接太紧,没有间歇,讲得缺乏层次感等。

六、克服语病

讲解中会出现的语病有两种,一种是连篇累牍的语气助词或关联词语,另一种是用词不当或违反语法规范。在口头讲解中特别是即兴讲解时,讲解员常会出现随意增加一些关联词语和语气助词,如那么、呢、啊、嗯等。无可非议,这些关联词语和语气助词如果用得恰当会增加语气的效果,但是不能过多、过频或不适当地使用,否则就形成了讲解语病。还有的讲解员在讲解中常出现用词不当的现象,如"这种现象司空见惯不足为奇"顺口说成"这种现象多如牛毛"。再如"现在我们来到魏晋南北朝时期",魏晋南北朝时期已经成为历史,任何人也不可能再来到这个时期。另外还常有不完整句型的出现,如"下面我们来看夏、商、周时期",夏、商、周时期的什么?宾语不是缺而是不完备。不可否认,在口头语言中允许不完整句型出现,但应当尽可能减少,更不能让人听不明白。以上这些语病都会使讲解显得不流畅、不通顺,有碍于内容的表达,因此必须坚决克服。

七、自控气息和音量

首先,讲解员要做到用气来讲话,而不是单靠声音讲话。讲话时要提气,而不能松气、泄气,否则那样是很不持久的,并且声音会十分单薄。其次,要会运用并掌握自己的气息,也就是要会吸气、提气、蓄气和呼气以及换气、偷气、抢气、憋气等,使气息强弱轻重控制得当,能随着人员的多少和内容的需要调整、控制,使自己声音的大小高低变化自如。有不少讲解员讲解时不知道用气,不会采用胸腹联合呼吸法,只是靠正常的生理呼吸来维持换气,表现出以下不足:

(1) 底气不足。

(2) 气短或吸气浅,或换气碎,讲解中明显出现上气不接下气或断气的现象。

(3) 不会提气、蓄气和偷气、抢气、憋气等。

(4) 不能够自控气息等。

以上这些都需要掌握胸腹联合呼吸法(后文要专门提及),锻炼持久耐用的气息,学会提气、蓄气、偷气、抢气、憋气等技巧,才能加以克服。

八、因人施讲

因人施讲是根据观众有的放矢进行演讲或说明的原则,也是施教方法,同时也显示着讲解的艺术和技巧。它内含着"因人"和"施讲"两个方面的问题。"因人"就要熟悉各类观众的兴趣爱好及心理活动;"施讲"就要根据观众的需要给予不同的内容、语言和方式方法的变化,使内容、语言、方式方法三者和谐统一。但这三者又不能同等看待,比较起来,内容的变化是主要的,语言次之,方式方法再次之。因为内容是基础,语言和方式方法是讲解的辅助手段。讲解之前,要了解讲解对象的基本情况,如职业、文化层次、人数、停留时间等,以便在讲解中根据不同对象和文化层次因人而异地选择讲解内容。对层次较高的人员,要讲得深一些;对层次较低的人员,讲的要浅一些,并且通俗一点。

九、较强的语言表达能力和应变能力

讲解员要具有较强的语言表达能力和应变能力,才能对讲解过程中出现的各种情况泰然处之,出色地完成各种讲解任务。

1. 较强的语言表达能力

较强的语言表达能力对于讲解员来说颇为重要,有了好的口才,才能因人而异、随机应变,才能准确生动和有逻辑性地表达思想观点和描述客观事物。这一方面在我国历史上早有先例。春秋战国时期,学校里专门设有语言训练这门学科,出现不少能言善辩者,如晏子、子产、苏秦、张仪等。他们凭借着捷

辩的才能,宣传自己的政治主张。在中国共产党领导的革命战争时期,许多革命老前辈,以雄辩家的口才,用革命的两手对付反革命的两手,同国民党反动派斗争。我们敬爱的周总理在国际外交谈判中,多次为中国赢得了胜利与荣誉。在现代社会,由于经济的发展和人们交往的频繁,口才已被列为现代人应具有的能力之一。

讲解员的语言能力和语言修养水平是一致的。语言修养越深语言能力就越高,在讲解中就能运用得得心应手,出口成章,说明科学道理就能明白畅晓,不被讲词所束缚,繁简适当,雅俗共赏。讲解员要努力提高自己的口语表达能力。

(1) 讲究说话,练就口才。提高口头语言表达的能力,即提高口才,首先要多实践,多锻炼。通过思考而形成的"内部语言",只是完成了语言表达的一个过程,只有将"内部语言"转化为"外部语言",才算完成讲解语言的全部过程。"内部语言"向"外部语言"转换能力的提高,靠多实践多锻炼。讲解是一项实践性很强的工作,只有多参加讲解实践才会得到锻炼和提高。讲解员除了要经常参加讲解实践之外,平时还要利用一切机会多发言多讲话。要多读好文章,反复背诵一些好的散文和诗歌,体会其中的精妙。对读过或看过的好小说、好电影,要有意识地向他人讲述,以提高自己的语言表达能力。另外,还要多写文章,一般说来"下笔成文"就能"出口成章",会写与能说之间的关系应是相辅相成的。

(2) 勤思多想,掌握积累丰富的语言材料。口语讲好的前提条件是对讲解内容的熟悉。但这还不够,还需要将丰富的语言材料有逻辑地连在一起,成为一篇好的口语讲词。李普克内西在他的《忆马克思》一文中说,"语言的明确是由于思想明确",说明了语言和思想的紧密联系。讲解员头脑中储藏的语言材料(讲解内容),必须根据参观对象的参观要求,将内容进行分类排队,在说话之前先打好腹稿,这个过程就是思想的过程。只有经过思考的语言,才会条理清楚,表达流畅,否则就会结结巴巴、语无伦次、不明不白。

思维能力是逐步提高的,只有平时勤思多想,刻苦钻研,才会不断提高。如果平时单靠背讲词,或者对学到的东西只是生吞活剥,不经过自己头脑的加工思考,那就不会出色地完成讲解任务。

(3) 注意学习和借鉴他人。在平时的工作和学习中要善于听取别人的发言,特别是那些善于讲话的人的发言,不断加以对比,总结别人的长处,找出自己的短处,才能有所提高。

2. 较强的应变能力

(1)提高文化修养和能力,力求知识渊博。随机应变是一个人胆量和能力的体现。常言道"艺高人胆大",技艺高强才会应付各种场面。一个人只有文化修养高深,知识渊博,才会具有灵活的应变能力,才会在各种场合和情境下,做到胸中有数,从容不迫、游刃有余。

(2)提高心理素质,锻炼胆量。心理素质决定着一个人的胆量,心理素质好的人能够临危不惧,遇事不慌,保持平常心态和最佳竞技状态,正常发挥。俗语说的"人前疯"也有"心理素质好、有胆量"的褒义。讲解员要注意克服胆怯心理,多经历大的场面或多进行讲解,有意识地锻炼和提高自己的胆量。

(3)沉着稳重,从容不迫。讲解员当初次面对观众或大的场合时要先稳定一下情绪,不要急于张口。可先环视一下面前的观众,使紧张情绪有所缓解,然后再开口讲解。新讲解员特别要注意这一点。

第四节 讲解风格

风格是讲解员长期形成的风姿和特点,由于每个人的思想感情、文化素养、审美情趣、语言功力、声音气质等因素的不同,从而形成了各自不同的风格。风格并不是所有人都有的,它是一个讲解员成熟的表现。风格除了自身的一些因素外,是长期熏陶、锻炼的结果。

无疑,讲解员应当有自己的讲解风格,或纯朴真诚,或热情奔放,或轻松活泼,或稳重老练,或学者风度……切忌"千人一面"。讲解员既要互相取长补短,同时又要从自己的实际出发,尽量发挥自己的优势,保持和发展自己的"个性",形成自己的讲解特点。

我们提倡互相学习,取长补短,但反对机械模仿。古代有一则寓言叫作"邯郸学步",讲的是赵国都城邯郸的人们很会走路,并且走路的姿势也很优美。燕国寿陵城有个少年,很羡慕赵国人的走路姿势,于是就到赵国去学走路。学了一段时间,不仅没有学会赵国人走路,连自己怎么走路也不会了。这个故事讽刺了那些生硬机械模仿别人的教条主义者,告诉我们要从自己的实际出发,取长补短。有不少讲解员在听、看别人讲解多了以后,就感觉找不到自己的位置了,就是这个缘故。法国雕塑大师罗丹曾告诫后人:"要小心,不要模仿你们的前辈。"①

讲解员应当注意:

其一,知己知彼,找到自己的优势和劣势,发挥自己的优势,克服自己的不足,保持自己的个性。

其二,创造性地学习别人,继承优秀的传统是为了对自己有所帮助,而不能束缚了自己,限制了自己的创造性。

第五节 参赛讲解

讲解比赛在全国和各地已经举行过多次,积累了不少经验和教训,各级领导和同行们都对这项工作给以重视并做了深入的研究和探讨。

一、讲解比赛的作用

讲解比赛是对讲解队伍的一次大练兵和检阅,是提高文博系统讲解水平特别是培养新人的重要手段,是推动博物馆宣教工作向前发展的动力,它有以下几点明显的作用。

1. 认识到讲解工作是一门艺术

过去不少人认为讲解工作很容易,只要不是哑巴都会做这项工作。通过几次讲解比赛,使不少人改变了这种看法。认识到讲解工作不仅是在传播知识,宣传陈列展览和博物馆自身,同时它也是一门艺术,不是简单的重复劳动,而是复杂有创造性的工作。

作为一门艺术,讲解工作具有自己的特点。"能讲解"和"讲解好"是两个概念,我们常说的"讲解得好"实际上包含着对其专业的肯定,对其艺术性的肯定。每一次的讲解比赛,都经历了长时间的准备和策划,恰恰说明了讲解是一门学问,是一门艺术,不然,就不需要花费时间和精力去反复探索、研究和实践了。

---

① 《罗丹艺术论》,北京:人民美术出版社 1978 年版。

对讲解员所寄予的希望和要求也说明了讲解工作的深奥。很多人认为讲解员不仅需要专业化、学者化,也需要外在美。懂得专业,懂得讲解艺术并具备外在美的人,才是比较完美的讲解员,专业和艺术之间并不矛盾。为什么讲解员要有条件地去挑选也正是这个道理。讲解工作需要规范化,不能唯美但也不能纯自然,讲解员从待人接物到音容笑貌、言行举止都应体现博物馆大方庄重的形象。在讲解比赛中按照讲解内容、声音、普通话、仪表等方面去对讲解员进行评判也是如此。而且在现实工作中也是这样,一个外观美、音质好、知识丰富、讲解到位的人总是能更吸引人。这也说明讲解员不仅要有知识、有文化,而且还要懂艺术,要有能生动讲出这些知识的本领和方法,并不是只要是个人就能讲解。这个专业和其他专业一样有它特殊的基础和条件,需要付出极大的努力,需要孜孜不倦地去学习,探索其中的奥秘,可以说讲解员应该是有特殊技能的人。记得有的领导曾发出了"物色一个干部容易,物色一个好讲解员难"的感叹,这就很说明问题。

2. 提高了语言表达能力

讲解大赛的作用对提高讲解员的语言表达技巧是最明显和突出的。

其一,是普通话的提高。在讲解比赛的准备中需查字典、校正发音和四声,使普通话更加标准,特别是地县级博物馆的讲解员尤为明显。以河南为例,通过几次全省讲解比赛,使原本方音较重、普通话问题大的地县级博物馆的讲解员有了飞跃性的提高,而且也引起了各级领导对普通话的重视,在挑选讲解员时注意到了这一点。可以说讲解比赛是一次普通话的大普及,讲解员已成为普通话的推广者和讲普通话的带头人。

其二,使讲解员声音得到美化和扩大,吐字更加清晰和准确。每次讲解大赛讲解员都要反复地练习吐字发声,从而扩大了讲解员的音域,美化了音色,纠正了吐字的各种毛病,使讲解员的讲解更有魅力,可以从容地对待大批的观众,并能持久地进行讲解。

其三,掌握了一定的语言外部技巧,如对语气、语调的把握,对语句重音的选择,对语句连贯停顿以及抑扬顿挫、气息的运用等等。这些不仅适用于参赛,而且也适用于展厅中的讲解,可以增加讲解的生动性和语言魅力。

3. 丰富和扩大了专业知识

每次参赛前,讲解员都要编写讲词。据了解,大部分讲解员的讲词都是自己编写的。在编写讲词时,讲解员要翻阅大量的资料,求教许多老师,无形中增加了不少知识,特别是文物知识。我们都知道,博物馆的陈列展览是以文物为基础的,离开文物博物馆的陈列展览就失去了它的个性。同样,讲解员讲解也是以文物为基础的,在熟悉文物和讲解的过程中无疑也丰富了讲解员的各种专业知识。同时,在编写参赛讲词过程中也提高了讲解员的编写能力和文字水平。不少地方的讲解比赛还融入知识的笔试或口试,对丰富、扩大和巩固参赛人员的专业知识,起到了促进作用。

4. 掌握了多种讲解方式

从事讲解工作的人都知道,讲解有介绍、演讲报告、交谈、录音、操作表演等多种方式,这些方式可以用在不同陈列展览和语言环境中。参赛讲解基本上属于讲解中的演讲报告式,虽然它有演讲的成分但并没有脱离讲解的范畴,它与社会上的演讲比赛有很大的不同。这一点在历年大赛中都有争议,一直在要求选手们把握好演讲报告式讲解和演讲的尺度,事实上评委们对演讲成分过大的参赛者给予的分数并不高。但是参赛讲解像展厅介绍一样也不符合讲解比赛的要求。对于讲解比赛的要求,实际上有利于讲解员对掌握展厅介绍之外的另一种讲解方式的学习和把握,使讲解员学会各种不同的讲解方式,以便从事不同展览的讲解和接待不同的观众。讲解中的演讲报告式在现实讲解中并不是没有用处的,例如外出演讲报告、对团体观众等,都有它一定的用场。所以学会这种讲解方式,可以使讲解员讲解技艺更全面,讲解水平更高。一个优秀的讲解员应当掌握各种不同的讲解方式,以便具有更大的适应性。从历年参赛的结果看,获得较高奖项的选手一般在展厅讲解中也是优秀的,例如陕西的张希玲、王彬,河南的齐宏庆、王荔、韩静等等。

2000年河南的讲解比赛在决赛中还确定了比赛的虚拟对象:一般观众和中小学生观众。因为这两类观众是博物馆的主要观众群体,这对讲解员以什么样的方式方法接待好这两类观众有很大帮助,在工作中也具有实际指导意义。

5. 培育了新人

每次讲解比赛,都得到了各级领导对讲解工作的重视和支持,要求对讲解员进行培训、讲课、辅导等,使新老讲解员能都在原有的基础上进一步提高,特别是对刚从事此项工作的新同志更是一次绝好的机会,从中全面接受岗位培训,使自己的讲解更加规范。在参赛中大家互相观摩,取长补短,也增长了见识,开阔了眼界。每次比赛,都会涌现出一批优秀人才,为讲解队伍培育了中坚力量,同时通过向世人的亮相,也很好地宣传了这个行业。

经过讲解比赛参赛过程中的初赛、复赛、决赛等大场面的历练,也极大地锻炼了讲解员的胆量;临场竞技中经过成功失败的摔打,提高了讲解员的心理承受能力和自身素质,使之在今后的工作中能遇事不慌,泰然处之,出色地完成各种重大接待任务。许多讲解员都是在参赛之后胆量增大,心理素质增强,出色地完成了一些讲解接待任务的。

总之,讲解比赛对于提高讲解员水平,促进对新人的成长有很大作用。不少参赛选手都反映,通过讲解比赛使自己重新审视了讲解工作,丰富扩大了专业知识,提高了语言表达能力,长了见识,锻炼了胆量,掌握了多种讲解方法。

讲解比赛作为一种新生事物,与其他比赛一样,还有不少需要完善和改进的地方,如:由于固定的时间和内容,不利于讲解员个人创造性的发挥;由于固定的程式和评比标准,不能全面地反映讲解员的综合水平和实力。另外比赛项目也需要改进,特别是应增加专业知识和口语表达、应变能力的评比,还有评分标准的更加客观化以及讲解方式更加贴近实际等。但这些都不影响讲解比赛的主流,事物总是由低级向高级,由不完善向完善发展的。相信通过不断总结改进,讲解比赛会更臻于完善,发挥更大的作用。

二、参赛讲解与展厅讲解的异同

参赛讲解与展厅讲解都属于讲解的范畴。所以两者具有很多相同之处:
(1)都是利用文物进行分析说明、推理判断的。
(2)都属于口头语言艺术。
(3)都有一定的规范要求,如吐字发音、仪容仪态、语言要求等等。
同时,它们也有一些不同之处:
(1)讲解环境、对象不同。

展厅 听讲人员一般较少,有文物、图版作背景,情景交融,比较容易调动观众的情绪,讲解员有较大的活动空间。

参赛 场地大人员多,没有真实的讲解背景,讲解员被固定在狭小的空间中。

(2) 讲解方式方法不同。

展厅　方式方法灵活多样,因人而异,讲解员比较轻松自由,可以随意走动,可以大量使用形态语言来表达自己的意思,达到视听结合。

参赛　一般为演讲报告式的讲解,在讲解中不能有多余的小动作和仪态上的毛病,讲解员一般比较拘谨,其讲解主要诉诸听觉。

(3) 讲词侧重点不同。

展厅　涉及内容面宽,只能重点揭示内涵。主要用说明、描述的手法来讲解。

参赛　涉及内容有深度,全面揭示内涵。除了用说明、描述方法外,还可以用抒情、议论的方法来讲解。

(4) 讲解技巧不同。

展厅　主要以表达清楚为主,不大利用讲解技巧。

参赛　注重讲解的生动效果,充分利用讲解技巧。

(5) 姿态规范程度不同。

展厅　有所要求,一般没有明显的毛病即可。

参赛　更加规范,包括站姿、着装、眼神、表情、手势等都要加以规范。

三、参赛讲解的特点和具体要求

1. 参赛讲解的特点

参赛讲解其实就是带着感情地大声讲话,介于展厅讲解和演讲之间,属于讲解中的演讲报告式。具有以下特点:

(1) 讲词观点明确,层次清晰,语言优美,内容充实,具有典型性。

(2) 利用图版或多媒体进行讲解。

(3) 声音洪亮,吐字清晰,普通话标准。

(4) 感情较为充沛,充分利用讲解语言技巧,表达生动到位。

(5) 仪态大方。

2. 参赛讲解的具体要求

(1) 高雅端庄的仪态。它包括讲解员的精神状态、站姿、目光、表情、着装等。

姿态和站立的位置　参赛选手走上台后要站在距离自己和版面适当的位

置,不可过远也不可过近,以手势指示方便舒适为原则。一旦站立在台上就应当进入状态:自然收腹挺胸、双肩放平、头部端正、精神饱满,呈现大方庄重、亲切自然的仪态。

目光、表情 讲解员在参赛讲解中目光要向前平视,与台下的参赛选手、领导进行目光交流,同时不可忘记与评委的交流。目光的中心位置大体应设定在观众席的中排区域。假如目光看得太往前,观众感觉讲解员的眼皮向下耷拉着,就像眼睛没睁开一样,显得没有精神;若目光看得太往后,观众感觉讲解员的眼睛就像向上看一样,显得不亲切自然。讲解员在环顾四方观众时要自然、真实,切记眼睛不要转动得太活。

讲解员从一上场就要面带微笑(悲伤内容除外),这种微笑要亲切自然。根据讲解内容讲解员应当有适当的表情,如喜、怒、哀、乐等。但这种表情要恰到好处,是真实的自然流露,而不要过。

举止、服饰和装扮 讲解员的走路、手势和动作都要稳重高雅,上下场步伐要轻松,头抬起,面部向前或者略向观众。无论是走路还是站立都要自然收腹挺胸,随着讲解配以大方得体的手势。

参赛讲解一般以职业装为好。发式和装饰要简单和谐,不要追求怪奇。站在舞台上的选手应当化妆,由于在舞台上,化装要比在台下稍浓一些,那样在舞台灯光的照射下,会恰到好处,显得精神焕发。这一切都要适合自己所讲内容的需要,与所讲的内容和谐统一。例如,一个讲解革命烈士事迹的选手,在着装、打扮上就要庄重一些,俏丽的风格显然与其所讲内容格格不入。

(2)声情并茂。声情并茂就是声音和感情并举。首先要感情投入,以情感人。俄国作家列夫·托尔斯泰认为:"在自己心里唤起曾经一度体验过的感情,并且在唤起这种感情之后,用动作、线条、色彩以及言词所表达的形象来传达出这种感情,使别人也能体验到同样的感情——这就是艺术活动。"①别林斯基说:"没有感情就没有诗人,也没有诗。"戏曲谚语中有"演员不动情,观众便走神"的说法,结合到讲解中也可以说"讲解不动情,观众便走神"。这个情就包括讲解员对所讲内容的认识以及因内容而产生的喜、怒、哀、乐的情感等。讲解时以情感人可以从以下几个方面把握。

---

① 列夫·托尔斯泰:《艺术论》,北京:人民出版社1958年版。

将思想集中到所讲的内容上 讲解时不能分心和走神,不能讲这个内容而头脑中想的却是别的内容,要做到台下无论有什么干扰都不会受其影响才行。在讲解时尽管没有现场的烘托,但依然要眼前要有物,脑中要有景,有如临其境之感。另外,情感要随着内容变化,但这种情感要真实,发自内心,不能流于表面,否则会弄巧成拙。

普通话应标准流利,声音洪亮,吐字清晰 在这一方面参赛讲解要比在展厅要求严格、规范一些。要使用较为标准的普通话,不能较多地混杂方言,四声准确。参赛讲解要声音浑厚、圆润、洪亮,发音具有轻重、上下、前后的变化,传递给观众的是一种混合音或者说是立体音,才具有声音的魅力。力求做到不尖涩不嘶哑,能高能低,能大能小,高低声区转换自如,做到"高不冒,低不闷"。参赛讲解的吐字要准确清晰,每个字和每句话都能清清楚楚地送入观众的耳中,没有吃字、吞字、尖音、团音等各种毛病。

3. 熟练运用讲解技巧

(1) 富有变化的声调和节奏。根据自己的嗓子条件定好讲解基调,讲解的声调高低和节奏快慢应适中,以自己讲着舒服,观众听着舒服为准。还要根据内容的需要出现起伏,声音和节奏有高有低、有重有轻、有快有慢,整篇讲稿要有低潮又有高潮。该怎样处理要根据内容而定,不能随心所欲。

(2) 正确表达语气、语调,注意抑扬顿挫。根据内容有平铺直叙的语气,也有激昂向上的语气,还有委婉舒缓、压抑向下的语气。另外,讲解中内容的变化,如段落、层次的转换,也需要通过平、抑、扬、曲的语调变化来体现。假如上一段结尾是抑的调子,那么下一段的开头就可以是扬的调子,这样就显示出了层次感。

(3) 注意语句重音。选择语句重音,必须纵观全部内容,根据内容的需要而定,除了感情重音以外,其余均以表达好内容为准。要做好这一点,就必须加深对内容的理解,吃透内容,真正把握住内容,才能选准选对语句重音,否则不仅不能加强语句重音,反而还会误导内容。那么如何选择语句重音呢?第一,语句重音可以单项选择,也可以双项或多项选择;既可以选择一个字或一个词,也可以选择一个词组。如"提及恐龙,不少人会有一种误解,认为它是龙的一种。其实它们'风马牛不相及'。龙是古代传说的一种神灵,而'恐龙'则是实际存在的一种爬行动物"。句子中带''号的字、词、词组都可作为重音来选择。对于具有同等重要意义的字、词或词组,还可并列选择,如"中国历史文化悠久、丰厚、光辉灿烂"、"唐代服饰华丽,发型新颖,尚美之风盛行"中的"悠久"、"丰厚"、"光辉灿烂"、"服饰华丽"、"发型新颖"、"尚美之风"等词都可作重音处理。第二,在一句话中具有对比性的字、词、词组可确定为语句重音。如"旧社会他吃尽了苦头,新社会他彻底翻身,当家做了主人"、"古人认为天是圆的,地是方的"中的"旧社会"、"新社会"、"天"、"地"等词语可作为语句重音。第三,在一句话中作为呼应性的字、词、词组可定为语句重音。如"是谁做的这些事呢?是雷锋"。在这句话中"谁"和"雷锋"两个问答词语,应作为语句重音。再如"以上两种结论哪一种正确呢?显然第一种正确"。在这句话中"哪一种"和"第一种"为呼应性的词语,应作为语句重音。第四,在一句话中表示递进关系的字、词、词组可选为语句重音。如"它不仅过去为人类做出巨大的贡献,时至今日仍在造福人类"。在这句话中"过去"、"贡献"、"今日"、"造福"都应为语句重音。再如"失蜡法,先用蜡料制成待铸器件的模型,然后淋敷泥料成整体泥范晾干,烘烤出蜡,最后再灌注铜液成器"。在这句话中"先"、"然后"、"最后"应为语句重音,因为这些词都是说明前后词语的递进关系的。递进关系的语句重音一般都有一些明显的关联词语,像"不但……而且"、"还"、"也"、"首先……然后"等等。第五,在一句话中起转折作用的字、词、词组可选为语句重音。如"抗日战争虽然胜利了,但战火并没有熄灭,一场更大的战争即将来临"。在这句话中"胜利了"、"并没有"、"更大的战争"都有转折作用,应是语句重音。这类语句重音也有一些明显的关联词语,如"虽然……但是"等。第六,在一句话中需要强调的字、词、词组可选为语句重音。如"钧瓷入窑一彩,出窑万彩"中的"一彩"和"万彩"需重读。强调性的语句重音也有一些明显的词语,如"好极了"、"一点儿"、"一切"、"任何"、"所有"、"不能"等等。这一类重音在各类语句重音中占的比例较大,一般与自己对内容的理解有关,在选择时要仔细分析,认真把握,不要选错。

重音的表达是多种多样的。在讲解中语句重音一般要加重语气,除了加重以外,也可低中见高、快中显慢,还可虚中转实、连中有停或者高中见低、慢中显快、实中转虚、停中有连等等。在重音的表达上一定要掌握分寸,不能过分强调,过分强调会过犹不及,会有生硬、咬牙切齿地感觉。重音的表达,必须处理好重音和非重音的关系。重音与非重音各有主次层次,既要保证主要重音的突出,又要保证非重音内部主次关系的明晰。

(4)要有间歇,停连恰当。讲解员要做到"快慢有度"、"快而不连,慢而不蹦"。有时运用停顿得当,还会收到"此处无声胜有声"的效果。如讲解某烈士牺牲时,在叙述完烈士壮烈牺牲过程后,戛然而止,停顿一段时间,悲痛、哀悼、怀念、力量都在其中,令人回味无穷,可达到"言尽意未尽"的效果。

(5)恰当地运用拖音、顿音和收音、放音等讲解技巧。拖音也起着加强的效果,如"它不是一件普普通通的油灯",在讲解这句话时如果按常规连贯讲下来,就显得平淡而没有感染力,但如果将"它"字拖音,犹如后边加了个逗号,那么它的寓意和情感就显露出来了。

顿音同样起着加强突出的效果。如"我们找的就是你"这句话中的"就是你"三个字,可以一字一顿地表达,使人产生深刻的印象。

在讲解中有的地方需要放开声音去讲,有的地方则需要收拢声音去讲,这就是收放音的技巧。如讲解豪放或高潮的内容,一般需要放开声音去讲;讲委婉、神秘、沉痛等内容,一般需要收拢声音去讲,这样可以更好地表达有关内容。

(6)控制好气息,做到气息的强弱轻重得当。参赛讲解由于场地大、人员多,讲解员需用深呼吸吸气、换气,也就是说要气从丹田呼出,这样,讲解时才会有底气,声音才会有一定的冲击力。运用气息就要学会换气、偷气、抢气、憋气等。特别是对有些长句子的表达,为了保持它的连贯性,必须要通过偷气或抢气来完成,隐蔽巧妙地完成换气,而不能随便断气。在进行偷气、抢气时要找好气口,气口选在内容的转折处,这对于长句子或连贯紧凑内容的表达非常有帮助。如"南阳陶狗在全国出土陶狗中数量之多、姿态之丰富、种类之多,均居全国之最"这句话,由于句子长,讲解时需在顿号处偷气,如果一气连下来,就会感到憋得很,听着很不舒服。但在顿号处如果从容不迫地换气,就会感到内容不连贯。再如"中国古代建筑就像它的历史一样灿烂辉煌"这句话,也是长句子,如果一气下来效果会不好,中间需要找一至两个气口,采用偷、抢气的方法来完成。

4. 具有自己的讲解特点

每个讲解员都有不同的声音腔调和讲解方式,又有思想感情、文化素养、审美情趣、语言功力的差异,因而有着与别人不一样的讲解特点。当然这是指好的特点,也就是自己的优势。这种优势使得自己的讲解更具魅力。如果没有这种个性,讲解就会一般化。所以讲解员应该注意保持自己的讲解特点。

宋朝有位擅长画梅花的画家叫华光,他曾在一首诗中写道:"十种梅花木,须凭墨色分。莫令无辨别,写作一般看。"它的意思就是说,要画出各种梅花的个性,而不要作一般化的描绘。宋代另一位著名画家郭熙在《林泉高致》中说,同是水色、天色、山色,在不同的季节有不同的色彩、形态和神韵。清代文学家曹雪芹最反对"千人一面、万部一腔"的作品。

四、参赛讲解的注意事项

1. 讲词要自己动手编写。这样才会对内容理解得深和透,从而表达得准确到位。这也符合讲解比赛的要求。

2. 消除背词的痕迹。尽管参赛词是背下来的,但在训练或正式参赛时要消除背的痕迹,让讲解词变成自己的话讲出来,这样才会使人感到是在讲而不是在背诵。

3. 要结合文物和版面。参赛讲解不能空讲,一定要结合文物和版面,形成讲解现场的氛围。

4. 把握好度,是讲解而不是朗诵或演讲;是较为大声地讲解,而不是喊,但也不是喃喃自语;既不能平铺直叙,但也不能过分渲染。

5. 控制好讲解时间,不能超时也不能缺时,必须在规定的时间内将内容讲完。

6. 培养良好的心理素质,保持平常的心态,胜不骄败不馁,遇事不慌乱,不受情绪的影响。

附： 参赛讲解有感

"河南省'商都杯'讲解大赛"赛后感

河南博物院讲解员　柳恒

今天是2004年的5月18日,历时近一周的河南省"商都杯"讲解员讲解大赛终于在选手们紧张、团结的比赛氛围中落下了帷幕。在这一周时间里,我们经历了笔试、复赛、决赛等一系列的竞争和选拔,终于完成了自身讲解生涯的又一次跨越。

随着社会的进步,人们物质文化水平的不断提高,文博事业也愈发受到社会各界的关注,这也就要求我们——作为博物馆与观众桥梁和纽带的讲解员必须与时俱进,不断完善提高。讲解员大赛不仅是一次讲解技能的竞争,也是了解我省讲解现状的一个窗口。通过比赛我们不难发现,河南各地在对讲解队伍的重视、打造品牌讲解员方面都倾注了极大的努力,讲解差距明显缩小,这与几年前几个大馆独具优势、其余地区众星捧月的局面有了很大分别。无论是讲解员的吐字发声、仪表仪态这些基本要素,还是响应"三贴近"大趋势等技能技巧的运用,各地讲解员都有了较好的理解和把握。总的来看,我省的文博讲解事业仍坚持走在前列。

然而,我们应当清醒地认识到,在讲解比赛中取得了优异成绩,并不等于就是一名优秀的讲解员。赛场讲解与阵地讲解有很大的分别,我们在赛场上摘金夺银,只能证明我们在演讲式讲解和语言表达技能技巧方面的优势,而综合知识的掌握和现场对观众引导驾驭的能力却无从考察。一名优秀的讲解员,不仅要用丰富深邃的文物知识、优美精湛的讲解艺术去为观众服务,同时自身还应具备演讲学、心理学、指挥学、教育学的知识。它关涉到一个人的修养、情操、思维、智慧和潜能等综合素质。因此,作为比赛的主办方,应当试图在原有比赛经验的基础上进行大胆改革,寻找一条切实可行的新途径,从考察讲解员的知识结构、讲解技能、应变能力和综合素质方面入手,以期培养更为全面优异的讲解人才。而讲解员自身,还应不断完善自己的知识结构,加深文化修养,培养锻炼讲解技能和协调能力,除了圆满完成日常讲解之外,还应对陈列内容做更深一步的研究,著书立说,向着专家型、学者型的方向发展。与一般观众能进行互动式交流,与研究型的观众能进行简单的学术性探讨,不仅可以讲解,而且可以搞讲座。根据不同层次的观众,选择不同的表达内容和表达方法,真正做到"因人施讲"。决不能只满足于"万金油"式的知识面和"以不变应万变"式的讲解。

"河南省'嵩山杯'讲解大赛"赛后感想

河南博物院讲解员　刘璐

　　今年举行的讲解员大赛,是一次讲解技能的竞争,也是了解我省讲解现状的一个窗口。我能参与其中,深感荣幸。通过这次比赛,我们不仅结识了新的朋友、树立了新的榜样,与此同时也更加清醒地认识了自己、发现了自己,为日后更好地工作确立了新的方向。结合比赛,更多谈谈自己有关讲解工作的一些心得体会。

　　博物馆是一种社会资源,让这种社会资源和大众社会生活结合紧密的方式就是对历史和文物的正确解读,而实现这种社会使命的先锋就是讲解员。通过比赛我们不难发现,各地的讲解差距正在明显缩小,而讲解的发展趋势是讲解员的亲和化、语言的通俗化。作为"纽带和桥梁",讲解员必须面临的迫切问题是,如何更好地发挥自身在博物馆的作用,更好地让世人品尝免费的文化大餐。

　　讲解不全是一种语言艺术,讲解员更需要使命感和责任心。如果单单从语言角度上理解讲解,其本身就是对讲解工作的一种片面理解。一个优秀的讲解员首先要在思想上有见解,对从事的工作有共鸣,对身上的使命有感悟。新时代的讲解员更应该爱岗敬业。不管社会如何变化,奉献社会、服务大众的工作态度不能改变,只有一颗坚持的心才能吃得了苦、受得了累,才会对讲解工作没有怨言,才会静下心来做自我的"修身养性"。在不断充实自我的同时,以饱满的工作热情和严谨的工作态度体现自身的价值;同时,一个讲解员必须具备全面的知识结构。这里所说的"知识结构",不仅包括历史和文物的专业知识,还要尽可能地涉及方方面面的知识。讲解员所面对的是各行各业的观众,让"众口不再难调"的唯一途径就是学习。有时,我们会抱怨观众素质不高、不理解甚至听不懂讲解的内容,大都是从受众的角度上思考问题,而很少从讲解员自身上找问题。归根到底,就是在讲解中没有实现"因人施讲",而要实现"因人施讲"的唯一途径也是学习。

所以,讲解员必备的素质是责任意识和学习动力,这是讲解能力的源泉。讲解员更应该追求成为一名知识内涵修养高、语言驾驭能力强的高素质、全能性讲解员。应该是人类历史的解读者,是博物馆面向社会、面对大众"传道、授业、解惑"的"大众学者"。

"河南省'嵩山杯'讲解大赛"参赛感受

河南博物院外语讲解员　王纳

河南省文物局和河南省总工会在郑州举行的"河南省'嵩山杯'讲解大赛",已过去数日,在近一周的比赛过程当中我感受到了比赛的紧张激烈,感受到了领导的关心支持,更体会到了一种荣辱与共的团队精神。

作为河南博物院的讲解员,我们应该做到最好,这是全省龙头应有的风范,也是我们讲解员的责任。随着社会的发展,文博事业受到更多的关注,这就要求我们必须与时俱进,不断完善提高自己。从大赛情况看,显然各地市在打造优秀讲解员队伍方面都做了不少的工作。从吐字发声,仪表仪态,语言表达这些讲解的基本要求来看,他们确实都有很大的提高。总体来看,我院讲解员在表达上把握准确,较占优势,且仪态大方,声音洪亮,非常规范。其他地区也有很出色的选手,有些声音条件极好,有些稿件极富感染力,有些非常轻松自然极具亲和力,这些优势都是我们应该看到的。学习别人的长处才能更好更快地进步。

我参加的是英文组的比赛。虽然日常工作实践机会很多,但在赛前心里也没多大把握,因为不了解其他选手的情况。但是当时我判断别的选手也不会太差,因为现在中国的对外交流越来越频繁,学校、社会对于英语教育都十分重视,英语水平高的人不像以前那么难找。虽说工作经验是一种优势,但这样的比赛方式,只有几分钟的展示时间,英文基础较好的人是完全可以有出色表现的。像洛阳龙门、安阳殷墟等地,外国游客数量在不断增加,出现优秀的外语讲解员也是完全有可能的。比赛中选手的表现证实了我的猜测。有些选手的发音和语感还是非常到位的,一听就是科班出身。

当然作为一个英文讲解员,我觉得自己努力的重点始终应该是英文的灵活应用能力。当我真正能够随心所欲地驾驭这门语言的时候,工作将会更完美,乐趣也会无穷。除此之外,与汉语讲解不同的是,我需要更广泛地去了解国外的文化、历史、艺术,以便更好地与观众交流。一分耕耘,一分收获。我十分清楚,要出色完成工作任务,需要比别人付出两倍或更多的努力。但我仍要坚持不懈,因为停止不前就意味着落后,而落后就意味着对工作和对自己的不负责任。每一次经历后都会来到新的起点,只是这些起点应越来越高。

第六节　讲解基本功训练

一　讲解需要有基本功

1. 训练讲解基本功的必要性

讲解基本功是指讲解员的语言训练功底。为了增强讲解的艺术效果,使讲解员具有音质优美、吐字清晰、声音洪亮的素质,除了对讲解员进行严格挑选外,也应该对讲解员进行准确的吐字发声训练,这是讲解员的基本功。讲解员有没有基本功,在日常讲解或讲解比赛中确实有一定差别。

呼吸是发声的动力,声带是靠肺部呼出气流的冲击而震动发声的,我国古代就有"气动则声发"、"善歌者,必先调其气"的科学论断。仅靠正常的生理呼吸,不仅满足不了唱歌和话剧的需要,就连讲解的需要也达不到。因为,它不能适应长时间为大批观众讲解的需要,特别不能适应感情变化较大的需要。讲解,特别是参赛讲解,必须改变正常状态下的自然呼吸,采用胸腹联合呼吸法。

下面我们将一般生理呼吸与胸腹联合呼吸作一比较:

正常状态下的呼吸	胸腹联合呼吸
吸气无意识,呼气无控制	吸气有一定意识,呼气有一定控制
吸气肺活量较小	吸气肺活量较大

呼吸次数较多	呼吸次数较少
呼吸的声门处于开启状态	吸气时声门开启,呼气时声门闭合
上下无压力差	声门上下有较大的压力差

由此可以看出它们之间的区别。因此,必须通过科学训练来调整讲解时的呼吸量,并能控制气息,不至于在讲解时上气不接下气,或者是声嘶力竭。采用胸腹联合呼吸法,这是讲解员必须具备的功底。

2. 讲解基本功的内涵

根据讲解专业的需要,讲解的基本功主要包括气息、声音、吐字、普通话、讲解技巧等内容。呼吸的学名叫气息,呼吸是发声的动力,所以必须练好正确的呼气、吸气。声音是讲解员讲解的基础,讲解员只有具备一副好嗓子,才能使讲解洪亮悦耳,轻松省劲。讲解员在原有嗓子的基础上,再通过声音训练,可以进一步打开口腔、完善自己的声带发音,使声音能大能小,能高能低,经久耐用,成为"理想"的讲解嗓子。准确的吐字、普通话是讲解的必备条件之一,吐字清晰、准确,才能很好地讲解陈列内容。而绕口令是吐字练习的一个重要方面,绕口令是一项有趣的语言游戏,同时也是一项复杂的语言活动。绕口令需要唇、舌、口等器官的整体协调性,舌头的部位、嘴唇的形状、口腔的开闭等,这些都能直接影响发音的准确性,同音异调、字音相近、叠字重音是绕口令的鲜明特色。绕口令作为特殊的语言艺术,不仅能有效地锻炼口才和语言表达能力,还能培养反应能力。技巧是表达内容的方法,掌握了语言技巧会使讲解更生动、艺术,富有吸引力和感染力。

讲解基本功训练方法不能机械地照搬其他有声语言艺术的训练方法,而应当从讲解行业的实际出发,制定一套适合讲解的训练方法。气息、声音、吐字是连贯不可分割的,因此讲解员在训练时应做综合练习,不可偏废某一方。

二、讲解基本功练习方法和内容

1. 气息练习

正确的呼吸不光是讲解发声的技巧,也直接对讲解的音准、音质、共鸣和艺术表现等产生影响,所以正确的呼吸非常重要。

胸腹联合呼吸法是一种运用胸腔、横膈膜和腹部肌肉共同控制气息的呼吸法。这种呼吸法可以全面调动呼吸器官的功能,扩大胸腹腔的容量,控制调节气息,使声音的高、低、强、弱变化自如,音域扩大。在学会胸腹联合呼吸的同时,还要学会换气、偷气、抢气。因为仅靠底气或吸进一口气还不够,对于一些连贯性的长句子,在讲解时还必须补充气息。

(1) 胸腹联合呼吸法练习。胸腹联合呼吸分吸气、续气、呼气三个步骤进行。第一步,全身放松,挺胸收腹,然后深深地吸一口气。吸气时,横膈膜下降,使胸腔底部向下伸展,同时胸腔两肋张开。第二步,气充分吸入后,存至胸腔数秒;第三步轻轻地发出"S……"的声音,将存入胸腔的气息缓缓呼出。进行这三步练习时需注意:吸气时要柔和平稳,多少适度,气息要无声吸入;呼气时要持续平稳、有节制,不可一下呼出。

(2) 长气息练习。啊——啊——啊—— 依——依——依——

(3) 报数练习。1 2 3 4 5 6 7 8 9 10 11 12 13 14 15 16 17 18 19 20 21 22 23 24 25 26 27 28 29 30 31 32 33 34 35 36 37 38 39 40 41 42 43 44 45 46 47 48 49 50 51 52 53 54 55 56 57 58 59 60 61 62 63 64 65 66 67 68 69 70 71 72 73 74 75 76 77 78 79 80 81 82 83 84 85 86 87 88 89 90 91 92 93 94 95 96 97 98 99 100……

练习要领:

A. 根据自己的气息情况尽量多报,由少逐渐增多。如第一次可报 30 个数,以后再增加至 50 个数,照此类推。

B. 报数时要气从丹田出,用深呼吸报数,注意气息支点。

(4) 偷气、抢气练习。在正常换气的情况下,为保持句子的连贯性,使之一气呵成,选择一定的气口进行偷偷换气或者抢出一口气进行练习。如数枣:"一个枣、两个枣、三个枣、四个枣、五个枣、六个枣、七个枣、八个枣、九个枣、十个枣……"一直向下数,一气下来,看到底能数多少个枣。

练习要领:

A. 根据自己的气息情况尽量多数,由少逐渐增多。

B. 中间可以有意识地练习偷气和抢气。

通过这些练习,掌握正确的胸腹联合呼吸法,使自己发出的所有声音都是用气息来支撑的,而不是靠嗓子硬挤出来的。有了这种呼吸作为支点,讲解时才会有底气,不费劲,讲解才会持久。

2. 发声练习

(1) 开声练习。啊——啊——啊——

练习要领：

A. 由低到高。

B. 每一种声调连喊数遍。

C. 声音要有迸发力。

(2) 音阶练习（重复数遍）。

1 2 |3 4 |5 6 |7 $\dot{1}$|$\dot{1}$ - ||

$\dot{1}$ 7|6 5 |4 3| 2 1|1 - ||

1 3| 5 $\dot{1}$|$\dot{1}$ - || $\dot{1}$ 5|3 1|1 - ||

1 3| 2 4| 3 5 | 4 6| 5 7| 6 $\dot{1}$| 7 $\dot{2}$| $\dot{1}$ - |$\dot{1}$ - ||

1 $\dot{6}$ | 7 5| 6 4| 5 3| 4 2| 3 1| 2 7| 1 - |1 - ||

3. 吐字练习

(1) 同声韵四声音节练习。以下十组练习包括全部声母和韵母，是五音四呼、吐字归音的基本练习。每条练习内容要一气念完，注意气息声音的支点，吐字要有力，字头、字腹、字尾要交代清楚，四声正确，声音连贯。

唇音：

巴拔把爸　　坡婆叵破

猫毛卯帽　　方房访放

舌尖音：

低敌抵第　　通铜统痛

妞牛纽拗　　撩辽了料

舌根音：

姑鹄古顾　　科咳渴刻

酣寒喊汗

舌面音：

居局举聚　　青晴请庆

香祥想象

翘舌音：

知执纸掷　　撑城逞秤

申什沈慎

平舌音：

作昨左做　　猜才采菜

虽随髓岁

开口音：

掰白摆拜　　抛刨跑泡

搂楼篓漏

齐舌音：

些斜写谢　　家夹贾架

亲勤寝沁

合口音：

欢还缓换　　窗床闯创

挖娃瓦袜

撮口音：

靴学雪血　　晕云允韵

圈泉犬劝

（2）不同声韵四声练习。

山明水秀　　花红柳绿

开渠引灌　　风调雨顺

中国伟大　　山河美丽　　天然宝藏　　资源满地
工农努力　　增强产量
阴阳上去　　非常好记　　商扬转降　　区别起落

(3) 绕口令练习。

三山衬四水,四水绕三山,三山四水春长在,春在三山四水间。

四个孩子摘柿子,一个摘了四十四,一个摘了四个十,一个摘了十个四,一个摘了十四又四十。你说说,摘柿子最多的是哪个孩子?

棚上放个盆,棚下挂个瓶,不知是盆碰了瓶还是瓶碰了盆?

洞庭山上一条藤,藤条顶上挂铜铃,风吹藤动铜铃动,风停藤定铜铃静。

板凳宽,扁担长。扁担没有板凳宽,板凳没有扁担长。扁担想要绑在板凳上,板凳不要扁担绑在板凳上,扁担非要扁担绑在板凳上。

解决脏乱差,必须决心大,决心下不大,还是脏乱差。

养鸡迷,喂养来杭鸡。鸡下蛋,蛋孵鸡。每只净挣一万一千一百一,来年共挣七万七千七百七。

八百标兵奔北坡,北坡炮兵并排跑,炮兵怕把标兵碰,标兵怕碰炮兵炮。

粉红墙上画凤凰,先画一个红凤凰,再画一个黄凤凰。黄凤凰上画上红,红凤凰上画上黄。粉红墙上分不清,哪个是红凤凰,哪个是黄凤凰。

帆船、帆板都有帆,舢板、帆船都是船。帆船用船不用板,帆板用板不用船。帆船、帆板和舢板,你追我赶浪里钻,千万注意别翻船。

六棵柳,六头牛,六棵柳栓六头牛。柳栓牛,牛靠柳,小刘放牛乐悠悠。

九月九,九个酒迷喝醉酒。九个酒杯九杯酒,九个酒迷喝九口。喝罢九口酒,又倒九杯酒。九个酒迷端起酒,"咕咚、咕咚"又九口。九杯酒,酒九口,喝罢九个酒,酒迷醉了酒。

贝贝掰了半盆蚌,北北抱了半杯冰。半盆蚌要半杯冰,半杯冰冰半盆蚌。

红红的白萝卜,白白的红萝卜。红红的红红萝卜比白白的白白萝卜红,白白的白白萝卜比红红的红红萝卜白。红红的红红萝卜拌白白的白白萝卜,白白的白白萝卜拌红红的红红萝卜。红红的红红萝卜有红有白,白白的白白萝卜有白有红。你是爱吃有红有白红红的红红萝卜,还是爱吃有白有红白白的白白萝卜?

哑巴爱吹喇叭,喇叭嘀嘀嗒嗒。哑巴丢了喇叭,急得去找大妈。大妈找喇叭,哑巴等大妈。大妈找来喇叭交给哑巴,哑巴拿着喇叭谢大妈。

东边来个小朋友叫小松,手里拿着一捆葱。西边来个小朋友叫小丛,手里拿着小闹钟。小松手里葱捆得松,掉在地上一些葱。小丛忙放闹钟去拾葱,帮助小松捆紧葱。小松夸小丛像雷锋,小丛说小松爱劳动。

小山羊上山吃草,山羊上小山吃草,山羊吃草小山上,小山上山羊吃草,小草山上山羊吃,吃草山羊小山上,小山羊吃山上草,上山山羊吃小草,羊吃小山山上草,山上小草山羊吃。

练习要领:
A. 以上内容可根据自己的需要挑选练习。
B. 由慢到快,循序渐进,不能只求速度而不注意吐字的准确清楚。
C. 注意节奏性。
(4) 轻声练习。

掷 石 子①

胖子和瘦子,一起掷石子。

瘦子掷了四粒子,胖子掷了十粒子。

四粒子比十粒子,个个掷得远又准。

十粒子不如四粒子,四粒子胜过十粒子。

瘦子比胖子爱动脑子,胖子向瘦子学习掷石子。

谷子和黍子②

谷子是谷子,黍子是黍子。

谷子去皮叫小米子,黍子去皮叫黄米子。

不能把谷子说成黍子,也不能把黍子说成谷子。

大粒的是黍子,小粒的是谷子。

蒸年糕的是黄米子,煮稀饭的是小米子。

你要不认识谷子和黍子,

比比尝尝就能分清黍子和谷子。

(5)儿化练习。

钉 扣 儿③

一个扣儿,两个扣儿,

我给小褂儿钉扣扣儿。

拿得稳,看得准,

上一针儿,下一针儿,

针针线线都卖劲儿,

小褂儿穿上挺合身儿。

---

①②③ 摘自钱德慈:《趣味绕口令》,成都:四川少年儿童出版社1999年版。

古 怪 歌①

有个桌子没有腿儿,
有个茶壶没有嘴儿,
有张报纸没有字儿,
有个杯子没有底儿,
有个掸子没有棍儿,
有个耗子爱打盹儿。
这是哪儿的事儿?
谁也说不准儿!

4. 音高音量练习

假定面对几个观众、几十个观众、几百个观众,分别用不同的音高和音量进行练习。

(1) 观众朋友们,大家好!欢迎你们来参观!

(2) 雷锋同志说过:"人的生命是有限的,但为人民服务是无限的。"

(3) 毛泽东主席说过:"我们的同志在困难的时候,要看到成绩,要看到光明,要提高我们的勇气。"

5. 节奏练习

(1) 慢板练习。

A.《人民的好儿子——焦裕禄同志事迹展览》解说词节选:

焦裕禄同志的病越来越严重,医生们开出最后诊断书,上面写着:"肝癌后期,皮下扩散。"这种病当时还是不治之症,送他去看病的人非常焦急,恳切地向医生说:"医生,请你把他治好,俺兰考全县人民需要他,需要他呀!"

焦裕禄同志的大女儿到医院去看他,他深情地说:"小梅,你参加工作了,爸爸没有什么送给你,家里的那套《毛泽东选集》就作为送你的礼物吧。那里面,毛主席会告诉你怎么做人,怎么工作,怎么生活。"

焦裕禄同志病危,省、地、县各级领导同志到医院看望他,他用尽全力说:"我没有完成党交给我的任务。我死了不要花钱,省下钱来支援灾区建设。我只有一个要求,请组织上把我运回兰考,埋在沙丘上,活着我没有治好沙丘,

---

① 摘自钱德慈:《趣味绕口令》,成都:四川少年儿童出版社1999年版。

死了也要看着兰考人民把沙丘治好。"

B. 电影《敬爱的周恩来总理永垂不朽》解说词节选：

1976年1月8日9时57分，伟大的无产阶级革命家、杰出的共产主义战士周恩来同志的心脏停止了跳动。中共中央、人大常委会、国务院以极其沉痛的心情发出讣告。全党全军全国各族人民都为失去了敬爱的总理而感到深切的悲痛。

群山肃立，江河挥泪，辽阔的祖国大地沉浸在巨大的悲痛之中。

敬爱的周总理，您在天安门前停一步吧！在这里，您和我们一起欢度过多少胜利的节日。此时此刻，您爽朗的笑声还回响在我们耳边，您炯炯的目光还在亲切地看着我们。敬爱的周总理，我们多么想念您，我们多么需要您！

红旗低垂，新华门前洒满泪。日理万机的总理啊，您今晚几时回？

长夜无言，天地同悲。只见灵车去，不见总理归……

(2) 快板练习。

A. 说踢球

踢球，可分定位球、滚动球和空中球。踢球可以用脚尖、脚背、脚内侧，也可以用脚跟、脚底、脚外侧。除了用脚踢，还可以用头顶。顶球可以用头前、头后、头左、头右和头中。此外还要练停球，停球可以用脚、用上体、用头。脚部停球可以用脚尖、脚背、脚内侧，也可以用脚跟、脚底、脚外侧。头部停球又可以用头前、头后、头左、头右和头中。

B. 报花

昨天我到花圃去参观。那里有人称"花中之王"的红牡丹、白牡丹、粉红牡丹，还有芍药、玫瑰、蔷薇、朱槿、米兰和栀子花、昙花、樱花、芫花、桂花、茶花、金银花、金盏花、金芙蓉、金乌花、月光花、鸡冠花、凤仙花、杜鹃花、喇叭花、玉簪花、玉兰花、玉蝉花、燕子花、蝴蝶花、天女花、八仙花、海棠花、海桐花、腊梅花、太平花、石榴花、石楠花、石菖蒲、十样锦、夹竹桃、美人蕉、美人樱、虞美人、洋绣球、晚香玉、百里香、满天星、一品红、千日红、月月红、满堂红、紫丁香、紫茉莉、紫罗兰、紫藤萝、水浮莲、子午莲、菖蒲莲、并蒂莲、西番莲、蟹爪莲、半支莲、半边莲、仙人掌、仙人鞭、仙人球、仙客来。兰花有：春兰、惠兰、建兰、风兰、珠兰、马兰、君子兰、一叶兰。菊花有紫的、红的、粉的、黄的、白的和淡绿的、黑紫的，品种有：夏菊、翠菊、洋菊、墨菊、藤菊、千日菊、佛头菊、金鸡菊、延命菊、万寿菊……

(3) 综合练习。

《毛主席的好战士——刘英俊事迹展览》解说词节选：

1966年3月15日早晨，炮兵连战士刘英俊和战友们驾驭着三辆炮车，沿着佳木斯市郊公路出去训练。在公共汽车站附近，刘英俊驾驭的那辆炮车的辕马，被汽车喇叭声震惊，突然掉头猛跑。当时正是学生上学、职工上班的时候，公路上车来人往，川流不息。车马向人群冲去，情况十分危机。刘英俊用肩膀猛扛狂奔着的惊马的脖子，迫使惊马拐上公路左侧的小道，避免了一次可能发生的严重事故。惊马继续在两旁积满冰雪的小道上飞跑，刘英俊紧拉缰绳，身子被车马拖带着，处境非常危险。群众见此情景，高声大喊："快撒手！快撒手！"这时候，在炮车前面不远的地方，有六个孩子被吓呆了，孩子们的生命受到了严重的威胁。在这千钧一发的时刻，只见刘英俊把缰绳在胳膊上缠了几道，猛力一拉，使战马前蹄腾空而起。紧接着，他不顾危险，手撑辕杆，把双脚从辕杆下面伸向马的后腿，用尽平生的力量踢去。马倒了，车翻了，六名儿童安然脱险。刘英俊自己却被压在突然翻倒的车马下面，身负重伤，经抢救无效，光荣牺牲。

6. 朗读和朗诵练习

(1) 诗歌。

登鹳雀楼

王之涣

白日依山尽，
黄河入海流。
欲穷千里目，
更上一层楼。

天上的街市

郭沫若

远远的街灯明了，好像闪着无数的明星。
天上的明星现了，好像点着无数的街灯。
我想那缥缈的空中，定然有美丽的街市。

街市上陈列的一些物品,定然是世上没有的珍奇。
你看,那浅浅的天河,定然是不甚宽广。
我想那隔河的牛郎织女,定能够骑着牛儿来往。
我想他们此刻,定然在天街闲游。
不信,请看那朵流星。那怕是他们提着灯笼在走。

致 橡 树

舒 婷

我如果爱你——
绝不像攀援的凌霄花,
借你的高枝炫耀自己;
我如果爱你——
绝不学痴情的鸟儿,
为绿荫重复单调的歌曲;
也不止像泉源,
常年送来清凉的慰藉;
也不止像险峰,
增加你的高度,衬托你的威仪。
甚至日光。
甚至春雨。
不,这些都还不够!
我必须是你近旁的一株木棉,
作为树的形象和你站在一起。
根,紧握在地下,
叶,相触在云里。
每一阵风过,
我们都互相致意,
但没有人,
听懂我们的言语。
你有你的铜枝铁干,

像刀,像剑,
也像戟。
我有我的红硕花朵,
像沉重的叹息,
又像英勇的火炬,
我们分担寒潮、风雷、霹雳;
我们共享雾霭、流岚、虹霓。
仿佛永远分离,
却又终身相依,
这才是伟大的爱情,
坚贞就在这里:
爱,不仅爱你伟岸的身躯,
也爱你坚持的位置,足下的土地。

(2) 散文

晨

刘白羽

　　淡淡的朝阳刚把树梢照亮。顺了石柱攀缘到三层楼上来的老藤树比来时茂盛多了,有些柔韧的枝蔓伸展开来,带着绿叶,向人轻拂,似在表达它的欣快之感。在露珠晶莹的树叶丛中,一只小蝉用稚哑的嗓门,轻轻嘶叫。愈来愈明亮的阳光却显示:将要来临的又是十分炎热的一天。但,不论回头将怎样火热,甚或会从燠热之中来一阵风掣电闪,现在这早晨却如此清新、宁静。

　　今天早晨就是这样可爱,我望着它就像第一次看到早晨。那几片朝云,给阳光照得像嫩红的玫瑰花瓣一样轻柔、绰约、缥缈、悠然。病中,我常常感觉到:愈是在困苦的时候,愈觉得清晨之可贵。因为我们送走了夜,而又开始了新一天的生活。这一天的逝去与一天的来临,便标志着人生又迈出了新的一步。我现在浸沉于晨光的快感之中,我思索着,这个清晨像什么?很像早霞中升起来的一片白帆,也就是每一个早晨都在我们生活的航道上升起的白帆。它是那样洁白,它是那样漂亮,但它标志着永远向前,而且标志着坚定不移的方向。

第五章　讲词的编写

讲词是讲解人员引导观众参观时口头解释说明或演讲的讲稿,一般指书面语言形式。讲词通过对事物的介绍和语言的渲染,使观众了解事物的有关知识,受到教育和感染。它的主要作用:一是引导观众参观展览;二是宣传博物馆、纪念馆本身及文物、展品内容;三是弥补视觉材料的不足,传播博物馆、纪念馆的有关文化知识。它是介于科学论文与文学作品之间的一种文体。

第一节　讲词的特点

大家都知道,文章一般分为记叙文、议论文、说明文几种形式,那么讲词归属于哪一种呢?这就需要首先了解讲词的特点,然后与几种文章形式加以比较,来判断讲词应该属于什么文体。

一、讲词的文体

判断一种文体,主要看其表述的内容和表达的方式。说明文的内容是解说事物的形状、性质、成因、类别、功能等,或阐明事理的概念、内容、规律、作用、关系以及表述人物的经历、特征等,具有说明性、知识性和科学性。"说明文不同于记叙文。它只要求对事物的特征作出直接的说明,而不要求对事物作更多的形象描绘。它不同于议论文,不需要对事物直接发表系统的看法或主张。但需要指出的是,说明文虽然以说明作为主要的表达方式,却并不是与记叙、议论、描写等表达方式毫无关系。纯粹用说明这种表达方式的说明文并不多见。说明文里常常出现一些记叙、议论、描写成分,只不过不占主导地位罢了。"①根据说明文的这些特征,我们不妨将它与讲词作一比较,就会一目了然。

1. 讲词表述的内容

世上不同种类的博物馆很多,它们表现的内容也五花八门。但讲词的内容都跑不了物、事、人的范畴,基本上都是在向观众说明各种物品、各种事情和各种人物等。它和说明文的内容是一致的,也是解说事物的形状、性质、成因、类别、功能等,或阐明事理的概念、内容、规律、作用、关系以及表述人物的经历、特征等,具有说明性、知识性和科学性。如介绍一件文物,要说明其时代、用途、造型特征和主要价值等;介绍一个事件,要说明其发生的时间、地点、主要经过、结局和重要意义及作用等;介绍一个人物,要说明其出身、生卒年月、经历和主要活动、事迹等。

2. 讲词的表达方式

从表达方式上看,说明文主要采取的表达方式是说明,同时也兼用描写和议论,但并不改变它说明的性质。而讲词的主要表达方式也是以说明为主,同时也采用描写和议论。如说明某件文物的同时,免不了要对其花纹、造型等进行描述和议论、评价,但这种描述和议论与说明这种表达方式的分量相比还是少量和次要的,只能说它含有描述和议论表达方式的成分,并改变不了它说明的性质。如下面的一段讲词就是如此:

莲鹤方壶,新郑郑国国君墓葬出土。铜壶长颈鼓腹,比例协调,造型端庄,给人以稳健恢宏之感。壶的最下面是两只又像龙、又像虎的怪兽,承托着上面的壶身,壶身上面有八条大小不等、形态各异的龙。最上部是壶盖,盖的四周是盛开的双层莲瓣,中间伫立一只展翅欲飞的仙鹤,因此这件壶得名"莲鹤方壶"。莲花,也叫荷花,是中国固有的一种古老植物品种。据《诗经》记载,早在春秋时期新郑一带就盛产荷花。仙鹤也是一种古老的动物,这一时期曾活跃在中原大地。将他们装饰在青铜器上是对现实生活的反映,风格已迥然有别于殷商、西周青铜器,标志着中国青铜艺术风格的一个新的开端。怒放的莲花和展翅欲飞的仙鹤,象征着春秋战国时期封建制度的兴起和新的思想观念的上升。这种将自由活泼的

---

① 延华、盛斌、晓辉:《说明文》,长春:北方妇女儿童出版社1999年版。

写实风格与传统的庄严狞厉的尚美之风糅为一体的表现手法,正是这个时代新旧两种思想对抗与交融的产物。早在50年代,郭沫若先生就曾盛赞莲鹤方壶"乃时代精神之象征"。壶在古代被归为酒器,《诗经》中就有"清酒百壶"之说。但这件方壶体积高大,装饰华美,并非是普通的盛酒之器,很可能是郑国国君的陈设品,是主人地位、财富、实力的象征。莲鹤方壶无论是在铸造工艺,还是装饰艺术上,都可称得上是我国青铜艺术宝库中的典范之作,具有很高的历史价值、科学价值和审美价值。①

在这段讲词中既有对莲鹤方壶的说明,也有对莲鹤方壶的描述,还有对它的议论(结论和评价)。

根据以上举例,可以看出讲词、导游词和说明文非常相近,因而它们基本上属于说明文文体。讲词作为一种文章的类别,与其他书面语言一样,有自身的特点和规律。

二、讲词的文体特征

1. 思维方式

同说明文一样,讲词主要用逻辑思维,较少用形象思维。它着重于对事物进行系统的分析与介绍,通过综合、归纳、分析、判断,形成层次清晰、明了易懂的文字材料,而较少通过描写、抒情和议论的方法去表现。讲词不像文学作品那样,特别是像写小说那样,描写风是怎么吹,树是怎么摇,人的心理如何活动等。

2. 结构

文章的结构虽无定性,但一些具体内容,如层次、段落、过渡、照应、开头、结尾,却是篇篇皆需,有一定的规律。由于讲词的结构受到陈列的制约,基本应该按照陈列大纲的结构安排,只是名称和分类不一样。陈列的结构一般按部分、单元、组来进行结构,而讲词则按照部分、层次、段落来安排结构。它们的对照关系是部分——部分、层次——单元、段落——组。

层次清楚,段落分明,是一篇文章起码要做到的。"层次,指的是文章思想内容的表现次序。它是事物发展的阶段性、客观矛盾的各个侧面、人们认识

---

① 河南博物院编:《河南博物院参观导览》,开封:河南大学出版社,2001年版。

和表达问题的思维进程在文章中的一个反映。层次,有时人们又把它叫做'意义段'、'结构段'。"①"段落,是构成文章的最小单位。它具有'换行'的明显标志,是文章思想内容在表达时由于转折、强调、间歇等情况所造成的文字的停顿。段落,人们还习惯地把它称为'自然段'。"②那么层次和段落之间又是什么关系呢?层次着眼于内容的划分,段落则侧重于文字表达的需要。它们之间,有时是一致的,即文章段落的划分与反映内容的层次一样;个别时候段落大于层次;但多数情况下都是层次大于段落,往往是一个层次包括几个段落。讲词也是如此,因为一般情况下陈列的一个单元都要包括若干小组的内容,一个单元只有一个小组的情况较少,所以一般情况下讲词的一个层次总要包括几个段落。

讲词的结构虽基本相同于陈列,但在层次和段落的划分上还受到文物主次和内涵多少的影响,主要文物较多的地方篇幅会较大,层次与段落也会较多。在讲词中如果有的层次、段落较大,可以根据文物的内涵采取多层次中分出小的层次,大段落中套小段落的方法,从整个书面上看主题比较突出,层次清晰明了。

以河南博物院《河南古代文化之光》第一部分为例:

第一部分　文明曙光

一、洞穴岁月

当大地混沌初开、满目洪荒的时候,古老的中原大地就有了人类的活动。(复制品)1978年,在南召县杏花山发现一枚古人类化石,经测定其生存年代距今约五六十万年,与著名的"北京人"生活在同一个时期。这是中原地区目前发现最早的原始人类,考古学家将其定名为"南召人"。

二、黄河拓荒

(场景复原)大约到了八千年前,生活在新郑一带的裴李岗人,首先在中原大地上创造了锄耕农业,开创了中国农业文明的历史。裴李岗位于郑州南部的新郑市,是一座距今八千年的新石器文化遗址。自1977年发掘以来,出土了一批批独具特征的陶器和石器,是中原地区目前发现较

---

①② 北京师范大学中文系编:《写作基础知识》,北京:北京出版社1982年版。

早的新石器文化类型,后来将具有这种特征的文化遗存统称为"裴李岗文化"。"裴李岗文化"时期的人们过着以农业为主,渔猎为辅的氏族经济生活。(实物)这里陈列的石斧、石铲及石镰,都是当时的生产工具,它们都属于磨制石器,是生产力发展的重要标志。石斧是用来砍伐树木和开垦荒地的主要生产工具;石镰用于收割庄稼,形状与今天的镰刀更为近似。

(实物)最能体现裴李岗人农业发展水平的当数石磨盘和石磨棒。它们是配套使用的粮食加工工具,用于谷物的脱壳。石磨盘为椭圆形,正面坦平,两端均为圆弧状,前宽后窄,腰部内收,形制颇似一个鞋底,底部附有四个柱形足,表面有明显使用过的痕迹,是中国目前发现最早的成套粮食加工工具。整套石器线条流畅,磨制精细,显示着中原先民娴熟的石器加工技巧与发达的农业文明。

八千年前,黄河流域已开始大量地生产陶器。河南新郑裴李岗出土的陶器是我国目前发现最早的成型陶器之一。它们的火候较低,质地疏松,容易破碎,用手工制作。(实物)这里陈列的陶壶、陶钵分别用于盛水和饮食。这件乳钉纹红陶鼎是一件炊具,相当于后世的锅,器物的内壁还留有泥条盘筑的痕迹。

我们的祖先在长期的劳动中不断丰富自己的物质生活,于是艺术在劳动中孕育而生。(实物)骨笛,1987年舞阳贾湖"裴李岗文化"遗址出土。长22.2厘米,用仙鹤的腿骨制成,上有七孔。经专家认定,这是一种运用特殊方式吹奏的管乐器。骨笛音孔的位置计算得十分精确,首先找出宫音,再据此推算出其他音孔的位置。由于骨管粗细不一,容易产生音差,所以,又在七孔旁开一小孔加以校正,其制作方法与今天的民族乐器十分相似。1987年,经中央音乐学院测定,贾湖古笛的音阶结构至少是六声音阶,也可能是七声齐备的古老下徵调音阶。虽然先民依据什么音律标准、运用什么方式计算,仍是个难解之谜,但它反映出我国先民高超的音律水平和计算水平。由于骨笛是我国目前发现最古老的乐器,专家将它誉名为"中华第一笛"。

(图版)"仰韶文化"是新石器时代中期的一种文化,因首先发现于河南渑池县仰韶村而得名。它主要分布于黄河流域,距今约五六千年。该文化最突出的特征是出土了大量彩陶。所以，人们又将它称为"彩陶文化"。

（实物）彩陶双连壶，郑州大河村仰韶文化遗址出土。陶壶外部施红衣，绘黑彩几何纹。为两壶并列，腹部有孔相通，可供两人同时饮用。这种饮酒习俗在我国高山族、苗族中仍有使用，它是友好、团结、联合的象征。

（图版）河南仰韶文化的彩陶图案异常丰富，大体可分为几何纹、植物纹、动物纹、天像纹、象形文字和原始图画。这些花纹很多都是原始人类对生活和生产劳动的观察和体会，通过艺术的手法表现出来。在这些图案背后，还蕴含着很神秘的宗教寓意，淅川下王岗出土的彩陶钵上的三角形纹饰就是鱼的变形，表示人们对鱼图腾的崇拜。陕县庙底沟彩陶钵上的花瓣纹是对花图腾的描绘，也是农业部族对植物生长现象的观察。这些陶器既是当时的生活用具也是当时的艺术品。

（实物）壁虎纹陶缸，是装殓尸骨的葬具，口沿部浮雕的壁虎写实生动，代表了当时的雕塑水平。它可能是这个部族所崇拜的图腾。

中国是龙的故乡，中华民族是龙的传人。龙已成为我们民族的精神象征，连接着散居在世界各地的华夏子孙。（墓葬复原）1987年中国最早的蚌壳龙图案在濮阳距今六千年左右的仰韶文化遗址中破土而出。龙用蚌壳塑成，长1.78米，龙首昂起，龙尾上翘，作腾飞状；与它对应的是虎图案，龙虎中部是一男子的尸骨，长度1.84米，头南足北，仰卧其中，其脚下是用腿骨摆放的北斗，这是一幅天文图。经测定，该遗址距今的年代为6500年，被专家誉名为"中华第一龙"。

三、从穴居到城邦

在距今约四五千年的龙山文化时期，河南出现了许多城堡，并出现了青铜器，表明人类即将进入国家文明时期。（图版）淮阳平粮台古城是其中最具代表性的一个城址，距今约四千三百多年。城址周长5500米，为正方形，有城门、一个门卫、路基、陶排水管道。城门发现有房基、陶窑、大批陶器和一块铜渣。排水管道位于南门下，每节长0.35～0.45米不等，直筒形，两端粗细不一，细部有榫可以套装。出土时是北高南低，易于向外排水。（实物）在城内灰坑中还出土有铜渣，证明在四千多年前人们就掌握了冶铜技术，它是人类物质文化由石器、陶器向青铜转变的物证。

上面的"一、洞穴岁月"和"二、黄河拓荒"以及"三、从穴居到城邦"，都是《河南古代文化之光》陈列第一部分中的三个单元。和它对应的讲词结构，被分为与它相同的三个层次。其中陈列中的第二单元黄河拓荒为重点，所占篇幅较大，又被分为裴李岗文化、仰韶文化两个组。而和它照应的讲词在编写时也根据这种结构，分为裴李岗文化、仰韶文化两个大段落。而其中裴李岗文化这个大段落又套了几个小段落，即裴李岗文化的得名、裴李岗文化的石器、裴李岗文化的陶器、裴李岗文化的艺术等四个小的段落。

关于讲词的分段有一点需要注意的，就是需要注意整体篇幅的匀称。原因是，讲解不可能没有时间的限制，都展开谈时间就不够了；从观众（专业观众除外）的角度看，希望能在一定的时间内看到、听到更多的内容。所以，除个别重点的内容外，大多数段落都应相对均衡，不可长短差别过大。请看下面的讲词：

> 商丘汉画像石艺术作品与南阳地区相比题材较为单一，多以珍禽怪兽的形象为主，特殊的地域环境，使得商丘汉画有着浓郁的地域特色，又由于画像边缘刻有多种多样的图案，因而极具装饰效果。
>
> 羽人升仙画像：汉代贵族乞求死后升仙，天地无迹并遥远，便梦想像鸟儿一样飞入天堂，于是便创造了羽化升仙之人，画像中的羽人造型各异，分骑各种异兽，神兽的形象离奇古怪，令人难以理解。
>
> 四人头兽画像：画像左侧刻画了一只猿猴和三只倒立的怪兽，画像的右侧刻画了一只四人头兽，它们身躯矫健，四个人头随柔软的脖颈自由地摇摆，造型无拘无束，活泼自在，是商丘汉画浪漫气质的绝妙体现。
>
> 苍龙奔跑画像：这幅画像集中展现了七只形态各异的苍龙，有的昂首阔步似为向导，有的回头呐喊着，尾随而上，有的则侧耳细听似在应声附和，龙的各种形态刻画得细致入微，给人以无尽的遐想。

三、讲词的语言

讲词的语言要求通俗流畅、准确鲜明、生动感人，因而要口语化、简练化、逻辑化、生动化。

1. 口语化

由于讲词是直接向观众的叙说和演讲的口头语言,多是一次性的教育,所以必须口语化,才能使观众感到亲切自然,易于理解。

首先,讲词口语化要通俗易懂,使观众能够听懂并理解其中的内容。在编写讲词时要注意多用日常用语和浅显易懂的书面语词汇,不能过多地运用专业名词和术语,如考古、佛教、建筑等方面的为观众较少接触的专业名词和术语,否则会使讲词难懂,缺乏通俗性和普及性,并且还会使讲词显得苦涩深奥。例如在讲解古建筑时,常会提到"穹隆顶",这个专用名词对有专业知识的人没问题,但一般观众就听不懂了。在讲"穹隆顶"时就需要通俗化地加以释解:"穹隆顶是一种中央隆起,四角下垂的建筑形式。"

其次,讲词口语化要通顺流畅,每句话都要顺顺当当,讲起来非常上口。要避免难懂的书面语词汇和音节拗口的词汇,不能绕口蹩舌;更不能像考古论文一样文绉绉的,甚至之乎者也亦焉哉;或者是标语口号化,生硬死板。这样观众必然会有距离感,听着不舒服,难以接受。

另外,多用短句,以便讲起来顺口,听起来轻松。如河南博物院《河南古代文化之光》第三部分兼容并蓄的一段讲词就是如此:

这时期的雕塑艺术朴拙而传神,许多珍品都达到了写实与夸张、造型与装饰的和谐统一。石辟邪是古代贵族陵墓前常见的神兽之一,正如它的名字一样,在墓前起着辟邪的作用。(实物)许昌出土的这件汉代石辟邪,雕刻得形体硕大饱满,显示出强大的力感,矫健而凶猛的外观,使人望而生畏。(实物)这件汉代雕塑的代表——南阳红陶狗,被塑造得双目圆睁,似乎发现了什么情况,正在张嘴狂吠,一副凶相。它的颈部和头部塑造得较大,而身子和腿则塑造得较小,显得比例失调,五官刻画得也不够准确,但却充分表现了它忠于主人、看家护院的神态。这正是汉代艺术不追求形似,而追求神似的特点。

第三,要求尽量采取白描手法,就事物的本来面貌加以叙述,让文物说话,让陈列展览说话,让事实说话,大量的议论和华丽的辞藻,会使人感到华而不实。请看下面这段介绍乐器埙的声音的一段讲词:

埙,以陶器所发出的特有音色,富有人生的感情色质,十分迷人,它的音色悲凉、凄苦,善于表现如泣如诉、悲痛欲绝的旋律。这种清音给人的感觉,不是烂漫山花的喧哗,不是轰然作响的瀑布,更不是甜蜜的窃窃私语。不是贝多芬式的气势磅礴的美,也不是莫扎特式的祥和优雅的美,它是发自内心深处的哭诉。

看完或听到这段讲词,您一定会感到莫名其妙。且不说它的用词不当和词不达意,仅这些形容,就说明不了埙的声音特点这个主题。

2. 简练化

要求讲述问题简单明了,不要啰啰唆唆。所讲内容应当紧紧围绕主题,不拐弯;高度概括,没有一句废话。用较少的字说明较多的内容,既能把道理摆清、事情说明,又不过于简单肤浅。如:

> 东汉医学家张仲景,河南南阳人,中医治疗学的奠基人之一。他在总结前人医学经验的基础上,结合自己的临床实践,写了《伤寒杂病论》十六卷,奠定了我国中医治疗学的基础,后人称之为医圣。

> 甲骨文作为成熟的文字,基本上反映了我国古文字的造字规则,即象形、形声、指事、会意、转注、假借的"六书"原则,以象形和指事为本源。甲骨文内容涉及广泛,有殷之世系、人物、征伐、农田耕作、主要农作物、天文气象及疾病等。

3. 逻辑化

博物馆里的陈列多是传播知识、宣传科学的立体教材,其内容所具有的科学性不容有半点差错,因此对它的表述要有逻辑性。

首先,讲解语言要准确无误。"语言作为人类交际、交流思想的工具,作为思想的表达形式,首先要求准确。""准确是基础,只有在准确的基础上,才谈得上简练和生动。"①准确,主要指对陈列内容表达准确,对人物、事件、文物评介恰当,不过分夸大,如对"第一"、"绝品"、"极品"或"最早"、"最大"、"最美"、"独一无二"、"举世无双"等词语的慎用。还有介绍人物、事件、文物的观点要正确或者起码带有普遍性,如对仰韶文化的认识,目前有母系说、父系说等说法,一般情况我们应当采取大多数人的说法。再如喻少柏《导游误导:博物馆不容忽视的问题》一文中所指:"《曾侯乙墓出土文物陈列》在海内外都有着较高的知名度,它的入口处展示着两块来自该墓葬的石板。……如果从这

---

① 北京师范大学中文系编:《写作基础知识》,北京:北京出版社1982年版。

些石头讲起,将是非常精彩的。遗憾的是,(旅行社)导游仅对着喇叭叫了一句'这是两块宝石,古代的皇帝就是用它做项链的!'风马牛不相及的讲解,令游人莫名惊诧。"①

其次,讲解语言要层次清晰、规范标准。对人物、事件、文物的介绍,要根据主题有层次地去讲,而不能一锅煮,语无伦次,前后重复颠倒。应做到主题鲜明突出,脉络清晰,环环相扣,层层深入,如抽丝剥笋,井然有序。

其三,讲解语言须规范标准。词句组合得当,合乎现代汉语的语法要求,避免错误、牵强附会的讲述,令观众听不明白。因此,在编写讲词的时候要认真推敲,从纷繁富丽的词汇海洋中,精选那些唯一的、完善的、最恰当的词语,准确地叙事、状物、表情、达意,再现事物的状貌,贴切地表达自己的本意。

4. 生动化

博物馆的各种陈列以其客观实在令观众信服,其本身所具有的真实和科学性,使撰写讲词不仅要口语化、简练化、逻辑化,还要生动化,防止语言枯燥呆板,味同嚼蜡,使观众感到索然无味。

第一,要恰到好处地穿插一些生动的描述和画龙点睛的议论、评述,这样会较好地引导观众去理解内容、欣赏内容、感受内容。如:

鸮尊,妇好墓出土。尊,是古代的酒器。鸮,俗称猫头鹰,商人将其奉之为战神,视其为克敌制胜消除兵灾之神灵。鸮尊采用鸮鸟站立的姿态,昂首挺胸,气宇轩昂,宛如一个骄傲的武士,更为巧妙的是,它站立的双足与下垂的尾部形成了一个三角形的支撑点,既可以稳定器身,又符合美学的标准,给人以简洁明快之感。鸮尊的装饰更是华丽无比,在通高仅有45厘米的器物之上,饰有羽纹、蛇纹、蝉纹、云雷纹等八种之多,从这些色彩神秘和夸张的立体造型中,我们看到了人类童年时期具有宗教意趣的审美观念,展示着商代青铜艺术特有的庄严狞厉的美。

第二,要讲究文学品位,注意用词的丰富多变。不要重复地去用一个词语,如介绍某件青铜器时用了"这件青铜器非常漂亮",而介绍某件瓷器时又同样用了"这件瓷器非常漂亮",就显得词汇贫乏。实际上形容某件东西漂亮的词语有不少,如"美观"、"雅致"、"好看"等等,应当根据文物的实际情况,

---

① 《中国文物报》2004年5月21日

恰当地变换词汇。同时要注重语言的优美、形象、趣味、新颖,引人入胜。形象的语言能很快将观众导入意境,给他们留下深刻的印象。恰当地运用比喻、比拟、夸张、象征等修辞手法,可使静止的文物转化为生动鲜活的画面,揭示出事物的内在美,使观众沉浸陶醉。如:"这件梅瓶莹润光滑、线条优美,就像一个亭亭玉立的少女,给人以美的感受。"

第三,要注意其音响和韵律,使讲解时便于发音,朗朗上口。如"向前进"就不及"向前方"的音响效果,因为"进"是闭口音,而"方"则是开口音,便于发音。

由于讲词在语言上有以上的特点,所以在编写或口述时有以下规律可循:第一,讲词要选择文明、友好和富有人情味的语言,使言之有情,让观众赏心悦耳、备感亲切温暖。第二,选择全民族共同语中的词汇。它和文学作品的语言不一样,一般不需要乡土味(民俗陈列除外)。因为它向观众宣讲的一种语言,需要让各地观众都能听懂。例如"馒头"一词,郑州将其称为"馍",河北有些地方叫"饽饽",在选词时,后两种不要用,而要用具有全民性的"馒头"一词。再如"红薯"一词,有"白薯"、"红苕"、"地瓜"等多种称谓,而选词时只能选择全民族共同语"红薯"一词。第三,一般要用顺装句,不用或少用倒装句,使语言通俗,同时也便于解说。例如,当年报纸报道焦裕禄事迹时有这么一句话:"吃别人嚼过的馍没味道——焦裕禄说。"这个倒装句用在报纸上没一点问题,但要用在口语中就有点别扭,应该把它改成顺装句。第四,句子宜短不宜长。所谓长句,就是指词语多、附加成分多、结构复杂的句子,反之就是短句。我们在编写讲词时,要养成化长句为短句的习惯,减少句子中的附加成分和多层结构,如减少多层定语或状语等,以便流畅通顺地表达内容。如"当时作为罢工信号的汽笛声此起彼伏响彻在一千多公里的京汉铁路线上"。这句话就太长了,不便于口头语言的表达,应当把它简练成"汽笛声响彻在一千多公里的京汉铁路线上"。第五,要善于转化书面语言为口头语言,如:"当时,佛教造像无论是面形、发饰还是衣着都具有典型的印度人和雅利安人的特征。"这句话明显是书面语言,在引用时可转化为"当时,佛教造像在面形、发饰、衣着方面,都具有典型的印度人和雅利安人的特征",使它成为利于口头表达的语言。

第二节 讲词的书写形式

讲词、导游词是一种特殊的文体,在书写时也有一定的特殊形式。根据目前编写讲词、导游词的体例,大概有三种书写形式:

一、并列对照式

并列对照式就是把讲词与陈列品并列对照书写。这种形式横向对照关系比较明显,便于把握主要展品,对初学者对照文物展品讲解很方便。陕西历史博物馆王建玲1995年编写的《陕西古代史陈列讲解稿》就属于这种形式。现摘录如下:

第一陈列室　　史前时期(约115万年~4000年)

序　言　　我们伟大的祖国是世界文明发达最早的国家之一,不仅有4000年以上的文明历史,而且通过地下出土的人类化石和文化遗存,可以把我国历史追溯到170万年以前的原始社会早期。

　　　　　原始社会的历史可以分为原始人群、母系氏族社会、父系氏族社会三个时期。

蓝田猿人　　蓝田猿人就属于原始人群阶段,生活在距今115万年以前,是目前发现的亚洲北部最早的直立人。说到蓝田猿人化石的发现,还可引出一些有趣的故事。那是1963年,中国科学院古脊椎动物与古人类研究所组成了一支考察团来到蓝田。有一天,他们向当地农民打听:"哪里有龙骨呢?""龙骨"也就是当地人对古动物化石的俗称,当地人指指远处的公王岭说:"那里就有。"果然,在那里发现了震惊世界的古人类化石。这一重大的考古发现,使蓝田这一偏僻甚至可以说是鲜为人知的小山村,在一夜之间成为举世瞩目的神圣之地。从此,这里闻名遐迩。这座红色小亭子就是蓝田猿人头盖骨化石的发现地。

蓝田猿人头像	蓝田猿人虽比北京人生存的年代要早得多，但他们有着共同的特点，那就是还没有完全从动物界分离出来，身上还带有许多猿人特征，如身材矮小，浑身长着细毛，前额低平，眉骨隆起……这一系列特征说明他与后来的人类有着很大区别，所以又称为"猿人"。
石　器	蓝田人生存的环境非常恶劣，他们使用的生产工具都是打制非常粗糙的石器。
尖状器砍砸器	这种带尖的石核叫尖状器，这种带韧缘适合砍、切的石器叫砍砸器。蓝田猿人就是利用这些石器来采集野果、挖掘植物根茎，捕捉鸟类、鱼类以及弱小的兽类来生存的，他们共同劳动、共同享用劳动成果，这就是最早的人类社会。
陶器的出现	陶器的出现是人类历史上划时代的标志之一，它标志着人类历史又向前迈进了一步。在陶器出现以前，人们可能是把黏土抹在筐篮上来打水，无意中把它放在火上烧，结果是筐篮烧毁了，黏土却变得很坚硬。人们从这偶然的现象中发现了利用黏土的可塑性来烧制陶器的方法，这样，陶器便诞生了，并一直伴随着人们的生活。
仰韶文化	原始社会有很长一段时间叫母系氏族社会。当时妇女在原始农业、制陶、采集等生产活动中占有主导地位，再加上当时婚姻关系不确定，人们只"知其母不知其父"，血缘关系是以母系来计算的，所以把这一时期称为"母系氏族时期"。西安半坡遗址是这一社会的典型代表。
半坡房屋	同学们也许都参观过半坡博物馆，看到了半坡先民们住的房屋。半坡人住的房屋有圆形和方形两种，早期以地下的坑壁作为墙壁。以后先民们发明了用土打墙，这在当时可称得上了不起的创造，这种用土和木头结合起来的房屋形式，就是中国古代建筑的基本形式。
尖底瓶	这是半坡人用来打水的尖底瓶。它在设计上有许多优越之处：第一，小口，水不容易洒出，便于远距离运水。第二，腹部凸出，使容量增大，可以储存更多的水。第三，因为当时狩

猎是重要的生活来源,而狩猎活动多在山区、坡地进行。先民们携带着装水的尖底瓶,很容易将瓶子直接插入泥土之中而不倾斜。所以,在半坡遗址中,尖底瓶的数量很多。瓶两侧的双耳不仅背水方便,并且倒水时尤其显得优越。倒水时,只需用一手提绳,一手将瓶底轻轻一抬,水即流出,十分省力。

陶罐、陶甑　　同学们,不要看这件夹砂陶罐其貌不扬,不如泥制陶器光滑漂亮,其实它大有妙处。由于陶土内掺了沙粒,使得器壁四周传热均匀,有膨胀余地,因而成为理想的炊具,其功用类似于今天的砂锅。这种底部开有许多小孔的陶甑与粗沙陶罐配套使用,可以蒸熟食物,这在六千多年前,不能不说是一项了不起的创造。陶甑的甑字,就是今天西安的早晨小吃甑(读jìn)糕的甑字,它们的道理一样,都是利用蒸汽蒸煮食物。

骨制品
骨针、渔钩　　这些骨制的骨针和鱼钩,是半坡先民用来缝衣服和捕鱼的工具。其精巧程度几乎可以同现代的金属制品相媲美,在当时的生产条件下,用石头磨制一枚带倒钩的渔钩,已经是十分困难了,而要在这小小的骨针上打出一个眼来,那就需要惊人的智慧和高超的技术。所以这是当时的尖端技术,这里同学们可以开动脑筋想想看,古代先民们是如何在这小小的骨针上打出眼来的。

让我们一起来仔细观察,原来半坡先民们是用石头尖小心翼翼地在骨针上两面对掏,直到挖穿,然后再把孔打磨光滑。做一枚骨针,一个熟练的成年人要好几天时间,而且稍不注意,就会崩裂,可见多么不容易啊!

二、前后照应式

前后照应式就是把陈列标题与讲词前后对应书写。这种形式前后对应关系比较明显,便于把握陈列的主要内容,对初学者理解陈列内容很有帮助。河南博物院的《河南古代文化之光》第三部分就属于这种形式。现摘录如下:

第三部分 兼容并蓄——两汉魏晋南北朝时期
一、庄园文化
两汉魏晋南北朝时期庄园经济大发展。地主在自己的庄园里从事农、林、牧、副、渔等多种经营,有的还从事商业和手工业,过着自给自足的庄园生活。在这种经济基础的影响下,随之出现的是庄园文化的发展。

1. 奇巧宏美的建筑

(实物)西汉陶庄园,淮阳出土。是目前发现较早的三进四合院式组建筑模型。陶庄园模型分前、中、后三进院,前院有马厩。中院是日常活动的区域,门房有门楼和角楼,用于瞭望和护卫;里边的主体建筑是一座两层庑殿式阁楼,下层是供主人宴会享乐、接待客人的场所,仔细观察可以看到堂内有小陶俑在奏乐宴饮。中院的左侧是一排仓房,从中院的侧门和堂内的后门可以进入后院。后院依次列有厨房、厕所和猪圈等。在院子的旁边还有用围墙圈起的田园,田园内有水井,通过沟畦自流灌溉。形象地反映了汉代地主的庄园生活情况,代表了中原汉代庭院建筑的水平。

中国古代不仅以庭院建筑著称,高层建筑也毫不逊色。这座高大的陶楼院从焦作汉墓出土,由主建筑、附属建筑、覆道和院落组成。主建筑高1.92米,共七层,各层彩绘几何图案;附属建筑高四层,为储藏粮食的仓楼。两楼之间通过一个长廊连接起来,这种长廊在汉代称"覆道",很像我们今天的过街楼或天桥。整个建筑雄伟壮观,错落有致,充分显示了汉代建筑的高超水平。

2. 生活情趣

(实物)汉代投壶,是当时的一种游艺工具,常用于饮酒中。投壶时两人对坐拿箭投壶,根据投中的多少判断输赢,输者罚酒。

(实物)汉代绿釉陶六博棋和俑。六博是汉代盛行的一种棋类活动,因博具中有六根箸,双方又各有六枚棋子而得名。对博时谁先将对方的枭棋吃掉,谁便获胜。

3. 舞乐百戏

两汉至南北朝时期由于中原和少数民族的大融合,促进了文化艺术的繁荣,舞乐和百戏兴盛发展。

百戏是多种表演艺术的总称,包括杂技、角抵、幻术、游艺等,大都源于民间,是汉代流行的主要表演艺术形式。(实物)两汉陶百戏俑群,后边是乐队,前边的演员正在做各种表演,有的似在表演武术,中间一位在表演倒立。现代杂技中没有倒立的单项表演,而汉代百戏中却很流行倒立,并且花样繁多。

(实物)东汉戏车画像砖,新野县出土。它描绘了汉代飞车连索的杂技表演艺术,类似今天的走钢丝。在奔驰的两轮戏车之间有一斜索相连,一位艺人正沿索自下向上行走,场面令人惊心动魄。

(实物)七盘舞画像砖,南阳出土。七盘舞也叫盘舞,是汉魏时期著名的宫廷舞蹈。舞者多为细腰女性,身着长袖,在倒扣着的盘上或鼓上随着节奏踏跳起舞,做出各种造型,动作轻捷灵巧,舞姿优美动人。

(实物)黄釉瓷扁壶,1971年安阳北齐范粹墓葬中出土。壶为扁圆体,颈部饰有连珠纹;双肩的两侧各有一圆孔,用于系挂。其造型及使用方法颇似游牧民族的皮囊。壶腹的两面均有相同的乐舞图,图中有表演者五人。中间一人身着窄袖长衫,正抬臂、耸肩、斜腰扭胯、腾踏起舞于莲花器座之上,舞姿风趣、俏皮,颇具异域风情;其余的四人站立两侧,分别手持琵琶、横笛、铙钹,一人空手,挥舞着双臂,仿佛是乐队指挥,四人正神情专注地为舞者伴奏。五人均高鼻深目,身着胡人服装,似在表演由西域传入中原的胡腾舞,生动地反映了当时各民族文化的交流。

二、艺苑典范

两汉魏晋南北朝时期的绘画、造型及书法艺术达到了全新的境界,以自由洒脱的形象再现了当时的艺苑风范。

1. 绘画造型艺术

这时期的绘画艺术达到了一个新的水平,线条流畅,色彩鲜艳,主要体现在壁画上。

(实物)汉代升仙图壁画,发现于永城芒砀山西汉梁王墓顶。上面用红、黑、白等色彩绘制着青龙、白虎、朱雀、虬龙四神图。四神是古代人想象的四种崇拜物,在这里代表升仙工具。壁画南北长5.22米,东西宽3.23米,线条流畅,气势恢宏,是目前发现较大的壁画,也是目前发现较少的西汉壁画。

2. 造型艺术

两汉时期的雕塑造型比例协调，朴拙传神，许多珍品都达到了写实与夸张、造型与装饰的和谐统一。

（实物）石辟邪，古代贵族陵墓前的神兽之一，正如它的名字一样，在墓前起着辟邪的作用。许昌出土的这件汉代石辟邪，雕刻得形体硕大饱满，显示出强大的力感，矫健而凶猛，使人望而生畏。

（实物）这件汉代雕塑，所代表的是南阳红陶狗，被塑造得双目圆睁，似乎发现了什么情况，正在张嘴狂吠，一副凶相。它的颈部和头部塑造得较大，而身子和腿则塑造较小，显得比例失调，五官刻画得也不够准确，但却充分表现了它忠于主人、看家护院的神态。这正是汉代艺术不追求形似，而追求神似的特点。汉人喜欢狗，生前以狗爱家护院，死后又将狗做成模型放到墓道处看守墓葬。

（实物）五凤铜薰炉，汉代的薰香用具。它采用展翅开屏的大凤凰做炉体，在它的双翅、尾部和胸部又装饰四个小凤凰，更为它增添了几分华贵。巧妙的是它的双翅可打开添放香料，缕缕香烟通过双翅的透空羽纹袅袅飘散，别有一番情趣。

（实物）盘龙石砚，汉代研墨用具，分砚座和砚盖两部分。砚座外沿阴刻纪年铭文一周，是目前发现有明确年代的石砚。砚盖采用高浮雕制成六龙戏珠图案，巧妙地组成盖钮。整个石砚采用了高浮雕、浅浮雕、阴刻、阳刻、透雕等多种雕刻技艺，绘制了波浪、莲瓣、游龙、水兽等图案，雕刻精美，构思巧妙，代表了古代高超的雕刻水平，是一件不可多得的文房珍品。

3. 书法艺术

这时期的书法艺术蓬勃发展，出现并流行隶书和魏碑体，许多书法作品都是后世学习的范本。（实物）东汉袁安碑，记载了东汉司徒袁安的生平简历，为小篆字体。它既有秦篆基础又有隶书特点，字体舒展，苍劲有力，是难得的小篆体书法珍品。

三、一般文章式

一般文章式就是一般文章的书写形式。这种形式书写看起来比较方便，但与陈列的对照关系不甚明了。河南博物院《河南石刻艺术展览讲词》就属于此类。现摘录如下：

　　石刻艺术是中华民族艺术宝库中的重要组成部分，或圆雕，或浮雕，或刻文记事，或塑造形象，内容丰富多彩，包罗万象。中原大地石刻艺术品浩如烟海，深沉雄大的汉画像石刻、庄严肃穆的陵墓仪仗、琳琅满目的碑志刻石等，无不凝聚着民族气质和时代精神，特别是那些失去宗教职能的佛教造像，以惟妙惟肖的佛国众相来感惑编织世人的彼岸幻梦，留给人们无尽的艺术享受，显示着古代艺术家鬼斧神工般的技艺和超凡的审美情趣。

　　河南博物院石刻艺术展是在众多的石刻艺术品中遴选出的104件造型优美，且具有较高艺术价值和欣赏价值的石刻精品，从一个侧面反映了河南古代石刻艺术的辉煌成就。展览按照类别分为陵墓石雕佛教造像、汉画像石刻、碑刻墓志四部分展出。

　　汉画像石刻

　　汉代画像是用来建造墓穴或祠堂的建筑构件，它是汉代厚葬之风和道家升仙思想的产物。汉代艺匠们以石作纸，以刀代笔，采用多种雕刻技法，刻出寓意深远、包罗万象的历史画卷。汉代画像生动传神，线条简洁刚健，古拙稚朴的意趣显示出力量、运动和气势之美，体现出封建社会上升时期朝气蓬勃的时代风貌。

　　汉代画像艺术品主要分布于河南、江苏、山东、四川等地区。河南地处中原，汉画艺术有着浓郁的地域和时代特征，汉画在河南分布较广，以河南南阳和商丘地区的汉画像石最具代表性。

　　首先我们来欣赏南阳地区的汉画像石。南阳是汉画像石出土最多的地区，汉画艺术成就也是无与伦比的。南阳汉画像石艺术题材较为广泛，有远古神话、历史故事、天文星象、祥禽瑞兽等，多采用浅浮雕的技法，利用形体的透视和层次形成的明暗关系，显示出体积感，具有平稳缓和、循序渐进和戏剧性的感觉，比较适合表现人物众多的场面和飞动奔驰的场面。

百戏宴饮、车骑出行画像：这幅画像分层构图，内容和题材较为密集，上层描绘的是贵族百戏宴饮的场景，画面右侧有一圆形案子，案子上有七个小碗，一人正举杯敬酒，一人则拱手相让，左侧是一幅歌舞场面。下层描绘了贵族车骑出行，前呼后拥的场面，整幅画面生动地体现出汉代贵族奢侈的生活场景。它不仅构图规整，而且内容充实，人物形象鲜明，具有浓郁的生活气息。

南阳汉画题材广泛，除表现社会生活，更有天文星象、神话传说、祥禽瑞兽等题材。龙与凤是中国传统文化的代表，关于它的神话典故更是比比皆是，龙凤呈祥已成为人们传诵的佳话，这就是一幅线刻龙凤呈祥图，出现于墓葬中。

河伯出行图：画像中河伯坐于车上，车夫挽绳驾四鱼前行，左右有二鱼护驾，下有云气围绕，仿佛出行至天境。河伯为神话传说中的水神，河伯娶妻的故事人人皆知，这幅画面表达了人们乞求风调雨顺、天下太平的美好愿望。

日月同辉画像：天文星象图在南阳汉画像中发现较多，更成为南阳汉画的一大特色，这是一幅日月同辉画像石，画像左侧刻有一背负日轮的阳乌，象征太阳，右侧刻有象征月亮的蟾蜍，在日月两侧刻有星云连接，象征宇宙天空，这一太阳与月亮同时出现的现象，古人和我们今天的理解是完全一样的，因而称之为日月同辉，可见汉代的天文学也是极为发达的。

田猎画像：汉代贵族生活奢侈，上至天子，下至贵族豪强，田猎成风，成为汉代贵族特殊的娱乐形式。画像中山峰连绵，一人纵犬追捕一兔，两只猎犬飞跃在山峰之间，穷追不舍，一犬飞奔在前拦截去路，以弧状的身躯表现出急转弯时刹那间的动势，中间一犬张口、瞪眼、竖耳，仿佛要将兔子一口吞下，后边一犬前腿弯曲，后腿猛蹬，表现出刚从主人手中放出时飞奔的瞬间动作，充满了速度与力量，具有绝妙的艺术效果。

二桃杀三士画像：反映的是儒家"忠义"思想的故事。春秋时期，齐国大臣晏子设计将两只桃子，赏赐给三位勇士，因桃少人多，三位勇士最终宁为义亡不为利生，先后自杀身亡。画面以粗放的线条，简洁遒劲的刀法，着力刻画出三位勇士魁梧的身材，撩须瞪眼的神态，突出表现了三人的性格特点。

嫦羲捧月：汉画中有许多关于月亮的优美神话。由于不能用科学的观点对月亮的阴虚圆缺进行解释，于是便产生了一系列的动人想象，嫦羲主月便是其中最动人的篇章。画面中的嫦羲人首蛇身，双手捧月，月中有象征月亮的蟾蜍，嫦羲在云气和星宿的环绕下，轻盈地飞翔于空中。传说嫦羲是帝誉的妻子，她生了十二个月亮，被誉为月亮之母。

鼓舞画像：健鼓舞是汉代独具特征的表演艺术。画像中有一大鼓，上饰羽葆飘扬，下有虎形鼓座，两位表演者手执鼓槌，举臂跃足，且边鼓边舞；中间一人一手摇鼗鼓，一手吹排箫伴奏，一名女子腰细如线，踏着乐曲，甩着长袖，翩翩起舞，舞态飘逸，婀娜多姿。看着这矫健奋发的表演场面，和着那强健有力的鼓声，让我们感受到汉代那催人奋进的时代风貌和多姿多彩的文化生活。

鹿车升仙图：这是一幅美妙的升仙图。汉人在临终前渴望死后升天成仙，便创造了这幅画面来寄托情感，鹿是古人极为推崇的一种瑞兽，既温顺又能长寿，是吉祥瑞气的象征，也是得道升天的工具。画像中一辆鹿车，正行进在云气中，车上有两人，前边一人为车夫，后边一人是主人，车夫手挽缰绳，驾驭两只仙鹿，车后有一只尾随的仙鹿以及两个羽化升仙之人，整幅画面被云气所笼罩，烘托了仙鹿穿云破雾，引魂升天的气氛。

这是两扇建造墓穴的石门，在门两侧还为大家展出了羿射十日及蹶张画像，不论是恭敬虔诚的门吏、还是勇猛善射的后羿以及拉弓镇墓的蹶张，都极具南阳汉画不刻意追求形似而突出神韵的艺术魅力，其简洁刚健的线条，古拙稚朴的意趣，令人回味无穷。

角抵斗兽画像：斗兽之风在汉代是极为流行的，它已成为汉代贵族重要娱乐方式之一，更是古代文化的沿袭。从汉画中可考证汉人斗兽和角抵戏的种类是多种多样，双人、三人角斗，人兽、兽与兽相斗等，这类题材也是汉代画像中的重要组成部分。

第三节　讲词的编写

一、编写步骤

1. 掌握编写讲词的各种材料

首先要掌握所讲内容的直接材料,如讲一件文物就要掌握它的名称、年代、来源、质地、尺寸大小、造型、纹饰及主要价值等。其次要掌握与其相关的间接材料,如此类文物产生的背景、发展历史和有关文献资料等。另外还要掌握新的研究成果,如近期有关书籍报刊对它的宣传介绍、有关专家学者对它的论述等,并加以分析比较,甚至得出新的结论。

2. 确定主题

事物往往是复杂的,编写讲词的内容也是多方面的,这就需要有一根看不见的主线贯穿着它们,而不是东拉西扯胡子眉毛一把抓,显得零碎散乱,不知道到底要表达什么,这就需要先确定一个或两个主题。

主题又叫主题思想,它是贯穿整个作品的中心思想,也是编写讲词最后要达到的目的。大家常说的某件艺术品揭示了什么问题,表达了什么思想,就是指主题思想。题材是经过选择、提炼、集中的素材,是构成作品内容的基本材料。题材一定要有典型性,既具有鲜明突出的个性特征,又具有高度的概括性。题材和主题虽然都很重要,但有主次之分。主题是讲词的主导因素,题材是从属于主题的,为表达主题服务的。主题是讲词的灵魂,在编写讲词中起着统帅作用;而题材、结构和艺术语言等,都是为表达主题思想服务的。

主题思想是构成讲词内容的基本因素,往往隐藏在题材之中,一般情况下不是那么一看便知的,需要经过一番由表及里的深入分析。它不是用抽象的概念说出来的,而是与具体的题材结合在一起,渗透在题材之中。那么,怎样确定主题呢? 一是根据陈列展览需要说明的主旨和目的,可以说讲词的主题与该陈列展览的主题是一致的。二是根据事物的特有属性,即陈列展览所能反映的问题,不是靠杜撰和编造的,而是事物的本来面貌和客观规律。如一件文物的实际意义和存在价值及其所反映的问题等。河南博物院的《河南古代文化之光》陈列展览的主题,就是通过河南古代历史文化最闪光之处来歌颂河南古代文化的悠久灿烂以及在中国历史上所具有的重要地位的,所以在编写这个陈列展览的讲词时,就要根据这一主题来编写。

3. 划分段落,合理安排顺序

讲词的说明顺序是根据陈列展览的结构来定的,如前文所说在部分和层次上与陈列一样,没有选择的余地,只能在段落上有所伸展。一般说在不悖于陈列展览结构的前提下,可以用以下几个方法确定段落,进行说明顺序的安排。

(1)以时间为顺序。按照事物的先后顺序进行介绍,适合介绍人物、事件和文物类的内容。

(2)以空间为顺序。按照上下、左右、里外等顺序进行介绍,适合介绍遗址、纪念物、古建筑类的内容。

(3)以关系为顺序。即按照事物发展的逻辑关系,如并列、主次、递进、因果、工序、工艺流程、纲目、类别、大小等关系进行说明。

4. 选取材料,贯穿融合

编写讲词要紧紧围绕主题,从所准备的材料中挑选必需的材料,按照已确定的某种说明顺序,贯穿融合成文。

5. 修饰润色,推敲修改

增加过渡句、段,通顺、简练句子,确定开头和结尾,修饰润色语言等,并反复修改讲词。修改讲词,仅看词不行,还要自己读词进行感受,然后再通过听别人讲解来发现问题,进行推敲、修改和提高,并且要反复多次,才可能编写出优秀的讲词。

二、编写讲词应注意的问题

1. 不要把讲词等同于版面词和陈列大纲

讲词、版面词、陈列大纲三者之间有一定的内在联系,有许多相同的地方,尤其是版面词和讲词之间。他们所反映和表现的主体相同,又选用相同的文物、辅助展品和史料,在编写时基本采用相同的文体和表现手法。但它们毕竟不是同一概念,陈列大纲是陈列的思想、计划和纲目,相当于陈列的脚本,是布置陈列的依据;版面词是对某一文物、照片或对某部分陈列内容的说明,由陈列大纲而来,是陈列中大、小说明牌的依据;讲词是对全部陈列内容的融合、连贯和画龙点睛,是讲解的依据,它必须以陈列大纲为基础。另外,陈列大纲包括的范围较大,它一般内含着版面词和讲词,它是靠大量的内容和丰富的材料来说明问题的;而讲词和版面词内容则不可能太多,要突出重点,少而精地说明问题。再者,讲词虽是书面语言,但必须口语化,陈列大纲和版面词则不要求这一点。在很多时候,由于讲词和版面词更为接近,往往更容易将二者等同。版面词一般各自都有相对独立性,限于版面,在说明某一事物时,版面词比讲词更为概括和简练,一般要求100至200字,比较表象和直观。如说明某件文物,仅说明其时代、作用和主要艺术特征等。讲词除直观地说明外,还要揭示某些外观上不易察觉的内涵,弥补视觉材料之不足,其内容有一定的连贯性、系统性和深入性。

2. 不要混同于一般的口语讲解

讲词虽要求口语化,但毕竟还是书面语言,还要具备一般书面语言的特点,与一般的口语讲解还是有一定的区别的。口语讲解是讲解员以讲词为依据的再创作,或繁简或深浅,它比讲词更口语化,允许缺主语、宾语等不完全句式的出现,关联词语也比讲词相对少。由于口语讲解多数是即兴语言,并会有重复或词不达意等毛病出现。这就要求我们编写讲词时不能把可以说的就原样写入讲词,而需要锤炼和转化,否则会显得过于大白话。讲词要比口语词稍雅一些,逻辑性严密一些,要有一些必要的关联词语,语法要求要严格,一般不允许不完全句式出现,口语中的"这个"、"那个"或"这是"、"那是"在讲词中不能多见。

3. 不能混同于一般的宣传品

一般宣传品如简介、图录等,文字水平要求较高,比较讲究句、词的锤炼,尽管也要求明了通俗,但更要求简练,因而有时也沿用一些文言文,比讲词更文雅。而讲词需一次性听懂,要求必须通俗而不能深奥,一般不能用文言文;尽管讲词也要简练,但其程度不及宣传品。另外,讲词比一般宣传品要注重连贯性和流畅性。

三、讲词编写举例

以编写河南博物院文物武则天金简为例。

1. 掌握编写武则天金简讲词的各种材料

直接材料：

(1) 金简基本情况。金简为竖长方形，长 36.3 厘米，宽 8.2 厘米，重 247 克，黄金纯度在 96% 以上。金简上镌刻双钩铭文 3 行 63 字，曰："上言：大周囻主武曌，好乐真道，长生神仙，谨诣中岳嵩高山门，投金简一通，乞三官、九府除武曌罪名……"

(2) 铭文的有关情况。"上"当然是指女皇武则天了，"囻"则通"国"字，"曌"字取日月当空之意，是武则天的名字。道家称天、地、水为"三官"，"九府"泛指各方神仙洞府。武则天是我国历史上空前绝后的女皇帝，她标新立异，除了改变唐代的典章文物制度外，还创造了二三十个武周字在全国使用，将原有的部分汉字复杂化甚至篆化了，金简铭文中的"囻"、"曌"就是其中的两个字。武则天去世后，她造的那些字被历史淘汰。所以，今天的考古学家看到金简上那些怪诞的字，就能断定那是武则天当政时的文物。这通金简反映了上述一些历史事实，为今人研究唐代社会风貌、一窥女皇武则天独特的个性和内心世界，提供了极其珍贵的实物资料。

(3) 发现经过。1982 年 5 月，登封县唐庄公社一个名叫屈西怀的小伙子，奉上级之命在嵩山太室山主峰峻极峰一带植树造林。收工之后，屈西怀看天色尚早，就约伙伴们一起在山上玩滚石头游戏。当屈西怀使劲抠下一块一方左右的巨石时，一张明晃晃的"纸片"从石缝中露了出来。屈西怀拿起"纸片"顺势在胳膊上一擦，"纸片"上的尘土纷纷洒落，露出它光彩夺目真实的一面。尽管那金灿灿的东西晃得屈西怀睁不开眼睛，但他没敢把这像"拾荒"一样被捡起来的东西当作金子，更无法把它和流传千古、声名赫赫的武则天联系在一起，只当捡了片铜块回家。在文物贩子出高价向他收购时，他才意识到这是块宝。几经权衡，屈西怀决定把东西上交登封市政府，登封市政府又将它交给了河南博物院。

(4) 根据金简铭文等，专家定名为"武则天除罪金简"。

间接材料：

(1) 皇帝投简祈求神仙佑护，多年来时有发现。1928 年泰安蒿里山曾发现过唐玄宗封泰山的玉简，上刻"开元十三年李隆基"的名字。在杭州先后发现过五代吴越王钱氏和北宋徽宗祭西湖水神时，分别投放的银简和玉简。虽时间、地点及投放者不同，但目的都一致。而这次发现的唯一的女皇"武则天除罪金简"更是罕世之珍。

（2）位于中原大地河南登封境内的中岳嵩山，因位居"天下之中"，而颇受历代帝王的青睐，因此，登封也就成了古代帝王常常涉足之地。自汉武帝刘彻嵩山封禅之后，中岳嵩山一度沉寂了几百年。直到公元696年的腊月，武则天以中国第一位女性帝王的身份前往嵩山。这一年，她已是73岁的古稀老人。本是严冬季节，呵气成冰，嵩山上下却是一片锦绣。每到险处，武则天就下轿步行，一览嵩岳美景……为了纪念登封中岳这一盛大典礼，武则天遂将年号改为"万岁登封元年"，并传旨改嵩阳县为登封县，改阳城县为告成县，取"登封告成"之意。可见当时一代女皇的春风得意、威风八面。四年之后，七十有七的武则天再次驾临嵩山，在嵩山玉女台下的平洛涧石淙河旁边大宴群臣。不料，在这次登封嵩山会饮之后，古稀之年的武则天忽然患了一场重病。不久，武则天的病奇迹般地陡然转好，她非常高兴，认为是登封嵩山的保佑，立即大赦天下。七月七日，又特派太监胡超带上金简，前往中岳山祭祀祈福，向三官、九府禀告来意，并在"进山门时投下金简，目的是为自己消灾除罪"。

2. 确定主题，表现武则天金简的价值

3. 划分段落，合理安排顺序

按照人们认识文物的逻辑关系安排说明顺序，先写武则天金简的概况，再写武则天金简的发现经过，最后写武则天金简的价值。

4. 选取材料，贯穿融合

根据主题，将第一步选出的武则天金简的直接和间接材料筛选出来，按照先后顺序排列，初步贯穿融合如下：

金简为竖长方形，长36.3厘米，宽8.2厘米，重247克，黄金纯度在96%以上。金简上镌刻双钩铭文3行63字，曰："上言：大周圀主武瞾，好乐真道，长生神仙，谨诣中岳嵩高山门，投金简一通，乞三官、九府除武瞾罪名……"

"上"指女皇武则天，"圀"则通"国"字，"瞾"字取日月当空之意，是武则天的名字。"三官"、"九府"泛指各方神仙。武则天是我国历史上空前绝后的女皇帝，她标新立异，除了改变唐代的典章文物制度外，还创造了二三十个武周字在全国使用，将原有的部分汉字复杂化甚至篆化了，金简铭文中的"圀"、"瞾"就是其中的两个字。武则天去世后，她造的那些字从此被历史淘汰。所以，今天的考古学家看到金简上那些怪诞的字，就能断定那是武则天当政时的文物。

1982年5月,登封县唐庄公社一个名叫屈西怀的小伙子,奉上级之命在嵩山太室山主峰峻极峰一带植树造林。收工之后,屈西怀看天色尚早,就约伙伴们一起在山上玩滚石头游戏,发现了这块金简,上交给登封市政府,登封市政府又将它交给了河南博物院。

位于中原大地河南登封境内的中岳嵩山,因位居"天下之中",而颇受历代帝王的青睐,因此,登封也就成了古代帝王常常涉足之地。公元700年,七十有七的武则天再次驾临嵩山,在嵩山玉女台下的平洛涧石淙河旁边大宴群臣。不料,在这次登封嵩山会饮之后,古稀之年的武则天忽然患了一场重病。不久,武则天的病竟奇迹般地陡然转好,她非常高兴,认为是登封嵩山的保佑,立即大赦天下。七月七日,又特派太监胡超带上金简,前往中岳山祭祀祈福,向三官、九府禀告来意,并在"进山门时投下金简,目的是为自己消灾除罪"。

皇帝投简祈求神仙佑护,多年来时有发现,但投放的多是银简和玉简,而这次发现的是金简,为今人研究唐代社会风貌、一窥女皇武则天独特的个性和内心世界,提供了极其珍贵的实物资料。

5. 修饰润色,推敲修改

将贯穿融合后的武则天金简初稿,进行修改,增加必要的过渡句、词,简练语句,美化润色,成文如下:

1982年5月,登封县农民屈西怀,在嵩山峻极峰发现武则天金简,上缴国家。金简为竖长方形,长36.3厘米,宽8.2厘米,重247克,黄金纯度在96%以上。上面镌刻双钩铭文3行63字:"上言:大周圀主武曌,好乐真道,长生神仙,谨诣中岳嵩高山门,投金简一通,乞三官、九府除武曌罪名……"在这里"上"指女皇武则天,"圀"则通"国"字,"曌"字取日月当空之意,是武则天的名字。武则天标新立异,曾创造了二三十个字在全国使用,这两个字便是武则天创造的文字。文中的"三官"、"九府"泛指各方神仙。

位于中原大地河南登封境内的中岳嵩山,因位居"天下之中",成了古代帝王封禅之地。公元700年,77岁高龄的武则天再次驾临嵩山,在石淙河旁大宴群臣。不料会饮之后,武则天得了一场重病,不久又奇迹般地好转。她认为是登封嵩山的保佑,立即大赦天下。这年七月七日,又特派太监胡超带上金简,前往中岳嵩山祭祀祈福,进山门时投下这通金简。

皇帝投简祈求神仙护佑,多年来时有发现,但都是银简和玉简,而这次发现的是唯一的一通金简,它为研究唐代社会风貌、了解女皇武则天独特的个性和内心世界,提供了极其珍贵的实物资料,可谓稀世珍宝。

附:讲词欣赏(节选)

秦始皇陵兵马俑博物馆导游词[①]

秦兵马俑博物馆于1979年10月1日开馆至今,已有为数众多国家的党政首脑来参观过这个博物馆,更有数以百万计的中外游客不远千里来参观这个人类奇迹。法国总统希拉克曾留言说过:"世界上原有七大奇迹,秦兵马俑的发现,可以说是第八大奇迹了。不看金字塔,不算真正到过埃及;不看秦俑,不算真正到过中国。"美国前副总统蒙代尔也说:"这是真正的奇迹。全世界人民都应该到这里看一看。"从这些高度凝练的话语中,我们不难看出秦俑的历史价值及艺术价值。

谈起秦兵马俑,必须先介绍一下嬴政。公元前259年,一代伟人嬴政诞生了。13岁时,其父死后,他继承了王位。按照秦国惯例,国王在22岁举行过"加冕礼"以后,才可以亲自执政。当时,秦国的大权仍掌握在太后、相国吕不韦、宦官嫪毐(lào ǎi)手中。公元前238年,22岁的嬴政去故都雍城蕲年宫举行加冕礼。嫪毐在从蕲年宫回咸阳的路上埋下伏兵,准备将嬴政杀死。当嬴政察觉此事后,凭优势兵力打败嫪毐,将其生擒并车裂致死。嬴政亲政以后,又放逐吕不韦。吕不韦后来饮毒酒自毙。这样,嬴政顺利地消灭了政权内部的两大敌对势力,巩固了自身的地位。

为了进一步巩固君主权力,嬴政选用了一批精明强干的文臣武将,如掌握军事的尉缭、掌管国柄的李斯。接着,嬴政制定了远交近攻、离间外敌、各个击破的战略方针,开始统一中国,结束了春秋战国以来长达五百多年各诸侯国割据称雄的混乱局面。从公元前230年到公元前221年,在不到十年的时间里,

---

① 摘自中国酒店人才网《旅游之窗》。

秦国灭亡了六国，终于完成了统一大业，建立了第一个中央集权的封建国家，为封建社会经济、政治、思想文化的迅速发展奠定了基础。这又一次显示了嬴政的雄才大略。嬴政称自己为始皇帝，因为他希望他的子孙后代能把他所创立的政权千代万代传下去。为此，他整顿了官僚制度。第一，从中央到地方的官吏全由他亲自任免。第二，废除分封制，推行郡县制。第三，统一了法律、文字、货币、度量衡等。这些措施极大地推动了封建社会政治、经济、文化的发展。另外，他还征用劳役，广修驰道，使各地交通便利，以利经济文化的交流。他将战国时期秦、赵、燕三国修筑的长城连在一起后，又加以扩展，形成了西起甘肃临洮，东到辽东的万里长城，有效地遏制了北方游牧部族对秦朝的骚扰。中国皇帝大都为自己营造巨大而豪华的陵墓。在这一点上，秦始皇也不例外。在他13岁刚即位时，就下令为其修建陵墓。这座原高120米、周长2000多米的巨大陵丘，虽经风雨侵蚀和人为破坏，现在仍有76米之高、周长400多米。

秦始皇的陵寝如同一座庞大的地下宫殿，真可谓是一座地下"福地天堂"。墓室屋顶有天文星宿图，是由各种熠熠生辉的珠宝构成的，下边有五岳、九州以及由机械驱动水银构成的江河湖海。另外，还设有让百官朝拜秦始皇的大殿。为防止盗贼，每座墓门上都安有自动发射的弓箭。整个陵墓可以说是一个金碧辉煌、固若金汤的地下王宫。秦始皇把生前所享受的一切也搬到了地下，供他在另一个世界继续享用。他连那些为他伴驾不曾生育的宫女，以及辛勤修建地下陵寝的工匠们都不放过，下令在他死时，将这些人统统活埋，为的是不让宫女外嫁他人，不让陵寝内的秘密泄露。

现在，我们面对的是秦俑馆一号坑，坑里就是号称"世界第八大奇迹"的秦兵马俑。面对威武整齐的庞大军阵，你们的脑子里一定会闪现出如下问题：这些秦俑是怎么发现的？为什么他们的相貌各异？为什么要制作这些俑？1、2、3号坑里共有多少俑等等。好，现在我就一一回答大家的这些问题。

这些俑是1974年3月西杨村农民们在打井的过程中发现的。据村里的老人讲，早在明朝，就有人在这里发现了秦俑。有一天，住在村里的难民在村外空地上打了一口井，井水清澈，甚是喜人，可是第二天他们却发现井底的水不见了。他们中胆大的腰系绳子，下去查看。不一会儿，井里传来惊叫声，上面的人赶紧把井里的人拉上来。这人说，他看见一个站立着的、身穿盔甲的怪物，伸手要抓他。……听者都非常害怕，想赶快用土回填那口井。但他们最终决定报告文物部门。

经过考古专家们的勘探、鉴定,秦俑馆内的1、2、3号坑被确认为秦始皇陵的陪葬坑。从1974年到1979年,经过5年的艰苦努力,在1号坑遗址上矗立起一座气势宏伟、结构科学的建筑物。这就是1979年10月对国内外游客开放的秦兵马俑1号坑。3号坑在1989年9月27日——世界旅游日对外开放。现在,在2号坑的遗址上,一座大理石建筑又落成了,它于1994年11月开始接待游客。从此,3个俑坑全都被保护在建筑物里,不再经受日晒雨淋。在供游人观看、怀古的同时,考古工作者们还在这里继续发掘整理兵马俑。

经测量,1号坑东西长330米,南北宽62米,面积4260平方米。俑坑的最东端是3排面向东的武士,每排7个,共210个俑。他们是部队的前锋。前锋部队的后面为部队的主体,他们被排成38路纵队,站在11个坑道里。每个坑道都是青砖铺地,坑道内侧的两边,每隔2米就有1根立柱。这些立柱支撑着木质屋顶,屋顶上是织成"人"字形的纹席,席上是土。整个坑道距地表5米深。另外,在坑道的南、北、西三面备有一列面向外的武士,他们分别是部队的右翼、左翼和后卫。现在,1号坑已出土1000多件陶俑。根据推测,全部发掘完后,仅1号坑就将出土6000多个兵马俑。

这里是1994年11月开放的2号坑。它是由车兵、骑兵和步兵构成的曲尺形方阵。估计可出土兵俑1000多个,车马和鞍马500多匹。2号坑占地6000平方米。它东面突出部分为一个小方阵,由6334个弩兵俑组成。2号坑南部为64乘战车组成方阵,每排有8辆战车,共8排;中部为19辆战车和随车徒手兵俑;北部是战车和骑兵。北部是由战车6乘、鞍马和骑兵各124件组成的骑兵阵。

现在,我们来到了3号坑,它位于2号坑西边25米处。这个坑是1976年发现的。它呈凹字形,占地520平方米。在3号坑里,考古专家们只发现1辆战车和64件武士俑。它们两两相对站立,手握仪卫兵器。大多数考古专家认为,从这个坑里武士的排列方式和手中所握的兵器,以及该坑与秦陵的位置来判断,3号坑是整个军阵的指挥部。这些俑相貌各异:有的沉稳刚毅,有的英勇果敢,有的慈善含笑。可谓栩栩如生,神情各异。因为,它们全是根据秦始皇御林军中的将士们制作的,因此,在八千"地下御林军"中,你绝对找不到两个相貌、形体相同的俑。他们最重的有300多公斤,最轻的也有100多公斤,身高从1.7米到1.9米不等。如果大家仔细观看,不难分辨出兵俑中哪些是陕西人,哪些是四川人,哪些是甘肃东部人,这从他们的胡须梳理方式和长相即可看出。我们很多人在电影中都见过日本人的"仁丹须",其实,秦俑中就有蓄仁丹胡的,可见,这并不是日本人的发明,早在2000多年前,中国就有人留这种胡须了。

半坡遗址讲词①

半坡遗址位于西安市以东,是一个典型的母系氏族公社村落遗址,属于仰韶文化时期。这类遗存仅在黄河流域的关中地区就发现了四百多处,因此,黄河流域素有中国古代文化发源地之美称。

半坡遗址是1953年春在灞桥火力发电厂施工中偶然发现的。现存面积约5万平方米,分居住区、制陶区和墓葬区3个部分。发掘面积为1万平方米,共发现房屋遗址46座,圈栏2座,储藏物品的地窖200多个,成人墓葬174座,小孩瓮棺葬73座,烧陶窑址6座,以及大量生产工具和生活用品。它向我们生动地展现了6000多年前处于母系氏族社会繁荣时期的半坡先民们的生产与生活情景。

1958年,在考古发掘的基础上建立了我国第一座遗址性博物馆——半坡博物馆。半坡博物馆现有2个陈列室和1个遗址大厅。第一展室主要展出在半坡遗址发现的生产工具,有石器、渔具、纺轮、骨针、渔钩、渔叉等,我们可以由此了解半坡人生产活动的各种场面。第二展室展出的文物反映出半坡人的社会生活、文化艺术和各种发明创造。

人面鱼纹陶盆是半坡彩陶画的典型作品,它生动形象地反映了半坡人丰富的艺术想象力。盆中人面鱼纹线条明快,人头像的头顶有三角形的发髻,两嘴角边各衔一条小鱼。此图反映了半坡人和鱼之间的密切关系和特殊的感情,可能是半坡氏族崇奉的图腾。

尖底瓶是半坡出土的最具特点的陶器之一。它是巧妙运用重心原理的一种汲水器。具体方法是在瓶的双耳上系上绳子,由于水的浮力,瓶子一接触水

---

① 摘自中国酒店人才网《旅游之窗》。

面就自动倾斜,灌满水后又因为重心移动而自然竖起。用它盛水还有两大特点,一是便于手提与肩背,二是口小,灌满水后从河边到居住区的路上水不容易漫出。

先民们通过长期的实践发现水蒸气可以熟食,于是制作了陶甑,这是人类历史上最早利用蒸汽的范例。

半坡小孩实行瓮棺葬。小孩死后,大人先在房屋附近地上挖个坑,放个大陶瓮或罐,把小孩尸体放在里面,上面盖个陶钵或陶盆,并在当中凿个洞,可能是供死者灵魂出入的通道。较大的孩子则用两个陶瓮对起来埋。孩子埋葬在房屋附近,这充分表达了父母对子女的眷恋之情。半坡出土的小孩瓮棺共有73个。由于当时自然条件很差,人们的生活十分艰苦,加之疾病流行,小孩死亡率很高。

河南博物院楚国青铜艺术陈列讲词①

楚国是位于江淮流域的大国,立国八百余年,曾两次建都于河南。最早被西周成王封国在河南的丹阳,后逐渐南移,由一个远离中原的蕞尔小邦,发展成为具有雄厚实力的泱泱大国。

(图版)丹阳,据考证位于丹水和淅水交汇处,即今天的河南淅川一带。在这里发现过多处楚国贵族墓葬群。这个陈列就是由淅川下寺、和尚岭、徐家岭春秋楚墓出土文物中精选出来的,从一个侧面再现了楚国昔日的辉煌。陈列分为:食器、酒器、水器、乐器、杂器等部分。

1. 食器

青铜食器包括鼎、簋、簠、甗、敦等,是贵族在宴享及庙堂祭祀时盛放食物的礼器,使用礼器的多寡体现着贵族等级的高低。鼎为礼器中的重器,楚国贵族墓中出土的鼎数量可观,式样新颖多变。

(实物)王子午列鼎,共七件,这里陈列了其中的两件。列鼎是指形制相同,大小相次的一组青铜鼎。列鼎排列数目的多少,代表着贵族的身份和权力。这组列鼎的腹、底均有铭文,据考证,做器人为王子午。王子午是楚庄王

---

① 河南博物院编:《河南博物院参观导览》,开封:河南大学出版社2001年版。

的儿子,曾任过司马,在楚康王时任令尹,官职相当于后世的丞相。

王子午列鼎造型独特,气势不凡。鼎为圆形浅腹束腰,有双耳外撇,兽蹄足,足上饰有兽面纹。鼎沿和鼎身满饰半浮雕花纹,束腰部有一周半圆形腰箍,使器物整体优美而紧凑。器身还有六条攀附口沿的怪兽,兽身紧贴鼎的束腰部位,兽尾翘起,铸造工艺精巧,具有强烈的立体效果,使列鼎显得庄重华贵。整个器物造型设计与纹饰协调,突出了楚国不同于中原器型的艺术风格。

(实物)龙首双耳簠,用于盛放熟食。它在楚墓中出土较少,与中原器型有所区别。这件铜簠下大上小,有龙形双耳,器盖器身附有四条透雕龙形扉棱,器身饰蟠虺纹和重环纹。铜簠圈足上铸有三只浮雕兽头,复杂的装饰更使它显得富丽华贵。

(实物)俎,是古代进餐时用以切肉的案子。鸿门宴中有"人为刀俎,我为鱼肉"的词句,指的就是这种器皿。同时在祭祀时,俎也可以作为祭器,用以盛放肉食。这件镂空铜俎呈长方形,中部略微凹陷,器身布满了玲珑剔透的镂空装饰,器沿装饰着纤细秀丽的蟠虺纹,设计精巧实用,带有浓郁的楚文化色彩。

2. 酒器

中国酒文化历史悠久,原始社会就已出现陶制酒器,商代贵族更是饮酒成风。周代虽然推行禁止饮酒的政令,可是王室贵族却无法抗拒美酒的清香,浙川春秋楚墓仍出土了不少酒器。

(实物)龙耳方壶,盛酒器。它高大稳健,具有中原风格。壶的底部有两个走兽承托,口部有冠,透雕精美的花纹,壶颈两侧用龙形怪兽做耳。除腹部为素面外,其他部位从上到下装饰有大片蕉叶纹和细密的蟠虺纹。其手法突破了商周时期粗线条装饰的狰狞、恐怖的兽面纹格局,而以轻松自由的形式取而代之。

(实物)龙首提梁盉。盉是古人调和酒、水的器具。盉的形状一般是深腹,有盖,前有流后有鋬(把手),而柜中的这件带提梁的盉在中原较为少见。它扁圆腹,前有鸟首状流,后有龙形尾。在桥形提梁两端还饰有半浮雕兽头。提梁后部有提链与盖相连。三个蹄足上也有半浮雕纹饰。提梁盉造型精巧,是楚文化中典型器物,它反映了楚人独特的设计和审美情趣。

尊缶(实物),盛酒器。这件尊缶小口大腹,器盖上有铭文。这样大的铜缶只有在较大的墓中才有发现,大约也是楚国的一种特殊礼器。

3. 水器

水器是指贵族沐浴及宴享前盥洗所用的器物。(实物)铜盘、铜匜,为一组水器。铜匜前边流水的地方叫流,流上有盖并装饰了镂空兽面纹。后面半环形把手被装饰成夔龙形。夔龙昂头卷尾,龙口衔器边,使用和欣赏兼而有之。铜匜底部无足,具有明显的楚国青铜器风格。周朝贵族礼仪繁多,宴前饭后要行沃盥之礼。盘、匜是春秋时期最常见的配套盥洗具。《礼记·内则》中对其用途这样记载:"进盥,少者奉盘,长者奉水,请沃盥,盥卒授巾。"由此可知,当时奴隶主贵族洗浴要用三个奴仆分别端盘、倒水、递巾侍奉,可见周礼之细微,贵族之享受。

(实物)铜鉴,春秋战国时期的一种水器。古代鉴有三种用途,据一些文献资料记载,在铜镜没有使用之前,鉴中盛水以照容颜,由此引申出"借鉴"、"鉴赏"、"鉴定"等众多词汇。在《庄子·则阳》篇中还有"灵公有妻三人,同鉴而浴"的记载,说明大鉴还可用以沐浴。另外,鉴还可以装冰冷藏食物,可谓是最早的冰箱了。

4. 乐器

楚国音乐在春秋战国时期处于领先地位。钟为打击乐器,从商代铜铙演化而来,一般成套出现,不少于三枚,多则几十枚,称为"编钟"。每组编钟的形制相同,大小相次,音量高低随钟壁厚薄和钟体大小而变化。(实物)这里展出的编钟,有甬钟、镈钟、钮钟,可以说是青铜乐器中的大家族。

(实物)王孙诰编钟,春秋晚期乐器。钟身像两片合起来的瓦。这套甬钟共有26枚。最大的重152.8公斤,最小的重2.8公斤。每件甬钟都铸有精致的花纹,在突起的乳钉纹中均有许多铭文,铭文与半浮雕纹饰清晰并富于立体感,使这套甬钟更显得宏伟庄严。

经测音得知每钟有两音,分别在正面和侧面。这套甬钟气势磅礴,音域宽广,音质清晰。下层八钟为低音部,做"和声"之用;上层十八钟排列密集,是中、高音部,可演奏旋律。编钟是宫廷宴享、庙堂祭祀不可缺少的乐器。这套王孙诰甬钟是我国目前发现的春秋时期规模最大、音域最广的一套编钟,它不仅为研究楚乐提供了宝贵资料,同时也反映了楚国音乐文化的高度发达。

5. 杂器

楚国,是我国浪漫主义的发源地。楚人喜鬼好祀,巫风盛行。在这种思想意识的影响下,演绎出许多富有巫术色彩的艺术作品,神兽,就是这一展示时代特征的代表性器物。

(实物)这件神兽龙首、虎身、龟足,在身首之上又盘绕多条异形龙兽,其造型奇特、构思离奇古怪。器身纹饰还嵌入绿松石,它把楚人富于想象的浪漫气质表现得淋漓尽致。神兽的背部有一方形插座,据推测这件器物可能是乐器的支架。

(实物)云纹铜禁,是用来放置酒器的案子。周人吸收商代亡国的教训取名禁,有禁止酗酒的含义。此禁整体构思奇特,纹饰瑰丽。铜禁,呈长方形,四周四个侧面透雕多层云纹。云纹下面由粗细不同的铜梗组成错综复杂而又玲珑剔透的花纹。禁面攀附着十二个龙形怪兽,兽头兽尾都有镂空装饰物,禁底有十二个虎形足支撑着禁身。这种整体设计是采用失蜡法铸造而成的,并且是我国目前发现的最早的失蜡法铸件。

第四节 参赛讲词的编写

一、参赛讲词的特点

参赛讲词除了具有以上讲词的共性外,还应具有不同于一般讲词的特点。

1. 主题明确,集中单一

参赛讲词有时间限制,一般都在 10 分钟以内,况且属于一次性听讲和记忆,头绪不可太乱,所以主题必须明确,内容必须集中单一。

2. 结构合理,层次清晰

在较短的时间内完成参赛讲解,并要给听众留下较为深刻的印象,必须要结构合理,层次分明,脉络清晰,环环相扣,所以参赛讲词切勿眉毛胡子一把抓,致使主题不突出。

3. 语言优美,生动感人

参赛讲解要比现场讲解更具有感染力,因此,讲词语言的优美是很重要的。应注意参赛讲词的语言,用词要讲究优美、简练、艺术、动人,以增强参赛讲解的生动感人程度,促使参赛讲解的成功。

二、参赛讲词的编写

1. 选题

选择那些内涵丰富、有较大伸缩空间的内容，选题宜小不宜大，最好写一件文物、一个人物、一个事件、一个遗址、一所古建筑等，如1997年在全国文博系统讲解比赛中获得一等奖的湖南韶山毛泽东纪念馆李建国的《伟大出自平凡》，获得二等奖的洛阳八路军办事处李慧娟的《永不熄灭的一盏明灯》，以及在延安全国文博系统革命纪念馆邀请赛中获得一等奖第一名的河南焦作博物馆韩静的《一幅腰卡》等参赛稿，都是从小处入手，以小见大的。在过去的文博讲解员大赛中曾出现过许多优秀的选题，可供我们参考。我们在参赛选题时千万不要选诸如《夏商周青铜器》或《长征颂》等大的命题，这样会得不偿失。

2. 定好题目

题目在参赛讲词中有着十分重要的作用，是整篇讲稿的高度概括和提炼，以下题目就非常好，如《蒙昧时代的文明闪光》、《古寺藏真的宾阳洞》、《赫赫威仪　泱泱汉风》、《含元殿前的畅想》、《三晋文明的足迹》、《灯辉映长河》、《笔精墨妙　格高意远》、《玉座珠帘话听政》、《瞻园碑廊话古今》、《伟大出自平凡》、《永不熄灭的一盏明灯》、《永驻的笛声》、《丰碑不朽　文明永恒》等。它们既响亮醒目、准确达意，又优美上口，意境深邃。有不少题目还是一语双关，如《古寺藏真的宾阳洞》，藏真也是藏珍的谐音，在这里有点题的作用。再如《永不熄灭的一盏明灯》，永不熄灭既是灯的自然现象，也隐喻着"革命之灯永不熄灭，永远照亮别人"的含义。

3. 找好开头的切入点

营造一个别开生面的开头也是参赛讲词重要的一点，开头独特、新颖，就会具有吸引力。以1997年国家文物局在洛阳举办的全国文博系统讲解比赛为例，开头一般采取以下几种方法。

（1）开门见山。这种开头直截了当、简洁明快，使观众很快进入主题。如获得历史组一等奖的河南龙门博物馆齐宏庆的《古寺藏真的宾阳洞》的开头：

宾阳洞，是北魏王朝于龙门所开凿的一座极具有代表性的石窟寺。其鲜明的美学风格、精湛的雕刻技艺，为北魏一代高度发达的文化艺术的结晶,有着永恒而不可企及的艺术魅力。

再如河南洛阳八路军办事处纪念馆李慧娟的《永不熄灭的一盏明灯》的开头:

> 在我们纪念馆陈列的一百二十多件革命文物中,有一盏极为普通的铁质棉油灯,它既没有古代文物的悠久历史,也没有现代灯具那优雅的造型,但它却为抗战时期的洛阳八办立下了不朽的功勋。当年,朱德总司令曾夸奖它是洛阳八办永不熄灭的一盏明灯。

延安革命纪念馆冉春嫚的《囚歌赞》的开门见山的开头也很精彩:

> 在延安革命纪念馆里,陈列着一张珍贵的历史照片,照片中的主人,就是英年早逝的叶挺将军。由于岁月的流逝,照片早已失去了往日的光泽而微微泛黄。但我们透过这泛黄的记忆,似乎看到了烈士所走过的那段坎坷不平的道路,似乎听见了烈士曾经吟唱的那首气壮山河、震撼人心的悲壮凯歌……

还有获得革命史组一等奖的黑龙江省东北烈士纪念馆李忠庆的《烈气难消志不磨》的开头也是如此:

> 展现在您面前的是两幅珍贵照片,照片上的这件灰布长衫和三支手枪,都曾伴随着著名的抗日民族英雄、东北抗日联军第一路军总司令杨靖宇将军经历了那段血与火的战争岁月。

这种开头一般适合所讲的事或物内涵较深、伸展性较大的内容。

(2)由彼及此。这种开头以某件著名的事或物引出要说的事或物,如获得历史组一等奖的陕西半坡博物馆张希玲的《蒙昧时代的文明闪光》的开头:

> 6000年前,中华大地已经不再是一派太古蛮荒,告别了茹毛饮血的人类,步入了母系氏族的繁荣时期,在黄河流域出现了上千座仰韶文化的原始村落,位于西安东郊浐河岸边的半坡遗址就是仰韶文化的一个典型代表。

在这段开头里,作者先说6000年前出现了许多母系氏族繁荣时期的原始村落,由此而顺理成章地引出了半坡遗址。

再如陕西张学良纪念馆白晓莉的《力挽狂澜的历史见证》的开头:

> 当我们翻开中国现代史,一定不会忘记,1936年爆发了震惊中外的西安事变。今天,坐落在西安城东南角的张学良公馆就是这段历史的见

证。西安事变的酝酿、发生以及和平解决都是在这里进行的。
这段开头是先提西安事变,再由西安事变引出张学良及张学良公馆。
再来看看河南洛阳古墓博物馆王丽红的《赫赫威仪 泱泱汉风》的开头:

  1984年在洛阳杏园村发现了一座东汉时期的墓葬,这座墓高大深邃,是由墓道、墓门、前后甬道和宽敞的前后墓室组成的。两扇雕有大型铺首衔环图案的石门以及那用巨大砖石券砌的墓壁,为这座阴宅建筑平添了几分"侯门似海"的封建显贵意味。这座墓虽然多次被盗,但随藏器依然十分丰富。从墓葬形制和陶器种类、器形及钱币的特征判断,墓主人当是一个葬于东汉晚期的两千石品阶或县令的官吏。尤其珍贵的是,这座墓中保存了一幅非常完整的"出行图"壁画,这幅壁画可以说是我国绘画宝库中难得的佳作。

这段开头先写发现"出行图"的墓葬以及它的概况,由此引出墓葬的重要发现——一幅墓主人"出行图",然后进入主题。

(3) 循序渐进,层层深入。这种开头采取了一环扣一环,步步深入,渐进佳境的手法,以某件著名的事或物引出另外一件与此有关的事或物,再引出要说的事或物,看似弯弯绕,但却是必需的曲徊前进,增添了几分神秘感,大有曲径通幽、引人入胜之效果。

如陕西西安碑林博物馆张云的《丰碑不朽的书法大师——颜真卿》的开头:

  在著名的历史文化古城西安,有一座举世闻名的中国古代书法艺术圣殿,这就是具有九百多年历史的西安碑林。西安碑林收藏了汉代到明清各个历史时期的碑石三千多方,被誉为中国最大的碑石基地和最为丰富的书法艺术宝库。如果把中国古代书法艺术比作一条绵延不断的山脉,唐代书法则是这山脉中最辉煌的高峰,而雄踞在这艺术之巅的代表人物便是被誉为楷书第一人的颜真卿。

这段开头先由西安引出碑林,再由碑林引出它的藏品,继而引出唐代书法藏品,再由唐代书法藏品引出唐代的著名书法家——颜真卿,从而达到一步步接近中心内容的艺术效果。
再如山西省博物馆张瑞娟的《三晋文明的足迹》的开头:

  在喧闹的山西省会太原市中心,有一座红墙绿瓦、绿树成荫的清代古建筑。它庄严、肃穆、气势恢宏,虽居闹市之中却少有都市的喧嚣,以其独有的建筑风貌及浑厚的文化积淀,静静地向人们展示着山西古老的历史和灿烂的文化。这就是山西省博物馆所在地——太原文庙。

当您迈进博物馆的大门,拾级而上,沿着林荫小路走进山西省古代史的陈列展室后,随着您的参观,山西古代文明史的历史画卷将一页页在您的面前展开。那一件件珍贵的历史文物向您无言地诉说着山西170万年的漫长历史,告诉您我们的祖先是如何在这块古老的土地上,开创了辉煌的三晋文明。由于时间的关系,我们无法一一讲述山西省历史的全貌,只能管中窥豹,就灿烂的北朝文化来看一下这时期山西的历史和文化之一斑。

这段开头由大到小,由笼统到具体,由空到实。先由清代古建筑引出山西省博物馆,进而讲述山西省博物馆的两三件代表文物,从而达到歌颂山西文明的目的。

云南省博物馆苏晖的《我国人类起源的新曙光》的开头别开生面:

"探索人类起源"是整个世界一个多世纪以来的重大研究课题。从孩子时代过来的人都曾非常幼稚而认真地询问过自己的父亲"爸爸的爸爸是谁?""是爷爷。""爷爷的爷爷又是谁?""他们在哪里?"对于孩子们盘根究底的追问,父亲只能吞吞吐吐地回答:"再往前追,那就是猿猴呗!"孩子们提出的问题正是科学家们探索的人类进化史问题。

这段开头新颖独特、富有吸引力,文辞运用得十分巧妙。这种开头一般适合所讲事或物伸展性不太大的内容。

4. 精彩结尾

参赛讲解的结尾要为观众留下深刻的印象,必须要下十分的功夫。以1997年洛阳全国文博系统讲解比赛为例,参赛结尾归纳起来有以下几种方法。

(1)概括总结。这样的结尾是要用简练的语言对所讲内容加以概括。如获得历史组一等奖的洛阳古墓博物馆王荔的《灿烂夺目的洛阳青铜器》的结尾就起着概括总结的作用:

这一件件的洛阳青铜器,不仅有造型庄重、严整、肃穆、典雅的美,而且具有图案装饰精细、灵巧、抽象的美,甚至还带有怪异、古拙、神秘的狞厉之美。它们是人间的统治者与上帝、鬼神、祖先交接的神器,是国家、政权和身份、地位的象征,更是华夏民族悠久历史的佐证。这种集铸造工艺与文化内涵于一身的青铜器,世界上任何国家、任何民族都不能比拟。正如英国科技史家李约瑟博士所说,这种铸造技术,是西方任何人未能超过的。因此,它那永恒的魅力,将永远给人以精神的巨大鼓舞和对美的追求的有益启迪!

(2)画龙点睛。是将讲过的内容的重点提炼出来,总结出来。如河南洛阳古墓博物馆王丽红的《赫赫威仪　泱泱汉风》的结尾:

这些都无疑确立了"出行图"在中国绘画史上重要地位,它是汉画艺术中的阳春白雪,也是我国绘画宝库中难得的佳作。如果说整个汉画艺术是一曲动听的交响乐,那么这幅"出行图"就是其中的最美妙的音符。

再如陕西西安碑林博物馆张云的《丰碑不朽的书法大师——颜真卿》的结尾:

朋友们,愿我的讲解能使您真真切切地感受颜真卿书法艺术的魅力所在,并能激发您对祖国古老文化和璀璨艺术的强烈亲情与热爱。

(3)前后照应,有所交代。要将结尾与开头所讲内容做一前后呼应。如郑州二七纪念馆邓学青的《宁死不屈的二七英雄——高斌》的结尾:

经历了几十年的奋斗,中国人民终于在中国共产党的领导下,取得了解放,在当年先烈洒下鲜血的地方,如今已建造了雄伟壮观的二七纪念塔,成为二七斗争精神的永恒象征,它是一座历史丰碑,永远矗立在中原大地上!

再如井冈山革命博物馆唐琳的《丰碑,热血铸就》的结尾:

朋友,您不是在探寻井冈圣地红色的根吗?就在这儿!您不是想了解革命摇篮珍藏的宝吗?就在这儿!热血铸就的丰碑已化作了青山,化作了绿水,化作了田园,化作了风景秀丽的山城。70年的风雨已经过去,我们的祖国将日益繁荣,我们的明天将会更加美好,这就是井冈人民共同的心愿!

(4)意味深长。在结尾中含有未尽之意,如延安革命纪念馆冉春嫚的《囚歌赞》的结尾简练、有力且意味深长:

囚歌,无愧于那一英雄的时代,也无愧于现在,更无愧于将来。"囚歌"不朽!"囚歌"永存!

中国革命博物馆孙丽梅的《愿天下有情人都成眷属》的结尾也是如此:

  80年过去了,烈士留下的遗墨,依然闪耀着青春的光彩,教育着无数的后人。它使人受到启迪,给人一种奋发向上的精神力量。人们反复咏唱着那千古常新的佳话:"愿天下有情人都成眷属","为天下人谋求永远的幸福"。

(5) 耐人寻味。结尾中的意思很耐咀嚼,如陕西半坡博物馆张希玲的《蒙昧时代的文明闪光》的结尾:

  人面鱼纹陶盆如同尖底瓶和陶甑一样,凝聚着半坡人的创造和智慧,鲜明地流露出祖先走出蒙昧的原始冲动。如今,那段历史已经远去了,这些珍贵的文物却依然凝伫在这里,它让我们感受到了6000年前半坡人叩击华夏文明之门传来的遥远信息,它默默中蕴含着无限的丰富,给我们留下无尽的感悟与畅想。

再如河南博物院马丹林的《走进河南博物院》的一段结尾:

  它那气贯长虹的中原之气,装扮着河南、代表着河南,不仅仅是我省一处值得自豪的标志性建筑,它更为国内外公众提供了一个理想的旅游和学习的场所。打开这扇中原文化的窗口,人们从这里看到的是往昔的河南、现实的河南、未来的河南,以及人们是怎样创造原本属于这片大地的辉煌。

(6) 留有悬念。结尾设问,以唤起听众的思考,如桂林博物馆曾燕娟的《镶嵌在城徽上的一件石刻》的结尾:

  各位朋友,当您徜徉于桂林的青山绿水之间,欣赏于自然造物的神姿仙态时,您是否也会兴趣盎然地去欣赏品味一番那刻在石壁上的斑驳文字,去感受一种穿越时光隧道的文化熏陶?

再如河南博物院参加"全国部分省市博物馆纪念馆'博物馆与青少年'学术交流及创新展示"的参赛讲词《国宝的故事——莲鹤方壶传奇》的结尾:

  同学们,国宝的故事今天就为大家讲到这里。听了国宝的故事,同学们都有哪些思考呢?我们是不是应该在赞叹祖先的聪明才智的同时,为保护文物尽自己的一份力量呢?

5. 内容集中,多实少虚

因为参赛的时间有限,讲解内容不可能全面开花,面面俱到,也不可能系统连贯,一般情况下应围绕一个主题,较为直接地展开,这样显得集中紧凑。为了达到这一目的,在编写讲词时应搜集尽可能多的材料,以宽备窄用。编写时一般采取横断面取材,避免平铺直叙。要尽可能减少虚的、笼统的内容,写一些实的、具体的内容。如减少一些不必要的过渡句、背景材料或议论、抒情等,这样才能重点突出,主题明确,有血有肉。

6. 深刻挖掘主题

为了达到意境深邃,画龙点睛的效果,编写讲词时要思路开阔一些,努力深层次地挖掘主题,更好地表现参赛内容,使它寓意深刻,意义彰显。如陕西半坡博物馆张希玲的《蒙昧时代的文明闪光》中的一段就是如此:

然而,陶甑的意义却远不止于此,从它诞生的那时起,意义就已经超越了它实用的本身。它的七个钻孔已经深深打上了原始先民自觉意识的烙印,它具备的实用性也不再掺杂有主观神秘的意识。相反,它反映了半坡人对客观事物的观察认识开始变得冷静,理性的东西开始在他们的大脑思维中萌动,这正是原始思维进步的一个标志,是半坡人从蒙昧中获得的一次解脱。

再看河南洛阳古墓博物馆王丽红的《赫赫威仪　泱泱汉风》中对壁画的分析:

它以谨悉微毛、均匀勾勒的写实手法和浓施彩墨、粗犷泼墨的写意手法,把一匹匹骏马画得骨肉均匀,肥圆健壮。虽然都是驾车的辕马,但动态各有不同;虽然都是官吏的坐骑,但奔走之势大为迥异。观其情,好像一匹匹流动着血液的辕马坐骑正从我们面前嗒嗒走过,可见艺术家在这里追求的是生机勃勃、疾驰运动、奔放不息的韵致旋律。

7. 语言优美,生动感人

讲解词的编写要讲究用词,能娴熟地恰到好处地运用形容词、排比句,并穿插思维想象和一定的描述、议论、抒情等。如陕西半坡博物馆张希玲的《蒙昧时代的文明闪光》中的一段:

从尖底瓶到陶甑,我们似乎看到了远古祖先在文明初创时代那种思维跳跃的轨迹,它犹如人类智慧天空中闪烁的一颗颗遥远的星,照亮并缩短了人类奔向文明的路途。

河南龙门博物馆齐宏庆的《古寺藏真的宾阳洞》中对飞天的描述也很优美生动：

> 在这里飞天不是依靠羽翼，也不是依靠云彩的衬托才飞升起来的，而是在天空中乘风翱翔。那天衣、云彩顺着天女流动，随着音乐的旋律在翻飞。天女体态轻盈、衣带飘扬，使你感到飞翔似乎不是一种幻想，不是一种沉重的体力负担，而是符合音乐韵律的一种行云流水般自然优美的运动。静的莲花、动的飞天，动静相生，使宾阳洞的整个窟顶顿时生机盎然。

在这里他不是直接去说天女是如何飞翔的，而是说天衣和云彩顺着天女流动，飞翔成为一种行云流水般自然优美的运动，把天女飞翔的轻柔和优美的身姿表现得淋漓尽致。

再看河南博物院林晓萍的《天地精华　文明凝聚》的结尾一段，辞藻华丽，铿锵优美：

> 穿过两千五百多年沉寂的暗夜，智慧的灵光伴着环佩叮当再现于世。虢国联璜组玉佩，一阕华彩的诗章，一泓似水的月色，震撼着每一个面对它的人。在这无与伦比的精湛纯美中，虢国墓地出土的玉器为我们展示了一幅瑰丽形象的玉史画卷，让我们透过历史的尘埃，重新认识了中华民族文化的丰厚底蕴和永恒魅力。

附：参赛讲词欣赏（河南博物院参赛讲词）

走进河南博物院

河南地处中原，中华民族的母亲河——黄河从这块神奇的土地上横穿而过。河南在中国古代被看成是"天中地心"，有"中州"之称，同时也是兵家必争之地，素有"得中原者得天下"之说。在历史上曾有二十多个王朝先后建都于此，长达三千年之久。悠久的文明史为人类留下了丰富的历史遗迹。浩如烟海的文物更令河南夺魁中华，形成一种雄浑博大的"中原之气"。占有全国博物馆馆藏文物八分之一的河南，需要一个颇具规模的现代化的博物馆展示它的风采。1994年，刚刚送走严寒，熙熙的春风便迎来了河南博物院的奠基。在苦苦奋斗四年之后，一座令世人瞩目的建筑——河南博物院，屹立于中原大地,成为河南又一座标志性文化设施。

河南博物院占地超过十万平方米,建筑面积七万八千平方米。在那绿草如茵的园区内坐落着大小建筑九座,寓意九鼎定中原。整个建筑群以主体建筑为中心,赋予相同的风格、不同的功能,以庭院、廊道有机的空间组合,使整个建筑群显得主从分明、和谐统一。主展厅的外观是依据中国最早的一处天文台遗址,现存河南登封的元代观星台为蓝本设计而成。

走进河南博物院展览大楼的中央大厅,首先映入您眼帘的是巨型雕塑和壁画。前面的雕塑勾画出一位巨人推开了两头相持的大象。这正是河南先民最早从天地洪荒中走出来的象征。显示了人和自然的融合,人和自然的斗争,不仅标志了远古,也反映了现代和未来,蕴含着中国古文化中特有的"天人合一"的哲理。雕像从地坪升起,金色的雕像闪闪发光,映衬着背景壮观的壁画。壁画两侧是两扇敞开的古建筑大门,告诉我们中原文明历史的大门由此而开。中间若隐若现地绘制着中岳嵩山、甲骨文、青铜器纹饰、嵩岳寺塔、龙门卢舍那大佛等河南主要文化遗迹,用高度概括的手法向人们展示河南古代历史文化的悠久与灿烂。这座雄浑、壮观、观古通今,肌肤中原之气的现代化博物馆,体现的是中原文化与现代艺术相结合的建筑风格。

它那气贯长虹的中原之气,装扮着河南、代表着河南,不仅仅是我省一处值得自豪的标志性建筑,它更为国内外公众提供了一个理想的旅游和学习的场所。打开这扇中原文化的窗口,人们从这里看到的是往昔的河南、现实的河南、未来的河南,以及人们是怎样创造原本属于这片大地的辉煌。

天地精华　文明凝聚

"温润如玉"、"冰清玉洁"、"玉液琼浆"、"亭亭玉立"……古往今来,玉在中国人的词汇中,总是被赋予最美好的象征。随着中国考古发掘中大量玉器的出现,玉在先民心中被人格化和神秘化,它与青铜器一样,成为中华文明独特的物质标徽,上起石器时代,下至明清,构架起八千年文明发展的历程。

在豫西三门峡,黄河岸边的漠漠黄土中,深藏着一个王朝的秘密。1990年三门峡虢国墓地的发现,揭开了西周末年一代虢国君主神秘的面纱。几千件玉器的出土,以其精美绝伦的工艺和巧夺天工的制作震惊世界,连续两年被评为全国十大考古新发现。

最先发掘的是2001号墓,这是一座长方形竖穴墓,长5.3米,宽3.55米,深12米。墓壁以青灰色涂料处理,平整光洁。揭开棺盖的一瞬间,在场的人们都惊呆了,已炭化了的毛毡下露出密密麻麻令人眼花缭乱的玉器,覆盖着已经腐朽了的人体骨骼。墓主人颈部有两组玉佩饰;头部叠压三层玉器;面部覆有五官及须发齐备的玉片组成的面罩;胸部有玉戈,肩部有玉环,背下及骨盆两侧有玉璧,手中有握玉,脚下有踩玉,连脚趾间都分别夹有玉,充分展示了先民生前佩玉,死后随葬的丧葬习俗。最引人注目的是这组挂于墓主人颈部的玉佩饰。

玉佩主体是七件由小到大依次递增的玉璜,由于年代久远,青白色的和阗玉沁色斑驳;玉璜两侧由对称的108颗浅蓝色菱形料珠、117颗红色玛瑙管形珠和20个红色圆形玛瑙管连缀而成,上方与一组玉管和玛瑙珠组成的项饰相连,挂于颈部,经胸腹垂于膝下。七件玉璜上均有阴线刻画形态各异的龙纹和人龙合体纹,刀法娴熟,线条流畅,每件玉璜的雕刻都可称极尽巧思。这组以青白色玉璜为主体,以红、蓝两色管珠点缀其间的玉佩缤纷绚丽,夺人眼目,是目前所能见到的周代组玉佩中,形制与连缀方式最为规范完备的七璜联珠组玉佩。

在礼乐制兴盛的周代,谁能拥有如此奢华的陪葬品呢?专家考证它是虢国一代君王虢季之墓。虢国是两周时期的重要的姬姓诸侯国,位于今天的河南三门峡一带。虢国的地理位置非常特殊,位于长安、洛阳两大古都之间,是周天子来往东西都的重要通道。西周早期,虢国辅佐天子抵御外敌,平定国乱,成为王室统治的有力支柱。西周晚期,虢国的几代君主穷奢极欲,导致众叛亲离,终被晋国所灭,退出历史舞台,留下"假虞灭虢,唇亡齿寒"的千古遗恨。

中华民族爱玉由来已久。八千年前的新石器时代,玉石因其坚硬的质地被制作成劳动工具,如玉铲、玉刀。距今四千年的时候,琢玉工艺从制石行业分离出来,成为独立的手工业部门,在泛神论的影响下,成为神权的象征。进入奴隶制社会,玉被赋予更深刻的内涵。《礼记》记载,孔子指出玉有十一德:玉温润的质地,如君子的仁德;玉细密的纹理,如君子的坚强;玉佩带在身上自然下垂,如君子谦恭处世;玉质的晶莹剔透,如君子光明磊落。当时的人们将自己对理想道德最高境界的追求，比附于玉的精美坚洁，将高尚人格的砥砺修行，寓之于美玉的琢磨精雕。因此，佩玉正是君子规范道德、约束行为的标志。这种爱玉情结，成为八千年玉文化连绵不断的生命原动力。上自天子，下至庶民都以佩玉为时尚，把玉当作修身的标准，有"君子无故玉不去身"的思想。

真正意义上的组玉佩，在考古发现中最早见于商末周初，兴盛于两周时期。周代礼乐制规定，用玉来区别贵贱。身份越高，组玉佩越长。对于今天来说，长及膝下的玉佩有碍行动，而周代贵族则以步态标榜身份，玉饰相触，铿锵有声，风度俨然。身份越高，步子越小，走得越慢，越显得气派出众。长长的玉佩随风而动，清脆悠扬的声音与礼乐和谐，犹如君子始终恪守礼法。汉代以后，组玉佩作为官方与贵族的礼仪服饰延续下来。作为中国文化中特有的现象，佩玉之制绵延数千年，时至今日，我们仍收藏和佩带玉饰。世界历史上爱玉的民族有很多，但无论美洲的玛雅人、爱斯基摩人、印加人，新西兰的毛利人，还是墨西哥人，都无法与中华民族悠久不绝的治玉历史，丰富多彩的玉器品种，巨细毕至的用玉范畴相比，显示着中华民族玉文化强大的生命力。

穿过两千五百多年沉寂的暗夜，智慧的灵光伴着环佩叮当再现于世。虢国联璜组玉佩，一阙华彩的诗章，一泓似水的月色，震撼着每一个面对它的人。在这无与伦比的精湛纯美中，虢国墓地出土的玉器为我们展示了一幅瑰丽形象的玉史画卷，让我们透过历史的尘埃，重新认识了中华民族文化的丰厚底蕴和永恒魅力。

宏笔绘就千年秀
——汉代梁王墓四神六气图壁画赏析

壁画是人类最早的艺术创作之一。原始社会时期，已出现反映人类生活及狩猎对象的摩崖石刻和洞窟壁画。进入奴隶社会，壁画开始被用来装饰宫殿，作为观赏、玩乐、宣扬礼制的手段。到了汉代，壁画达到了鼎盛时期。汉高祖刘邦建国之初，就注意利用建筑及装饰等来树立和宣扬汉王朝的威信，到了武帝、宣帝、成帝时，更利用壁画等来纪念功勋卓著的将帅之臣。如今，汉代的殿堂壁画全部残毁，但大量墓室壁画的出土，则为研究汉代壁画的面貌和水平，提供了重要的实物。

走进河南博物院的第四展厅，由北向南，随着脚步的临近，您会发现，厅内的南墙壁在逐渐变亮，直至豁然开朗，一幅镶嵌在恒温恒湿玻璃罩里的巨型壁画展现在您面前。当您离开时，这里光线渐弱，直至熄灭，四周又归于幽暗。对一幅壁画进行如此科学的自动控制在国内尚属首例。这幅壁画便是1986年出土于河南永城芒砀山柿园村西汉梁王墓的四神云气图壁画。

该壁画位于主室墓顶，南北长5.14米，东西宽3.27米，面积达16.8平方米，用红、白、黑、绿四种颜料绘制而成。壁画内容分内、外两区。外区四周边缘为装饰性图案，由直线穿壁、菱格纹和火焰状云气纹组成。内区为主题图案，由青龙、白虎、朱雀、怪兽、灵芝草和云气纹组成。巨龙蜿蜒长达5米，成为画面中最突出的形象。龙昂首张口，长舌卷一怪兽，四肢向后，疾驰于云中。龙的躯体用淡墨勾画，上面用红、白两色提点鳞甲。白虎位于青龙腹部西侧，作腾跃状，后足踏彩云，前足攀神树，树上长有灵芝。虎身呈白色，身上绘淡墨色斑纹。灵芝呈绿色，荷花呈浅红色。朱雀位于青龙腹部的东侧，白嘴黑喙，云朵状的尾部填涂绿色，颈部细长，口衔龙角，龙舌上卷着的怪兽，鸭嘴、鸟头、蛇身、鱼尾，背上长鳍，通体白色，身上有淡墨色花纹。这是目前河南发现最大的一幅壁画，也是我国年代最早、墓葬级别最高的墓葬壁画珍品。

透过这幅壁画，我们不仅了解了汉代艺术的风貌，同时也看到了壁画所反映的汉代社会现象和思想理念。

鲁迅先生曾说过：秦汉以来，神仙之说盛行。汉代由于统治阶级对谶纬迷信思想的提倡，上至天子下至中小贵族无不向往升仙。随着这种思想的流行，"厚葬"之风随之而来，其着力构建的升仙羽化氛围，正是早期道家即黄老思想的丧葬观念。它所提倡的万物都由两极构成的观点，派生出了汉代人对生死的看法——"事死如生"。他们认为，生是短暂的，死是永恒的，生与死只是一种场所的变化。当时人们普遍相信，死者的魂灵如果能得到某种引导和帮助的话，就会顺利地升入极乐世界，从而达到快乐的永恒和幸福的不朽。而这幅画中的龙、虎、凤等神物正是升仙的最好工具，这也是墓主人渴望死后灵魂不灭和升天成仙思想的真实体现。

迄今发现的大型西汉壁画可谓凤毛麟角，为什么作为诸侯王的梁王就能享受如此的厚遇呢？我们不妨对这种特殊现象进行一下剖析。作为位居商丘的第一代梁王的梁孝王刘武，是窦太后之子，汉景帝之胞弟，这种特殊的亲情关系决定了他特殊的地位,特别是在平定吴楚"七国之乱"中,梁孝王又有力地阻止叛军向长安的进发,为维护西汉的政权起到了重要作用。梁国所居之地,为"天下膏腴之地",在西汉早期众多的诸侯国中,梁国的疆域广阔,经济和军事实力都很雄厚,某些方面甚至还超过京师。这幅壁画从一个侧面反映了梁国当年的实力和气魄,验证了古文献记载的真实性。

我们不禁疑惑:如此的一幅巨作是怎样绘制的呢?经有关部门分析,它是用能够起到防潮和加固作用的碳酸钙和二氧化硅的混合物加入黄土和水搅拌成泥浆,涂抹于墓室内壁上作为底层,最后用毛笔和刷子蘸颜料在上面绘制图案。那么,这些鲜艳的色彩采用的又是什么颜料呢?经过测试,红色颜料为朱砂,白色为白云母,绿色为孔雀石,黑色为朱砂加等量的孔雀石混合而成。这四种无机矿物原料也是我国古代制作壁画所用的传统绘画颜料。画工们对色彩的运用显得极其纯熟自如,并且基本上掌握了色彩的对比和协调原则,或清新明亮,或热烈奔放,为我国的美术史增添了绚丽的一笔。

从壁画的艺术特征上来看,构图以主次为序,突出了以龙为首的主题,打破了上下左右对称的传统手法,体现了龙已由象征自然界的神权向着象征帝王的君权的转变。朱雀也一改过去严谨和神秘的猛禽形象,变得修颈长腿,温驯秀丽。作者用比例上的夸张和线条上的拉长,不仅形象地表现了龙、凤、虎等动物的特点和神韵,而且充满了神秘的浪漫主义色彩。其实,楚汉文化是一脉相承的,特别是在文学艺术领域,汉依然保持了南土故地的乡土本色:意境诡秘深邃,图像琳琅满目,景致虚幻缥缈,风格自由奔放,这里仍然是一个想象混沌而丰富、情感热烈而粗豪的浪漫世界。汉代艺术还不懂后代讲究的以虚当实,计白当黑之类的规律,它铺天盖地,满幅而来,几乎不留空白,这似乎有些笨拙。然而,它却给予人们一种后代空灵精致的艺术所不能替代的丰满朴实的意境。这种蓬勃旺盛的生命力,这种整体性的力量和气势,也是后代艺术所难以企及的。如果说,唐代艺术更多地表现了中外文化的交融,那么,汉代艺术却更突出地呈现着中华本土的音调传统:那种由楚文化而来的天真狂放的浪漫主义,那种满目琳琅的古拙之气的美。

整幅壁画简约抽象,充满流动之势,以强烈的动感和明快的节奏形成了起伏波动的韵律美,唱响了美妙欢快的天国畅想曲。

四神云气图,一个繁盛朝代的象征,一种社会时尚的张扬,一股泱泱汉风的挥洒。

华夏文明的见证
——商代甲骨文

　　堂堂华夏，泱泱大国，璀璨文明，岁月流逝，唯有文物与文字流传至今。如果说文物是历史遗留下来的一颗石、一粒沙，而文字则是一滴水、一条河，它以独特的形式记载和传承着远逝的历史，悠久的文明，使它们流向今天，流向未来。

　　现今中国的汉字已经成为华夏民族的标志性符号，它是世界上使用人口最多的一种文字，是世界上使用历史最悠久且延续使用最长的一种文字，也是联合国书写文件的法定文字之一。可是您知道这些汉字是怎么来的吗？您也许听说过古代仓颉造字的传说，但那毕竟是神话故事。我们现今能实实在在看到的则是刻在龟甲、牛骨上的甲骨文，它就是目前最早的成熟汉字。

　　从世界范围来看，甲骨文和古埃及的圣书字，古代两河流域的楔形文字都是世界上最古老的文字，它们都是人类智慧、文明的结晶。然而，它们的结局却很不相同，楔形文字在公元前四世纪就已经灭亡，古埃及文字公元五世纪也断了线，唯有中国的甲骨文虽历经三千多年历史长河的冲刷、磨砺，却像宝石美玉般历久弥新，流传至今。

　　我院馆藏有一批珍贵的甲骨文，它们虽然经历了三千多年的岁月，但所刻文字却清晰可辨，它是华夏文明、中原文化的最好例证。

　　所谓甲骨文指的是商代后期契刻在龟甲、兽骨上的文字，它原来是殷人占卜的记录。

　　殷商王朝是距今三千多年前我国建立的第二个相当发达的奴隶制王朝。但是殷人十分迷信，他们认为生活中的一切都要听命于上帝，按鬼神的意旨办事。因此，事无大小，必须进行占卜，然后将这一过程记录在兽骨或龟甲之上，这就是我们今天看到的甲骨文。很难想象，在没有钢铁的时代，人们是如何用铜刀在坚硬的兽骨、龟甲上刻出如此精妙、美观的文字。其字大者径逾半寸，小者细如芝麻，或峭拔苍劲，或秀丽多姿。其艺术造诣，甚至为后世篆刻家所难及。因此我们可以这样说：每一片出土的甲骨既是极其珍贵的研究古代历史的第一手资料,同时也是世界上无比美妙的艺术品。它们就像一首诗、一幅画、一杯酒,令人陶醉,而又耐人寻味。

那么这些三千多年前的文字又是如何被后人发现的呢?长期以来,甲骨文的发现流传着这样一个有趣的故事。相传清光绪二十五年(1899年)的秋天,北京学者王懿荣因患病,请太医诊治。在所用中药中,无意间发现了一味叫"龙骨"的药材上刻有类似文字的东西,这使他大为惊讶。这位精通上古三代铜器铭文的金石学者,面对这些稀奇古怪的符号,细心揣摸,仔细观察,并对已知的金文等古文字相印证,随后认为这些符号是一种已遗失了的我国古代文字。举世闻名的甲骨文就是在这么偶然的情况下被人们发现了。

据统计,一个世纪以来在安阳殷墟共出土甲骨文总量约十五万片,目前已发现甲骨文的单个字约五千个,现在我们能够识别的已有二千字左右,这说明商代甲骨文已经发展成为中国早期较成熟的文字。我国古代的文字学家根据汉字的结构总结出来六条构成文字的原则,即所谓的"象形、指事、形声、会意、转注、假借"的六书原则,这些在甲骨文都可以找到例证,特别以"象形"和"指事"情况最多。

甲骨文所涉及的内容相当广泛,几乎涵盖了包括征伐、人物、祭祀、天文、气象、疾病、农业、田猎等社会生活的方方面面,它像一本鸿篇史书,将商代晚期的社会面貌形象鲜活地呈现在我们的面前。

甲骨文中有许多反映农业生产的内容,这是因为农业收成的好坏,是关系到商王朝整个社会生活的大事,所以商王经常举行祭祀,占卜收成的好坏。

商朝的农业生产虽然比较先进,但收成的多少还主要依赖于自然条件的好坏,这就促进了人们对天文天象的研究和观测,甲骨文中记载商代制定了科学的农历,一年分为十二个月,每月有29或30天,并利用闰月来调和一年的天数。特别是甲骨文中还记录了人们观测到日食、月食以及新星的内容,这都是世界上最早的天文学研究资料。

如今已经残朽的甲骨文片静静地躺在陈列柜中,那么不起眼,而它们所映射出的中国古代文明却如此辉煌、璀璨、光芒四射!

庙堂古韵话编钟

说起楚国，人们总是会想起湖北的荆州。其实鲜为人知的是，在河南省淅川下寺，烟波浩渺的丹江水库下，淹没着一座古老的城郭，这就是楚国早期的都城——丹阳。

1978年，考古学家在水库下发现了二十多座春秋楚墓，一个深藏在历史尘埃中的神奇世界顿时展现在世人眼前。在异彩纷呈的文物瑰宝中，"王孙诰"编钟以其完备的音律，精湛的工艺，生动再现了曾领先于世界的中国古代音乐文化，引起了举世瞩目。

"八音之中，以钟为首"。编钟是一种古老的打击乐器，由商代铜铙演化而来。因其形制不同有甬钟、镈钟、钮钟之分，一般成套成组出现，少则三枚，多则数十枚，故称"编钟"。它既是古人宴请宾客、庙堂祭祀的必备之器，又是王孙贵族用来"明贵贱，别上下"的重要标志。因此，编钟的铸造历来被视为国之大事，荟萃着该时期工艺技巧和音乐艺术的精华。

"王孙诰"编钟出土于淅川下寺2号墓中，据考证，墓主人为楚国的贵族王子午。根据《左传》记载，王子午是楚庄王的儿子，在楚康王时任令尹，官职相当于后世的宰相。他曾在吴国入侵时，率兵大败吴军，是一个战功赫赫的人物。这套编钟是王子午的儿子王孙诰为其父亲所铸造的礼乐之器，一套共26件，文饰、形制完全相同，钟体大小依次递减，正背两面铸有清晰可辨的铭文，共计113个字，铭文的内容大致叙述了王孙诰铸钟的原因及钟声的美妙。

由于楚人喜鬼好祀，巫风盛行，作为祭祀礼器出现的"王孙诰"编钟不仅具有极高的实用价值，更被赋予了浓厚的宗教色彩。从整体上来看，全套编钟气势磅礴，庄严凝重，青铜本色与木质钟架相互映衬，造成了视觉上的鲜明对比，使观者如同置身庙堂而心生敬畏。

从细部来看，主体纹饰蟠螭纹的运用则体现了铸造者的独具匠心。蟠螭纹，是指两条或多条小龙相互缠绕，形成穿插盘旋的连续纹样。在甬柄及甬端装饰的蟠螭纹，线条刻画细致入微，浮雕小龙或隐或现，或伸或屈，以多变的形态构成了生动繁缛的整体图案，渲染了青铜礼器的神秘气氛。而钟体下部的蟠螭纹又显得与上部风格迥异。古朴粗放的纹样呈对称形式被装饰于中心位置，两侧光素无纹留出空白，突出了中心纹样——龙纹，形成了纹样美与空间美的和谐统一,反映了楚人高超的装饰手法和独特的审美意趣。

"王孙诰"编钟具有极高的观赏价值与艺术魅力,同时更是中国音乐史上的光辉杰作。我们都知道,古代的印度、埃及和欧洲的早期铸钟均为圆形钟,而编钟的形状却是扁圆形,如同两片扣合的瓦,俗称"合瓦形"。为什么不把编钟也铸成圆形钟呢?其实这恰恰体现了古代能工巧匠的聪明才智。圆形钟无论怎样敲击,发出的声音只有一个,同时敲击时延续音很长,很难构成音律。"合瓦形"的钟就不同了,北宋著名科学家沈括曾在《梦溪笔谈》中解释说:"圆则声长,扁则声短;声长则节,声短则曲。"说明合瓦的形状能使声的衰减加快,敲击出一音,又能很快消失,自然也就便于演奏乐曲。而其他国家在克服圆钟的缺点问题上,至今没有得到根本性突破。

神奇的"合瓦形"结构不仅解开了编钟演奏成曲的奥秘,还把钟腔分为了四个音区,六个敲击点,可以产生明确分开的两个基音,所以在任意一枚钟上都能敲出两个和谐的乐音。测音结果表明,"王孙诰"编钟音域宽广,可旋宫转调。上层十八钟排列密集,是中高音部,可演奏旋律;下层八钟是低音区,做"和声"之用。中心音域十二音齐备,证明早在公元前6世纪,十二律在我国就已形成,这一重大的音乐发现为否定"十二律外来说"提供了宝贵的实物资料。更令考古学家为之惊叹的是,编钟总音域跨越四个半八度,而公元16世纪问世的大键琴也只有四个八度的音域,18世纪问世的钢琴也仅有五个八度的音域,由此可见,中国古代音乐文化的确在世界上遥遥领先。

"王孙诰"编钟是目前我国所见的春秋时期规模最大、音域最广的一套编钟,是当年楚之先民钟鸣鼎食、庙堂祭祀的历史见证。虽然楚国往日的辉煌早已消逝在不可重现的遥远岁月中,但编钟所凝聚的艺术成就和音乐成就,却不会因时过境迁而失去光彩。"王孙诰"编钟为中国音乐史写下了光辉灿烂的一页,更是中国人民为世界艺术宝库留下的不朽之作!

汉代的过街楼

——焦作汉代七层陶楼

建筑,作为人类生产和生活资料的一部分,在社会生产中占有极为重要的地位。它也往往成为衡量一个国家政治、经济、科学文化发展状况的标志。

汉代是古代建筑艺术发展的第一个高峰，独特的建筑体系已基本形成，并且已综合运用绘画、雕刻等作为各种构件的装饰，达到结构与装饰的有机结合，成为以后中国古代建筑的传统手法之一。河南是汉代政治、经济、科学文化的中心区域，所以在建筑上的成就尤为突出。然而，汉代建筑历经风雨剥蚀、社会动荡，又屡遭战争毁灭，至今大多已不复存在。值得庆幸的是，通过考古学家的辛勤工作在河南各地发掘出土了大量的汉代建筑明器，直观形象地再现了古代建筑的形制特征和技术水平。

河南博物院珍藏着大量出土于河南各地的汉代建筑明器，它们是那个时代生活的缩影，更是汉代建筑的真实写照。虽然制器者的意图是让这些明器供死者在冥间使用，却给后人留下了一份反映这个历史时期社会生活的微观形象资料。

现保存在我馆第四展厅的"汉代七层彩绘陶仓楼"就是这艺术宝库中最具代表性的精品。它于1993年在我省焦作汉墓中出土，由院落、楼阁和走廊覆道四部分组成。主楼高1.92米，为七层重檐楼阁建筑，在二、四层置腰檐和平座，顶部为四阿顶。附楼高1.28米，为单檐四层建筑，每层与主楼层高一致，最上部为四阿顶，根据其结构形式应是仓楼。在高大的主楼前还连接着一个院落，院门前双阙对峙，院内卧一陶狗。在院内的主楼与附楼第三层之间横跨一长方形覆道。整个建筑通体用白、红、黄等色彩绘制几何纹图案。它是目前发现层数最多、最高大完整且最具特色的汉代建筑明器，以至不少人看到它，难以置信这竟是两千多年前我们先人的创造。

一般提及高楼人们会联想起西方，总会把它看成外来物。然而这件器物的出土以及其他大量考古资料，有力地证明了中国高层建筑的历史也很悠久。早在商周时期我国已出现高台建筑，就是在下面堆砌很高的台子上面建造祭坛、宫殿等。据古代文献记载，商纣王曾建"摘星楼"寻欢作乐；到秦汉时期，受到当时道家升仙思想的影响，使许多人认为住得越高越能接近神仙，便于升仙。于是，统治阶级的殿堂与住所便越盖越高了。从出土的大量随葬建筑模型来看，他们少则二三层，多则七层。后来佛教传入后，古代工匠把印度的佛塔与汉代的多层楼阁结合起来，形成了中国式的佛塔建筑，有的高达几十层，可以说是中国古代的摩天大楼了。

这座陶楼最精彩之处在于主楼与附楼之间有一长廊式的覆道。覆道是秦汉时期的一种建筑形式,是在高层建筑之间架设的空中通道,类似我们今天的过街楼。覆道将一座座高层楼阁连接起来,形成了巍峨壮观的组建筑群。正像唐朝著名诗人杜牧在《阿房宫赋》里所赞美的那样,"覆道行空,不霁何虹?"它的意思是说覆道横挂在空中就好像一道彩虹出现在天空中,从这里我们可以想见它的美丽与壮观。但遗憾的是我们今天见到的都是明清时代的建筑,而秦汉早期的覆道虽然历史文献记载得很多,但真正的实物确未曾见过。这座七层连阁陶仓楼的发现,为我们了解当时的建筑风貌和社会历史,提供了极为宝贵的实物资料,使我们有幸一睹秦汉时期覆道的风采。

这座陶楼形体高大沉稳,比例协调,明暗虚实相间,高低错落有致,体现着中国古代造型、绘画艺术与建筑艺术的融合。主楼从下到上逐层收进,附楼由上到下逐渐敛小,加上每两层设置的腰檐和平座形成了有比例的收进、挑出,形成了流动的曲线美。外表鲜艳的色彩把它装扮得富丽堂皇,华美庄重,使我们感到与其说它是一件建筑明器,倒不如说是一件不可多得的艺术珍品。

站在这座高大雄伟的陶楼前,一种民族自豪感不禁油然而生,它雄辩地说明以庭院建筑著称的中国,高层建筑也毫无逊色。中国古代建筑就像它的历史一样灿烂辉煌。

国宝的故事
——莲鹤方壶的传奇

同学们!大家看到的这两件莲鹤方壶,是我国古代青铜器中罕见的一对双胞胎,它们同出土于河南新郑春秋郑国国君大墓。一件收藏于河南博物院,一件收藏于北京故宫博物院。收藏于河南博物院的这件高116厘米,收藏于北京故宫博物院的那件高117厘米,重量都是65公斤左右。我们先来看看它们的外观特征,从下往上看,壶的最下面是两只又像龙、又像虎的怪兽,承托着上面的壶身,壶身上面有八条大小不等、形态各异的龙。最上部是壶盖,盖的四周是盛开的双层莲瓣,中间伫立一只展翅欲飞的仙鹤,因此这件壶得名"莲鹤方壶"。莲花,也叫荷花,是中国固有的一种古老植物品种。据《诗经》记载,早在春秋时期新郑一带就盛产荷花。仙鹤也是一种古老的动物,这一时期曾活跃在中原大地。将他们装饰在青铜器上是对现实生活的反映,风格已迥然有别于殷商、西周青铜器,标志着中国青铜艺术风格的一个新的开端。怒放的莲花和展翅欲飞的仙鹤,象征着春秋战国时期封建制度的兴起和新的思想观念的上升,所以郭沫若先生盛赞莲鹤方壶"乃时代精神之象征"。

这件莲鹤方壶是怎样制成的呢?告诉你们,制作这么复杂的一对铜壶可不是一件简单的事,其装饰采用了平面、立体、浮雕、圆雕、镂空等多种手法,必须使用当时先进的分铸、合铸及焊接工艺来完成。壶上面的仙鹤、莲花、龙等都是先铸好,然后再整体合铸或焊接到壶身上的,而且制作龙、仙鹤等泥模时,还要有高超的雕塑水平。此外,这么大的一对铜壶,需要用差不多三百斤铜水,要几十个人一块动手。它反映了中原地区高度发达的青铜文明!它铸造如此精湛,天衣无缝,不愧为中国"青铜时代的绝唱"!

那么,这么精美的青铜器又是做什么用的呢?壶在古代被归为酒器,主要是盛酒用于祭祀。在古代,青铜被人们称为"金"或"吉金",与它高贵的名字相匹配的,必须是身份显赫的贵族。根据考证这件器物的使用者应是郑国的国君郑僖公。由于莲鹤方壶体积高大,装饰华丽,许多人认为它不可能作为实用,可能是置于庙堂上的陈设品,是主人地位、财富、实力的象征。

莲鹤方壶作为河南博物院的"镇院之宝",不仅是因为它那不凡的造型设计和高超的铸造工艺,而且还跟河南博物院的建立有着非常密切而又直接的关系。这可是一个既有趣又传奇的故事!1923年的一个夏天,太阳火辣辣的照在大地上,河南新郑一个叫李锐的地主正在家大汗淋漓地打井呢!因为连续多日的高温不下雨,他菜园里的好多蔬菜都快旱死了!可他做梦也没有想到,水井下面竟是春秋时期郑国的大墓!里面曾经安睡着郑国的国君!这时候,恰逢北洋陆军第十四师师长靳云鄂来新郑一带巡访,听说了这件事后马上制止,并且派专车把这一百多件青铜器运到了当时的河南省会开封,交给河南古物保存所收藏。到了1927年,冯玉祥将军任河南省政府主席,他倡议在河南建立一所博物馆,来保存这批珍贵的文物,这座博物馆就是河南博物院的前身。

说到这儿,一些同学可能会发出疑问:"这对青铜器1923年就出土了,八十多年来,它是怎样保存至今的呢?"莲鹤方壶收藏于河南省博物馆后,1937年抗日战争爆发,日本开始了全面的侵华战争。在这危急的时刻,当时的河南博物馆为了保护这批文物,决定转移文物!他们把精品文物装了68个大箱子，从开封出发，先后运到了武汉和重庆保存。1949年重庆解放的前两天，国民党政府把其中的38箱文物用飞机运到了台湾，而剩余的30箱还未来得及运走，重庆就解放了，这对双胞胎凑巧就在这剩余的30箱当中！因此，我们今天能够在中国大陆看到它们，可真是不幸中的万幸啊！到了1950年，方壶中的一件被调到了北京的故宫博物院保存，另一件运回河南，成为我们的镇院之宝。为了让观众一睹这对双胞胎的风采，在故宫博物院的大力支持协助下，在时隔五十五年后的今天，这对姊妹莲鹤方壶再度重逢于河南博物院，让我们重温了她们悲欢离合的身世和凄楚动人的往昔。

　　莲鹤方壶作为中国青铜文化的典范之作，曾多次巡展世界各国，那美丽的花纹，气势恢宏的王者风范，震撼着每一个造访者的心灵，它无愧于国之瑰宝。它留给我们的不仅是中国青铜时代的光辉，而且是中原儿女奋起抗争、保护民族文化的壮丽篇章。

　　同学们！国宝的故事今天就为大家讲到这里。听了国宝的故事，同学们都有哪些思考呢？我们是不是应该在赞叹祖先的聪明才智的同时，为保护文物尽自己的一份力量呢？

第六章　讲解接待礼仪

在礼仪活动日益频繁的今天,讲究礼仪很是重要,几乎已成为做现代人的必备素质之一。博物馆是人们旅游观光的重要场所之一,是传播精神文明的窗口,经常面临着迎来送往的活动。作为博物馆的工作人员特别是讲解员,承担着传播文明的使命,在日常的接待工作和活动中更是频繁地接触到礼仪的内容,无论对内对外,掌握一定的礼仪知识是必不可少的。

第一节　礼仪的内涵

礼仪,是人类文明的一个重要组成部分,是世界各民族宝贵的文化积累和精神财富。礼仪是社会生活中不可缺少的内容,随着社会的进步,人们交往范围的扩大,特别是在中国走向世界的今天,它更为人们所重视。它不仅是现代文明人必备的基本要素,而且是社会交往和事业成功的重要条件。英国约翰·洛克说:"礼仪是在他的一切别种美德之上加上一层藻饰,使它们对他具有效用,去为他获得一切和他接近的人的尊重与好感。"①

一、什么是礼仪

所谓礼仪,是指人们在社会交往中用于律己、敬人的约定俗成的行为规范和程序,是调节人们行为和人际关系的一种规范,实际上是一门交际的学问。

---

① 云牧心:《社交与礼仪知识全集》,北京:中国人民大学出版社1999年版。

"'礼'即礼貌、礼节;'仪'即仪表、仪态、仪式"①。通俗地说,"凡是把人内心待人接物的尊敬之情,通过美好的仪表、仪式表达出来就是礼仪"②。换言之,就是人们在各种场合的一些"讲究"、"规矩"、"原则"、"程序"、"习俗"、"风尚"等。诸如"礼貌"、"礼数"、"礼俗"、"仪礼"等,一个"礼"字实际上是礼仪的别称或者是其内涵。

礼仪包括礼貌、礼节和仪式、仪表等。礼貌、仪表偏重于外表、语言和行动等方面;礼节、仪式则侧重于程序、方式等方面。在国际交往中,礼仪的程度反映了一个国家和民族的精神面貌和文化素养,代表着一个国家和民族的政治态度和友善程度,有一定的国际影响。在人际交往中,懂得礼仪,有助于美化自身、美化生活、提高人们的修养;有助于促进人际关系的改善,加强友好往来。礼仪是人际交往的一座桥,而不是一堵墙。

二、礼仪的由来

礼仪是怎么产生的呢?追根求源,最早产生于原始的宗教,是原始人类对大自然和神灵的崇拜形式。在当时的条件下,人们对自然界和自身的一些现象无法做出解释,就将其看成是大自然的恩赐和惩罚,是神灵的意志,于是开始对自然及神灵产生了一种敬畏,以求得赐福和精神的安慰,希望免除灾祸。为了表示这种崇拜的虔诚,古人就创造出了各种方式和程序,随即形成一整套的仪式和行为规范,这就是礼仪的产生。由于礼仪的活动都有一定的规矩、仪式,于是又有了礼节、仪式的概念。进入文明社会以后,人们把这种礼仪活动由祈神转向敬人。把对神的礼貌、尊敬,扩展到人的身上,于是就产生了一系列对人表示尊敬的礼节、礼貌。同时,也包含了为表示敬意或为显示隆重而举行的仪式。这样凡是把待人接物的内心尊敬之情通过美好的仪表、仪式表达出来,就叫"礼仪"。随着社会的发展,"礼"又成为衡量社会行为和道德规范和法则的总称。"仪",本意指法度、准则和规范,后来才有了仪式和礼节的含义。

中国历来以"礼仪之邦"著称于世,早在三千年前中国就有了"礼"的传

---

① 云牧心:《社交与礼仪知识全集》,北京:北京工业大学出版社 2006 年版。
② 金正昆:《涉外礼仪教程》,北京:中国人民大学出版社 1999 年版。

统,出现许多礼貌、礼节的规定,如执帚迎宾、沐浴更衣接待等等。

第二节 讲解接待礼仪的原则和表现

根据博物馆工作的实际,在接待服务中应遵循维护形象、热情礼貌、不卑不亢、求同存异、信守约定、把握分寸、尊重隐私、女士优先等原则。

一、讲解接待礼仪的原则

1. 维护形象,打造品牌

形象是博物馆留给外界的总印象。它不仅包括外在的内容,如博物馆的外观和各种硬件,博物馆员工们的长相穿戴和言谈举止等,同时也包括内涵的一些内容,如博物馆员工的素质、博物馆的接待服务水平、博物馆的含金量等。这里既包括博物馆的整体形象,也包括每个员工的具体形象。形象代表着博物馆的面貌和水平,由此而产生他人对个人和博物馆的总体评价和看法。心理学实验证明:一个人留给他人的第一印象非常重要,而且往往会一成不变。它的好坏,通常会对人际关系造成极大的影响。对商业界人士而言,形象就是品牌,就是服务,就是效益,就是无形的资产。所以在接待服务中,维护形象,包括个人和博物馆整体形象是至关重要的。因此,有利于维护形象的事、话要多做多说,不利于维护形象的事、话不做不说。博物馆的整体形象主要是由每一个个人形象组成的,下面我们就维护好个人形象的问题作一探讨。

首先,要注意个人的仪表。仪表包括容貌、表情、穿着、言谈举止等,体现着个人的修养和爱好。在正常情况下,容貌更为引人注目,因此在接待中要注意容貌的修饰和美化(见图6-1)。接待中要有一定的表情,表情要真实自然。从本质上讲,表情是其内心思想和情感的最真实、最自然地流露。与语言相比,一个人的表情往往会更准确地表达出其真实情感。

其次,要注意自己的言谈举止。"举止是一个人的肢体动作,在心理学上被称为'形体语言',它被认为能够同样真实、准确地反映人的心理活动。"[1]言谈举止反映着一个人的文化水平、教养等(见图6-2)。

---

[1] 云牧心:《社交与礼仪知识全集》,北京:北京工业大学出版社2006年版。

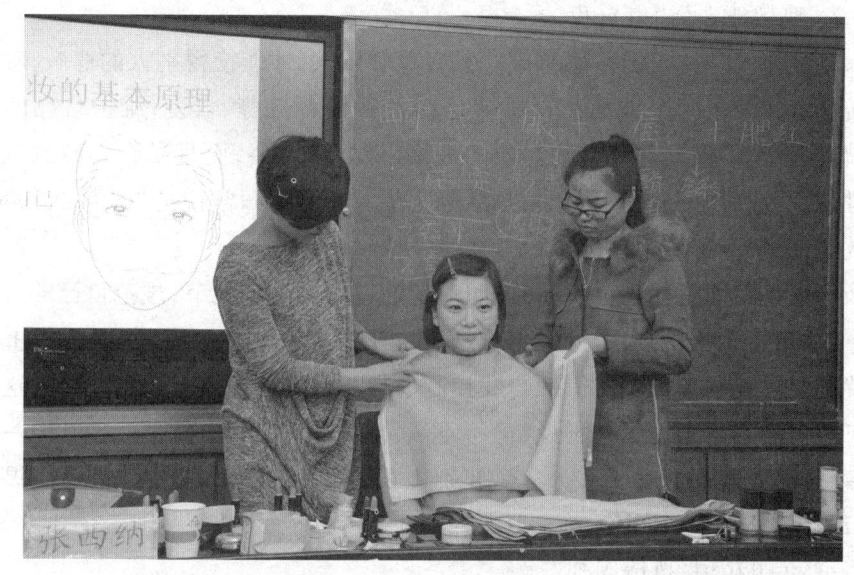

图 6-1　个人形象塑造培训

图 6-2　礼仪行为训练

另外,要不断提高自身的修养,学会待人接物、从容处世。它体现着一个人的精神境界和处世的态度,是一个人形象的内在表现。

2. 尊敬他人，约束自我

尊敬他人是礼仪的情感基础。只有尊敬别人，才能换得别人的尊敬，敬人包括自尊和敬人两个方面。自尊就是在各种场合自尊、自爱，维护自己的人格；敬人就是不仅要尊重交往对象的人格、爱好和习俗，而且要真心诚意地接受对方、重视对方，并恰到好处地赞美对方。正是我们常说的"人敬我一尺，我敬人一丈"。

约束自我即自律，就是严格按照一定的道德标准和礼节，规范自己的言行举止。"对待个人的要求，是礼仪的基础和出发点。学习、应用礼仪，最重要的就是要自我要求、自我约束、自我控制、自我对照、自我反省、自我检点，这就是所谓自律的原则。"①孔子说"己所不欲，勿施于人"。在交往中自己的一举手、一投足如若失了分寸，就会引起别人的不愉快、不舒服。因此我们提倡"宁可让人待己不公，也不可自己非礼待人"。

3. 文明礼貌，热情周到

热情礼貌是对待客人的基本常识，是尊重人、对人友好的一种表现。它具体表现在：

（1）积极主动，周到服务。对观众要热情招呼、接待、导引，认真回答咨询，有问必答，灵活应变，热情周到，让观众有宾至如归的感觉。要善于理解人、体恤人、尽力相助、不失恭敬。

（2）文明礼貌，敬语称道。一句"你好"就像春风，立刻会拉近与陌生人的距离；一句"谢谢"会像春雨，滋润对方的心田；一句"对不起"会像阳光，蒸发对方的误会。

（3）面带微笑。微笑是一种沟通，具有强烈的感染力。要学会微笑并善于微笑，微笑的时机恰当，时间合宜，笑态得体。正像一首歌里唱的那样："你微笑，我微笑，这世界多美好……"美国《时代周刊》有一位记者曾问功夫皇帝李连杰："你觉得中国最高的功夫是什么？"李连杰回答说："是微笑。因为微笑无敌。"记者又问："那你觉得中国武术的最高境界是什么？"李连杰回答说："是爱，爱最博大高深。"

4. 不卑不亢，求同存异

---

① 金正昆：《涉外礼仪教程》，北京：中国人民大学出版社1999年版。

不卑不亢、求同存异是涉外礼仪的一项基本原则。它要求对外接待人员要言行从容得体,堂堂正正。在外国人面前,既不应该表现得畏惧自卑、低三下四,也不应该狂傲自大、目中无人。一方面对外宾要热情友好,虚心学习其长处,尊重其风俗习惯。同时又要内外有别,坚决反对所谓"外国的月亮比中国的月亮圆"的自卑自贱的思想。在对外交往中要自尊、自重、自爱、自信,从容不迫、落落大方,无损于国格、人格。

国与国之间、人与人之间都各有不同的政治观念、风俗习惯、兴趣爱好。在接待中,特别是接待外宾,不要强求一致,更不要强加于人,要"求同存异"。"求同"就是要寻求一致的地方,找出礼仪的"共性";"存异"就是保留各自不同的地方,不可忽略礼仪的"个性"。这样国与国之间和人与人之间才能和平共处,友好往来。从宏观上说,礼仪的"共性"寓于其"个性"之中,礼仪的"个性"是其"共性"存在的基础,它们之间是相辅相成的。

5. 诚实守信,以诚待人

在人际交往中,取信于人是建立良好人际关系的基本前提,同时也是每个文明人、现代人应具备的优良品德。以诚待人是人际交往得以延续和深化的保证,也是社交礼仪的基本准则。在现代社会里,信誉就是效率,信誉就是形象,信誉就是生命。诚实守信,遵守承诺,言行一致,不随便许诺和夸大海口,就会口碑良好,事业有成。否则,就会降低自己的形象,失信于人。在人际交往中,如果言而无信,出尔反尔,有约不守,不仅仅是不尊重交往对象,而且也是不尊重自己。

6. 把握分寸,恭谦适度

在接待中,一方面要热情礼貌,另一方面又要把握分寸。在关心他人和安排活动时,要从建议、商量的角度出发,采用委婉的语气进行询问、协商,不能"越俎代庖"。即使很熟悉的人也不能使用祈使语气,免得有"下命令"之嫌。特别是安排客人的日程和活动时要多询问,要不厌其烦,不要想当然或自以为是。在与外宾的接触中,注意"不必过谦",对于外宾的表扬和赞美,可以很大方地道一声"谢谢",没有必要自谦或羞羞答答假客气。在接待客人特别是外宾时,要始终把握分寸,注意自己的言行举止,不因相处熟了而忘乎所以,山南海北地大侃,一些粗野的举止和不良习惯也任之暴露,不加节制。须知这不仅有损个人形象,而且还会带来负面影响。做到恭谦有度、热情有度,一切顺其自然,恰到好处。

7. 尊重隐私,女士优先

所谓隐私,就是指个人不愿意公开、不希望外人了解的私人事宜和秘密,诸如个人年龄、经历、恋爱婚姻、家庭成员、家庭住址、工资收支、身体状况等情况。在国际交往中,人们普遍讲究尊重个人隐私,并且把它视做一个人在待人接物方面的教养程度和是否尊重对方的重要标志之一。因此,在接待活动中,大家要严格遵守"尊重隐私"这一原则,特别是对外宾,更要注意。

"女士优先"是国际社会公认的一条重要的礼仪原则,特别流行于欧美地区。它主要适用于成年的男女进行的社交活动,它的含义是:"在一切社交场所,每一位成年男子,都应当尊重妇女、关心照顾妇女、保护妇女。这样的男子,才会被认为具有绅士风度。反之,则被认为是没有教养和修养的粗鲁汉子。"[1]

二、讲解接待礼仪的规范

讲解接待中的礼仪一般表现在仪表、态度、语言、举止等方面。

1. 仪表

仪表是指人的外表,包括仪容、举止、表情、谈吐、服饰等。仪表虽是指人的外表,它却是内在情感、性格、气度和修养的体现。仪表美就是自然美、修饰美和心灵美三者的和谐统一。可见美的仪表,不但是人的躯体的外壳而且还往往反映人的性格气质、思想感情、道德情操、文化修养乃至社会文明的发展程度。

接待人员在仪表上总的要求是:整齐洁净、庄重大方、美观舒适。具体要求如下:

(1)面部洁净,头发梳理整齐。不能蓬头垢面,有头屑、乱发。女士可化淡妆(不能当着客人化妆),不要浓妆艳抹。男士一般不准留长发、留胡须。做好手部的保洁和修饰,勤剪指甲,不在指甲上涂饰彩妆。不外露腋毛。

(2)服装穿着整齐大方。根据我国涉外人员的服装规定,在公务场所,最标准的服装色彩主要是深色的毛料套装、套裙或制服。男士最好选择藏蓝色、

---

[1] 云牧心:《社交与礼仪知识全集》,北京:北京工业大学出版社2006年版。

灰色的西装套装或中山装套装,内穿白色衬衫,脚穿深色袜子、黑色皮鞋。女士最好着统一色彩的西服套裙或旗袍、民族服装。夏季也可以穿单一色彩的连衣裙,或者穿短袖套裙,也可穿白色衬衫配一步裙。女士穿裙子须穿长筒袜子,最好穿肉色长筒丝袜和黑色高跟皮鞋。

在公务场所不能穿休闲装、牛仔装、运动装、健美装、背心、短裤,拖鞋、凉鞋、旅游鞋等。男士、女士不管穿何种衣服都不要有皱折,衣领袖口不能有污渍。男士穿西装务必打领带,但领带不能系得过长或过短,因为过长容易左右晃荡,显得不稳重;过短压不住衬衫,仿佛脖子上套了根绳索。男士口袋中不要放置过多的物品,在日常生活中常见有些男士口袋中放着烟、笔甚至笔记本,胀得鼓鼓的,再配上一条领带,显得非常蹩脚。男士的上衣口袋以及西裤的口袋尽量不放或少放物品,才显得干净利索,风度翩翩。女士如果仅穿长袖衬衫时,衬衫的下部一定要束在裤腰或裙腰内;袖口要系上,不可挽起来。

除了公务场所,在社交场所可以"时尚、摩登"一些,可以充分地显示自己与众不同的穿着个性,时装、礼服、民族服装、个人创意服装均可,什么服装都可以穿,在这种场所最好不要穿制服。

(3) 装饰简洁大方。如头饰、项饰、胸饰等尽量从简,搭配得当,不能杂乱琐碎,否则会显得小气庸俗,须知过多的饰品如同调料过多,给人难以下咽的感觉。

(4) 讲究风度。风度是人美好的言谈举止和仪态的综合,是人的综合素质的外在表现。它容精神境界、道德风范、文化素养、才能趣味于一体。它虽然是通过人的音容笑貌、言谈举止以及服饰打扮等外在形式表现出来的,但它却是人格魅力的辐射,内在气质的焕发,是一个人秀外慧中的统一,是一种可体味而难以言传的综合品质的体现。

2. 态度

接待观众的态度要诚恳、谦虚、大度、和蔼、耐心、亲切。始终坚持微笑服务和站立服务。在接待中要善于理解人、宽容人、体谅人、关心人、尊重人。尊重人是待人的基础,只有尊重人,才能理解人、宽容人、体谅人、关心人。孔子说:"礼者,敬人也。"敬人是礼仪的核心。

3. 举止

在举止上应大方庄重、自然和谐、风度翩翩。古人云,站如松,坐如钟,行如风,卧如弓。要"站有站相,坐有坐相"。站立时,自然挺胸收腹;坐时要挺直端庄(见图6-3)。对自己的一举一动要多加检点,举手投足要温文尔雅。这样才是符合人体骨骼生长及审美追求的一种优美的姿势和举止。

图6-3 坐有坐相

手势是肢体语言中最丰富、最具有表现力的传播媒介,做得得体适度,会在讲解接待中起到锦上添花的作用。适当地运用手势,可以增强感情的表达。古罗马政治家西塞罗曾说:"一切心理活动都伴有指手画脚等动作。手势恰如人体的一种语言,这种语言甚至连野蛮人都能理解。"①作为仪态的重要组成部分,手势应该正确地使用。谈话时,手势不宜过多,动作不宜过大。

4. 语言

在人际交往中,语言是人们彼此之间进行沟通的主要工具。常言道"言为心声"。一个人的谈吐语言,除了可以传达思想、情感外,还起着向对方表示尊重的作用。在交谈和讲话时,特别是对公众讲话时,要注意以下问题:第一,正确使用称谓。一般国内均可称"同志",对部长以上的高级官员可统称"首长"或按其职务称呼,如"×部长"、"×省长"、"×将军"等。在涉外接待中,一般称男士为"先生";女士根据年龄和婚否统称为"小姐"、"女士"、"夫

---

① 云牧心:《社交与礼仪知识全集》,北京:北京工业大学出版社2006年版。

人",如不了解对方年龄和婚否,可统称"小姐"或"女士";对部长以上的高级官员,前面冠以职衔,后边加"阁下"、"先生"等。对君主国家的首脑,按习惯称"国王"、"王后",后边加"陛下",其子辈按其身份称"王子"、"公主"等。第二,要注意语言的措辞。要用词准确、严谨、达意,不要啰里啰唆、词不达意或讲话随便。第三,要多用谦辞、敬语和礼貌用语。接待人员在讲话语言上要求文明礼貌、敬语称道,不讲任何粗话、脏话。在工作中常说一声"你好"、"谢谢"、"对不起"、"没关系"等礼貌语言,会拉近与人之间的距离,增进感情,化解矛盾,避免不必要的误会和摩擦。在正式的官方活动中,为了体现一个主权国家的尊严,在交谈和讲话时必须使用自己国家的语言,再由译员进行翻译。而在非正式的交谈中,特别是在提供服务时,则可以使用英语或对方语言。这样,既可以减少沟通环节,又可以使对方感到亲切。下面提供一些文明用语供参考。

(1) 问候语。"您好!"、"早上好!"、"下午好!"、"节日好!"、"大家好!"、"各位来宾好!"、"先生您好!"、"夫人您好!"、"小姐您好!"……

(2) 询问语。"请问您的尊姓大名?"、"请问怎么称呼您?"、"您需要我帮忙吗?"、"我能为您做点什么?"、"请问您有什么不满意的地方吗?"、"可以告诉我这是怎么一回事吗?"、"这样安排,您看行吗?"、"您还有什么要求吗?"……

(3) 告诉语。"麻烦您走入口。"、"对不起,劳驾您走出口。"、"对不起,我们这里不能带包入内,请您将包存于门口存包处。谢谢您的合作!"、"很抱歉,我们这里现在还没有这些设施"、"很抱歉,这个展览目前没有开放,请您参观其他展览好吗?"、"这个卫生间正在清理,麻烦您去使用那个卫生间好吗?"、"麻烦您在这里登记一下好吗?"……

(4) 致歉语。"对不起!"、"非常抱歉!"、"请多包涵"、"打扰您了"、"给您添麻烦了"、"请原谅我的失误!"、"不好意思,让您久等了!"、"不当之处敬请原谅!"……

(5) 感谢语。"谢谢!"、"感谢您的关照!"、"十分感谢您的款待!"、"非常感谢您的盛情"、"对于您的盛情款待深表感谢!"、"承蒙关照!"、"承蒙提携!"、"承蒙夸奖,不胜荣幸!"……

(6) 告别语。"再见!"、"请走好"、"欢迎下次再来!"、"欢迎您再次光临!"、"一路平安"、"请问候您的家人!"、"请代我问候某某!"……

在人际交往中敬语的使用,除了以上这些外,在其他一些场合也常用敬语,如等待客人说"恭候",请人勿送说"留步",陪伴朋友说"奉陪",中途先走说"失陪",向人道贺说"恭喜",赞赏别人的见解说"高见"等等。

第三节 讲解接待的礼节和仪式

一、礼节

1. 迎送礼节

(1) 迎接礼节。迎接来宾是接待来宾的第一个环节,一般都比较重视,特别是重要来宾。迎宾礼仪的目的在于礼待宾客,给来宾以与其身份、地位相符的礼遇。迎接来宾的礼仪由两部分组成:一是迎宾前的礼仪准备,二是迎宾时的礼仪操作。迎宾前的礼仪准备包括掌握来宾人员的基本情况、拟订接待计划、打扫整理来宾所要到之处、检查安全和各项工作的落实情况等等。掌握来宾的基本情况包括来宾姓名、性别、年龄、籍贯、婚姻、学历、职业、职称职务、兴趣爱好、身体状况、主要禁忌等方面。拟订接待计划包括接待规格、日程、活动内容、接待陪同人员及其基本情况等方面。迎宾时的礼仪操作包括播放迎宾曲、见面礼节、互相引见介绍、列队欢迎、让进贵宾室、主方主陪致欢迎词及介绍本馆基本情况等。国家元首级来宾来馆时,还要举行欢迎仪式,播放迎宾曲,并在入口处列队欢迎。如果非国家元首级来宾可免去播放迎宾曲、列队欢迎两个过程。

来宾到来之前,主要接待陪同人员应穿戴整洁,提前迎候在大门外。如果重要来宾是专程来博物馆的,还需要到车站、机场去迎接。来宾到来后,主要接待陪同人员按规定顺序,与来宾见面。当被介绍给对方时,应面带微笑,恭谨站立,目光平视对方,不要上下左右打量对方,特别是女士和外宾。

没有介绍人时可以自我介绍,内容包括自己的姓名、单位、职务等,并双手送上自己的名片。接受对方名片时也应用双手接过,并略看片刻,然后恭谨地放入自己上衣的口袋内或手提包内,不可随意放在一边。如果是在贵宾室交换名片,应当从座位上站立起来,恭敬地用双手接过对方的名片,并说:"谢谢！"同样，递上自己的名片时，也要从座位上站起，走到别人面前，双手以齐胸的高度递上自己的名片，说声"请多指教！"、"请多关照！"、"请多联系！"等话语。

在介绍别人时应注意措辞，用"这位"、"那位"等文雅词，不要用"这个"、"那个"。介绍时手面向上平指对方，切忌用一个手指头指着对方。在对方介绍随行人员时，要面带微笑看着对方，并上前握手，已握过手的微笑点头即可。如果是名人还可以说："久仰！久仰！"、"久闻大名"等。

见面时一般行握手礼，同时说："您好！"、"欢迎您来参观指导！"、"欢迎您的光临！"、"认识您很高兴！"等问候和欢迎语。距离较远不便握手者，可以点头以示欢迎。

握手时谁先伸出手是有讲究的，一般是身份为尊的一方先伸出手来，如职务高者、长辈、女士、主人等应先伸出手来，主动握手。但离开时客人要先握手。与尊者握手，要向前一步，略倾上身，以示尊重。握手时要握住对方的右手，用力不重不轻，适当停留一会儿。切记，不要用左手与来宾握手，不要双手同时与两人交叉握手，更不要戴着手套与来宾握手。来宾若是团体，要按来宾身份高低顺序，一一握手，不要顾此失彼。

（2）欢送礼节。来宾参观完毕起身告辞后，主人应送至大门外，握手告别，有礼貌地说："再见！"、"欢迎下次再来！"、"祝您旅途愉快！"等欢送语，然后肃立一旁，待客人汽车启动或迈步出门时，举手欢送，并持续到客人离开一段距离后，方可返回。

对于专程来博物馆的来宾，在其即将离开的前一天，主人应当专程前往其住处进行探望，与之话别。在可能的情况下，主人应当亲自送来宾到机场、车站。如果确实脱不开身，也可委托专人代表自己，前往送行。

国家元首级来宾离馆时，还要举行欢送仪式，播放欢送曲，并在出口处列队欢送。

2. 导引陪同礼节

作为导引和陪同要时刻注意自己的仪态与风度，"站要有站相，坐要有坐相"。走路要稳健、自如、轻盈、敏捷。行走时目视前方，不能左顾右盼。上身要挺直，脊部和腰部伸展放松，膝盖伸直迈步，双臂随之自然摆动。双脚抬起落地时要脚跟先着地，不要脚尖先着地，这样会显得不稳健。

在导引和陪同来宾时,速度要与来宾保持一致,不可径直往前走,把来宾甩在后边;但也不可太慢,落在来宾后边。一般应与来宾保持平行,但要稍有间距。如果主要任务是导引,应走在来宾的左前方,保持一米的间距。上下楼梯时,引导的人应该靠扶手一边走,而让来宾靠墙走。

两人并排行走时,一般遵照"以内为尊"或"以右为尊"的惯例,即让客人走在里边或右边。如果三人并行,则以中为尊,以右次之,以左再次之。即让主宾走在中间,辅宾或主陪走在右边,主陪或副陪走在左边。

和客人同行时要礼让,不要抢先。和来宾并排行走要保持有一定的间距,避免与对方发生身体碰撞,尤其是女宾。万一发生了这种情况,务必及时向对方道歉,说声:"对不起。"

随行人员应走在主宾和主陪后边,而不要挤在主宾和主陪两边同行。行走在后的人员与前排人员也要保持一定间距,不要紧紧尾随其后,避免"窃听"之嫌。也不要在后边窃窃私语、指手画脚、搞小动作。

凡能见到来宾的博物馆工作人员,当有重要来宾特别是有一定影响的特殊来宾光临时,都要坚守在自己的工作岗位上,不要前往围观、窥视,更不要指指点点、大声喧哗。在不少国家里,这种举动会被视为"侵犯人权"或"人身侮辱"。

来宾所到之处,如贵宾室、展厅、卖品部、卫生间等,导引和陪同都要进行指引,并配以手势示意。行走路线有变化的地方,如拐弯、上楼、下楼或道路有障碍处,都要专门给以提示,告诉客人"请这边来!""请上楼!""请下楼!""请一直往前走!"等等。

引导客人进入室内,如进入贵宾室,要有专门礼仪接待人员迎宾并主动为客人拉门,或者由陪同人员先上一步为来宾拉门(见图6-4)。来宾进入室内后,要指引让座。让客人入座,应把上席或好位子指引给客人。按中国人的习惯,一般把靠墙对门的座位视为上席,无上席时视质料好、位置好的座位为好座位。来宾离开室内,同样要为来宾拉门。

在陪同接待中不要从谈话的客人中间穿行,如急需通过须向客人说明或表示歉意。不得当着客人梳理头发、照镜子、化妆、挖耳朵、擤鼻涕、抠鼻孔、搓泥垢、揩眼屎、剔牙齿、修指甲、打喷嚏、打哈欠、挠痒或挠头摸脑、抖动腿脚或交头接耳等。咳嗽、打喷嚏时,应用纸巾掩住口鼻,面向无人处,避免发出声

图6-4 为贵宾开门

响。女士需要补妆应到卫生间或无人处。

在与来宾谈话交流时,一般手应保持静态,手势不宜过多,动作不宜过大,更不能手舞足蹈。对外宾尤其是女性,不要问年龄、婚姻,也不要问工资收入等情况。由于各国有不同意义的手势,在陪同接待中不可滥用手势,以免造成误解和不快。表示友好应遵照国际惯例,不应按照乡土民俗见面拍拍打打、推推搡搡、拉着手不放,或者抚摸对方、勾肩搭背、依偎在别人的身体上等。

3. 坐立礼节

博物馆接待来宾主要以参观为主,也有会见、开幕式、谈判、签字仪式等接待活动。这些活动一般都在室内进行,涉及入座的礼仪规范。它要求:讲究顺序,礼让尊长,注意方位。要从左入座,背对座椅。入座方法一般有相对而坐、并列而坐、随意而坐等。相对而坐是主客双方面对面就座,它便于主客双方进行交流和沟通。这种坐法以贵宾室的正门为准,面对正门的一边为上座,应请来宾就座;背对正门的一边为下座,应由主人一方就座。假如主宾双方不止一人,则各自按照身份高低,自右向左依次就座。并列而坐是主客双方面朝一个方向就座,它显得双方平等与亲密。这种坐法的排列顺序是:主宾坐在靠右中间,主陪坐在靠左中间,其他人员各按身份高低,依次坐在主宾和主陪一侧。随意而坐没有排列座次,大家可以自由选择座位,比较随意。这种坐法比较适合同时接待多方宾客时。

接待陪同人员入座要轻而稳,不能发出响声。坐的姿势要求端正、舒适、自然。不论坐在椅子上还是坐在沙发上,都不要全部占满。上身端正挺直,头正目平,嘴唇微闭,表情自然。手要放在适当位置,可平放在沙发扶手上或双腿上,这样会显得比较精神庄重,但不宜过分死板僵硬。双手不能抱在脑后、抱在胸前、插入衣兜或手托下巴。双腿要并拢或稍开,尤其是女性更要注意这一点。女士也可以双脚腕交叉,不可双腿叉开过宽或双腿扭在一起、双腿弯曲、一腿高抬跷着二郎腿或双腿向前大伸,半躺半坐,更不能歪歪斜斜摊在沙发上。夏季不可将裤腿捋到膝盖上,切忌坐在那里双腿不停地抖动或搓腿。如果是座谈,要目视发言人,注意听,不要左顾右盼、抓耳挠腮或表现出烦躁不安的样子。

离座时也要稳而轻,避免带起或碰到沙发上的东西;站起来后要先整理一下衣服,避免衣服歪扭或皱褶。在陪同中如需离席,要向客人说明并表示歉意。

陪同接待人员在站立时要规矩端庄,身体自然挺直站立,两肩相平放松,双手自然下垂或握手于前、背手于后,适当采取稍息姿势,身体的重心置于两脚的后部。双目平视向前,精神饱满,面带微笑,胸部稍挺,小腹收拢,整个形体显得庄重、平稳、自信而有力度(见图6-5)。站立时间较长时,可以以一只腿支撑,另一腿稍稍弯曲。但上身始终要保持挺直。由于性别的差异,男性的站立姿势要稳健,站如松,以显示男性刚健、强壮英武、潇洒的风采;女性的站姿要"亭亭玉立",以体现女性轻盈、娴静、典雅的韵味。切忌歪头、缩颈、耸肩、含胸、塌腰撅臀。在站立中不要歪胯、扶腰、叉腿或者浑身不停地动、频繁交换姿势、双手插在裤子的口袋里等。

4. 送水、送物礼节

茶水是中国招待客人的常用饮料,茶具以陶瓷制品为好。茶水沏得要适中,不要沏得太浓,但也不能太淡。为客人倒茶水时不宜过满,茶水一般占杯子的三分之二即可。送茶水一般要用托盘,先为客人上茶,再为陪同人员上茶。上茶时先把茶盘放在茶几上,双手捧杯,轻轻将杯子稳放在客人面前或手中。若茶盘无处可放,可一手托盘,一手从盘中取出杯子放在客人面前(见图6-6)。一般从右侧递给客人茶杯,递杯子时注意不要把手指放在茶杯口沿上,也不要让茶杯撞在客人手上或把茶水洒在客人身上。客人如果坐的时间

第六章 讲解接待礼仪　189

图6-5　站立服务

图6-6　倒茶送水

较长,中间可添1~2次茶水。添水时要将杯子拿到离开客人之处,以免在倒水时溅在客人身上或流在桌子上。倒水时杯盖需倒置放在桌上,以保持杯盖的洁净,并注意茶杯和茶壶盖子的安全。倒水时注意尽量减少响声,并小心谨慎,不要打碎物品。若倒水时不慎将水流在桌子上,应说声"对不起",并立即取来干净毛巾擦干。

请客人留言,要事先准备好毛笔、签字笔两种,并准备两种书写材料。客人写完毛笔字后,要递上卫生的湿毛巾让客人擦手,并对客人的留言表示感谢。

客人赠送礼品时要双手接过,并表示感谢。回赠客人礼品,一般要事先准备好并装在袋子里,双手送上。贵重礼品在接、送时一定要小心谨慎,避免意外。

二、仪式

仪式,是礼仪的秩序形式,是为表示敬意,而在一定场合举行的、具有专门程序的规范化的活动。本文主要论述与博物馆有关的一些礼仪活动,如剪彩仪式、签字仪式、揭牌仪式、开幕仪式、闭幕仪式等。

1. 开幕仪式

开幕仪式是举办各种活动或企业、商店、博览会开业之前所进行的一种仪式。仪式现场应有一些标志,如横额、标牌、音乐,大的开幕仪式还要准备彩带、气球、鞭炮、音响设置、文艺演出等,布置要突出喜庆热烈的气氛,并要为来宾准备签名桌和签名册以及具有此次活动意义的礼品。

开始之前由举办单位的领导在场地入口处迎接重要来宾,并由导引员引进贵宾接待室休息等候并签名留念,其他来宾由导引员引领至签名处签名、领取礼品并休息等候。

开幕仪式一般分为开场、过程和结束三个阶段。当准备就绪后,由主持人宣布来宾就位,并宣布议程开始,奏喜庆欢快的乐曲,非限制鞭炮的地区,同时可以燃放鞭炮,营造喜庆气氛。简单议程如下:

第一项,介绍主要来宾姓名、职务。

第二项,由举办单位负责人致辞,其内容包括向来宾和祝贺单位表示感谢和介绍举行此次活动的原因和目的。

第三项,上级领导和来宾代表致贺词。

第四项,宣布开幕式议程结束,邀请来宾参加所要举办的活动或文艺演出、聚餐等。同时播放欢庆音乐、放气球或举行欢庆活动,如敲锣打鼓、舞狮子、扭秧歌、打腰鼓、跳舞等,也可举行冷餐会、宴席等。

注意事项:

(1) 开幕仪式的时间不可过长,一般控制在半个小时左右。

(2) 致辞和贺词以及发言须言简意赅,一般应事先准备一个发言稿,避免长篇大论或信口开河(见图 6-7)。

图 6-7 《鼎盛中华——中国鼎文化展》开幕式

2. 闭幕仪式

闭幕仪式是举办的各项活动完成即将结束举行的一种仪式,宣布此项活动顺利完成、胜利结束。仪式现场也同开幕仪式一样,应有一些标志,如横额、标牌、音乐,大的闭幕仪式还要准备彩带、气球、鞭炮、音响设置、文艺演出等,布置要突出喜庆热烈的气氛。

闭幕仪式同样分为开场、过程和结束三个阶段。当准备就绪后,由主持人宣布来宾就位,并宣布仪程开始,奏喜庆欢快的乐曲,非限制鞭炮的地区,同时可以放鞭炮,营造喜庆气氛。简单议程如下:

第一项,介绍主要来宾姓名、职务。

第二项,由举办单位负责人致辞,其内容包括向来宾和祝贺单位表示感谢和介绍此次活动举办的情况与结果。

第三项,表彰有功人员或向获奖人员颁奖。

第四项,上级领导和来宾代表致贺词。

第五项,宣布闭幕仪式议程结束,邀请来宾参加所要举办的活动或文艺演出、聚餐等。同时播放欢庆音乐、放气球或举行欢庆活动,如敲锣打鼓、舞狮子、扭秧歌、打腰鼓、跳舞等,也可举行冷餐会、宴席等。

3. 剪彩仪式

剪彩仪式是各种活动开张时所举行的一种仪式。一般要隆重热闹,别有新意,营造一种热闹的气氛。首先准备剪彩用具,如红色缎带、剪刀、白色薄纱手套、托盘以及红色地毯等,一般应是新的。红色缎带,即剪彩仪式中的"彩"。按照传统的做法,它应当由一整匹未曾用过的红色绸缎,在中间结成数朵团花而成。但随着发展,本着节约方便的原则,现在已由一条细窄的红色缎带结成花朵所替代。红色缎带上所结的花朵要美观、硕大而醒目,所结花朵的数目要根据剪彩的人数而定,比剪彩的人数多一个,或者比剪彩的人数少一个。

剪刀要为每位剪彩者准备一把,在剪彩前应检查一下是否好用,有无毛病,必须要确保剪彩者"一剪成功",且无补刀。

白色薄纱手套是专为剪彩者准备的,因为在正式的剪彩仪式上,剪彩者最好带上一幅白色薄纱手套,以示郑重其事。

托盘,是在剪彩仪式上盛放红色缎带、剪刀、白色薄纱手套的用具,由礼仪小姐用手托着,供剪彩者使用里面的剪彩用具。托盘的数量可以与剪彩者的数量相同,也可以是一个,上面放着所有的剪彩用具,由一位礼仪小姐分别送到每位剪彩者手中。

红色地毯,主要用于铺设在主席台剪彩者的站立之处,其宽度不能少于1米,长度视剪彩的人数而定。

剪彩仪式一般如下:

第一项,请领导、剪彩者站到主席台,由主持人宣布剪彩仪式开始,并鼓掌向与会者表示谢意,然后介绍重要来宾。

第二项,安排举办此次活动的代表作简短发言,之后安排来宾代表致祝词。

第三项,进行剪彩。先宣布剪彩人,并请他们来到剪彩的位置上,然后宣布剪彩,由礼宾小姐为每位剪彩者递上剪彩用具,并接过剪断的彩花。剪彩人一般由来宾或上级领导、知名人士担任。剪彩时主席台上的人一般应尾随其后1~2米处,剪彩后大家要热烈鼓掌。

4. 签字仪式

签字仪式是一种比较隆重、庄严的仪式,一般是双方或多方签订协议、协定或条约,要求比较规范和严格。

首先要做好文本的准备工作,如文本的定稿、翻译、校对、印刷、装订等项工作,签字还要准备好签字用的工具,如签字笔、吸水纸、文件夹等。其次要布置好签字场所,在签字厅明显位置摆放长方形签字桌一张或两张(多方签字则摆放多张桌子),桌后放两把或多把椅子,为签字人员签字时的座席。根据国际惯例"以右为上"的原则,主人坐左边,客人坐右边。桌上放置各自的签字文本和签字文具。如果是国际间的签字仪式,在桌子中央还要摆放双方或多方小国旗。

列席人员双方一般各5人,为了表示对签字的重视,往往由更高级或更多的领导人和有关人员参加。签字仪式坐着或站着进行均可,时间一般为15~20分钟。程序如下:

第一项,入座。在约定场地集合,双方签字人员在规定的席位落座,助签人员分别站立在签字人员旁边,协助翻揭文本和指明签字处。

第二项,签字。签字时先在本方文本上签字,然后双方交换文本在对方文本上签字,签完字后再次交换文本,双方文本各自回到本方(见图6-8)。在签字时如果是横版印刷的文本,本方的文本在左侧签字,对方文本在右侧签字;竖版印刷的文本本方则在右侧签字,对方的文本在左侧签字。签完字由助签员用吸水纸按压签字部分。

第三项,讲话。签完字后,双方签字人员分别起身讲话。讲话完毕,用香槟酒共同举杯庆贺签字成功。

第四项,拍照留念。

5. 揭牌仪式

揭牌仪式是一种比较隆重的仪式,这种仪式包括授牌、接牌、挂牌、揭牌等仪式。这种仪式的举行起着宣传和教育的双重作用,要求参加人员越多越好,特别是被授牌单位的人员。博物馆的接牌仪式多为建立各种基地的授牌、接牌、挂牌、揭牌仪式,如学生教育基地或军人德育教育基地等,也有接受荣誉,

图 6-8　河南博物院与教育基地签字仪式

如各级"示范岗"、"文明号"等授牌、接牌、挂牌、揭牌仪式。

　　此种仪式首先要做好揭牌的准备工作：准备各种发言稿，揭牌的牌子、盖牌子的红绸布、挂牌的地点和装置；准备庆典内容，如参观展览、观看表演等；组织联络好参加接牌仪式的人员，邀请有关领导和宣传报道的新闻媒体，并做好照相、录像等保存资料等工作；确定举行揭牌仪式的地点、接牌领导和发言领导及主持人。

　　举行仪式当天对揭牌仪式现场进行布置，并安装好音响设置，做好来宾的接待、安置工作。揭牌仪式程序如下：

　　第一项，由主持人宣布授、揭牌仪式开始。

　　第二项，介绍参加授、揭牌仪式的领导。

　　第三项，请有关领导宣读授牌的决定（决定内容一般包括授牌单位、揭牌单位、授牌名称、授牌目的等）。

　　第四项，请有关领导授牌和接牌单位领导接牌或者是双方领导共同揭牌（将事先已挂好的牌子盖上红布，双方领导一块儿揭掉红绸布（见图 6-9）。

　　第五项，请授牌单位领导讲话（讲话内容一般是对揭牌单位所起作用的肯定和今后的打算等）。

　　第六项，请接牌单位领导讲话（讲话内容一般是表示感谢和表决心等）。

第七项,请上级领导讲话(讲话内容一般为做指示、提希望等)。
第八项,宣布接牌仪式完毕,庆典活动开始。

图6-9　河南博物院李剑晨艺术馆揭牌仪式

6. 捐赠仪式

捐赠是一种社会公益活动。这种仪式的举行起着表彰、宣传和教育的多重作用,要求参加人员越多、越广泛越好。博物馆的捐赠仪式多为接受社会、团体和知名人士捐赠文物、书画、工艺品等收藏品,并对捐赠者给予相应的荣誉与表彰,以鼓励社会更多地关注博物馆,形成良好的社会风气。在这项活动中首先要做好捐赠仪式的准备工作:准备各种发言稿,选好捐赠地点和装置,如放置捐赠物品的条几或桌子、盖捐赠物品的红绸布、赠予捐赠者的荣誉证和纪念品等;组织联络好参加捐赠仪式的人员,邀请有关领导和宣传报道的新闻媒体,并做好照相、录像等保存资料等工作。举行仪式当天对揭牌仪式现场进行布置,并安装好音响设备,做好来宾的接待、安置工作。其仪式一般比较简单,主要程序如下:

第一项,由主持人宣布捐赠仪式开始,并介绍参加仪式的主要领导(见图6-10)。

第二项,介绍捐赠人和捐赠的物品。

第三项,受赠单位负责人讲话(主要是对捐赠者表示感谢和肯定捐赠的意义)。

第四项,捐赠和接受仪式。

第五项,受赠方负责人给捐赠者颁发荣誉证和纪念品。

第六项,捐赠者讲话。

第七项,合影留念。

第八项,结束(有的由受赠方宴请)。

图6-10 河南博物院捐赠书法作品仪式

三、接待场所

接待室作为博物馆服务中的重要机构,具有重要地位和突出作用,它体现着博物馆的面貌和服务水平,是博物馆对外的重要窗口,也是对博物馆的实力、高新科技、管理水平、员工素质和精神面貌的全面展示。接待室应由专人负责,配备必需的设备和与接待任务适应的接待服务人员,建立接待服务档案。

1. 接待室

(1) 接待室的设备和硬件。家具设备:高档沙发、茶几、几案、操作服台、博古架、储藏柜、衣架、屏风、签名留言桌等。

电器设备:灯具、空调、饮水机、烘干机、消毒柜、电话、音响设备、吸尘器等。

服务用具:饮品酒水具(茶杯、咖啡杯、酒杯等)、服务用品(毛巾、托盘、碟盘等)、消耗用品(饮品、茶叶、酒水、纸巾、洗手液、卫生纸、垃圾袋、纸篓等)。

签字用品:毛笔、签字笔、宣纸、签名册、毛笔架、镇纸、墨汁、砚台等。

(2) 接待人员的配备与职责要求。接待人员的配备:一般情况下应当配备有引导员、服务员和管理员等。

引导员(迎宾员),工作岗位在接待室门口,负责在入口处接待引领客人到接待室,接挂衣帽,谢绝无关人员随便进入。要求站立服务,面带微笑,不依靠它物。

服务员,工作岗位在接待室内,负责接待服务和接待室用具的保管及保养、消毒以及各种消耗品的补充。引领员引进客人后,接待员要立即迎上前安排客人的座次和入座,随后上饮品、香巾等,站立一旁等候席间的服务,随时听候客人和管理人员的安排调遣。

管理员,负责接待室的全面管理工作,及时安排、督促、检查接待室的各项接待工作,包括接待前的准备和接待后的登记记录工作。负责横向联系、上传下达、处理接待服务中的各种情况。

接待人员的职责和要求:接待人员在客人面前要大方端庄,举止得体。走路要轻,动作要轻,说话要轻,接待中间不得交头接耳、窃窃私语,不得议论客人长短,不得随便与客人说笑,严禁在接待场所跑步行走或与同事嬉闹、大声讲话等。

要求女服务员服装大方得体,不过于紧身也不过于松弛;头发清洁无异味,短发、束发,不得披发;面部化淡妆,指甲不抹有色指甲油。穿裙子必须配长筒袜,鞋子清洁无高跟。

要求男服务员服装大方得体,着西装需打领带;头发清洁无异味,不留长发和胡子,鞋子光亮洁净。

(3) 接待工作的程序。

第一,接待前的准备。包括布置接待室、准备接待用品、检查各项准备工作是否到位等。

布置接待室

根据不同性质的任务进行与之相应的布置,同时要检查所有用品、电器和各个位置的卫生等情况。如:窗帘是否挂好、有无破损,家具设备是否清洁、完好牢固,灯具是否明亮,空调等电器设备是否运转正常,洗手间是否洁净、完好,各种物品是否已经到位摆好等等。

准备接待用品

主要包括饮用品、洗手间用品、签字用品以及赠品等。如饮水、饮料、茶品、茶具、毛巾、餐巾纸、卫生纸、洗手液、毛笔、宣纸、签名册等。

检查各项准备工作

按部位和要求一一进行检查,检查各部位的卫生工作、物品的摆放以及物品的品种和数量等,如小毛巾是否洁白有序,托盘等是否准备得当,饮品是否富余,饮具是否洁净消毒,这一工作主要在于保证接待工作的成功。

第二,正式接待。

迎宾——拉门——让座——上茶或饮料——原地待命等候。

第三,接待后的扫尾工作。

检查接待室的物品是否有损坏或丢失,是否有客人的遗留物。然后将接待室的各种物品归回原位,对接待用具进行消毒。最后登记记录接待情况(如此次工作的接待人员、接待中来宾所提问题、接待中出现的情况、题词内容等)。

(4)接待用具——托盘的正确使用。托盘使用分为:装盘、托行、卸盘。装盘即在盘上装上物品,如放上茶杯,这时要将物品轻拿轻放,并要放得美观安全。托行即托着盘子行走,应左手平托于胸前,手心空握,用手掌的外沿和指尖托于盘底,肘关节成90度,肘与身体有一拳的距离,行走时托盘应与身体配合一致。卸盘即将盘上的物品取下来,也要轻拿轻放、注意安全。

2. 会议室

(1)会议室的总体要求。会议室是开会的场所,同时又是放置会议电视设备的场所,因此会议室的设计合理性也决定了会议电视图像的质量,直接影响了开会的效果。完整的会议室规划设计除了可提供给参加会议人员舒适的开会环境外,也要逼真地反映现场(会场)的人物和景物,使与会者有一种临场感,以达到视觉与语言交换的良好效果,由会议室中传送的图像包括人物、景物、图表、文字等应当清晰可辨。

(2) 会议室的类型。会议室的类型按会议的性质进行分类,一般分为公用会议室与专用性会议室。公用会议室主要用于对外开放的行政工作会议、商务会议等。专用性会议室主要用于学术研讨会、报告会等。

(3) 会议室大小。会议室的大小与电视会议设备、参加人员数目有关。可根据会议通常所参加的人数多少,在扣除第一排座位到主席台后的显示设备的距离外,按每人 $2m^2$ 的占用空间来考虑,甚至可放宽到每人占用 $2.5m^2$ 的空间来考虑。

(4) 会议室的设备。公用会议室内的设备应比较完备些,主要包括电视机、话筒、扬声器、受控摄像机、图文摄像机、辅助摄像机(景物摄像等),若会场较大,可配备投影电视机(以背投为佳)。专用性会议室除上述公用会议室的设备外,可根据需要增加供讲授用的设备,如白板、录像机、传真机、打印机等等。

为保证室内的温度、湿度合适,会议室内应安装空调设备,以具备加热、加湿、制冷、去湿、换气的功能。会议室内的温度应为 18℃~25℃,湿度应为 60%~80% 较合理。会议室要求空气新鲜,每人每小时换气量不小于 $18m^3$。会议室的环境噪声级要求为 40dB(A),以形成良好的开会环境。若室内噪声过大,就会影响音频系统的性能,很难听清会场的发言。

整个会议室的显示设备分为两个部分,一个是主席台后的投影(或背投电视),它负责为与会代表提供本会场和另一会场的图像显示;一个是主席台前的若干电视,负责为主席台领导显示本会场图像和另一会场图像。图像采集设备也分为两组,主摄像机安装在会场中央,适时采集主席台图像;另一组全景摄像机安装在会议室右前部,对会场全景进行拍摄。两组摄像机均应为受控摄像机,可由会议电视设备进行控制。

可酌情选择电视机的大小,最好将电视机置于会议室最前面正对人的地方。监视器的布局常放置在相对于与会者中心的位置,距地高度大约一米左右,人与监视器的距离大约为 4~6 倍屏幕高度。所采用的监视器屏幕的大小,应根据会议电视的数据速率,参加会议的人数,会议室的大小等几方面的因素而定。对小型会议室,只需采用 29 寸至 34 寸的监视器即可,或者大会议室中的某一局部区采用;大型会议室应以投影电视机为主,都采用背投式。

扬声器在会议室的前后各安装一对,为了获得更好的声音效果,要求距墙壁和电视机至少一米。

为保证声音绝缘与吸声效果,室内应铺有地毯、天花板、四周墙壁内都装有隔音毯,窗户应采用双层玻璃,进出门应考虑隔音装置。根据声学技术要求,一定容积的会议室有一定混响时间的要求。一般来说,混响的时间过短,则声音枯燥发干;混响时间过长,声音又混淆不清。因此,不同的会议室都有其最佳的混响时间,如混响时间合适则能美化发言人的声音,掩盖噪声,增强会议的效果。

(5)会议室的布局。

礼堂式:面向房间前方摆放一排排座椅,中间留有较宽的过道。特点:在留有过道的情况下,可最大限度地摆放座椅,但观众没有地方放资料,也没有桌子可用来记笔记(见图6-11)。

图6-11 礼堂式会议室

教室式:房间内将桌椅按排端正摆放或成"V"型摆放,按教室式布置房间,根据桌子的大小而有所不同。特点:可针对房间面积和观众人数在安排布置上有一定的灵活性(见图6-12)。

弦月式:房间内放置一些圆形或椭圆形桌子,椅子只放在桌子的一面,以便所有观众都面向屋子的前方。

图 6-12 教室式会议室

方形中空式：桌子摆成方形中空，不留缺口，椅子摆在桌子外围（见图 6-13）。

图 6-13 方形中空式会议室

马蹄形或"U"形:将桌子连接摆放成长方形,空出一个短边。椅子摆在桌子外围,也可以内外都摆放。

(6) 会议室的布置。注意会场四周的景物和颜色以及桌椅的色调。一般忌用"白色"、"黑色"之类的色调,这两种颜色对人物摄像将产生"反光"及"夺光"的不良效应。所以无论墙壁四周、桌椅均采用浅色色调较适宜,如四周墙壁米黄色、浅绿色,桌椅浅咖啡色等,南方宜用冷色,北方宜用暖色。摄像背景(被摄人物背后的墙)不宜挂有山水等景物,以免影响图像质量。可以考虑在室内摆放花卉盆景等清雅物品,增加会议室整体高雅、活泼、融洽的气氛。

(7) 会议室的服务。应提前一天准备会议设备和各种用品,并由主管领导事前进行检查。开会当天,根据会议的入场时间,服务人员要提前到达岗位等待服务。来宾到位后,应立即倒好茶水或者放好矿泉水,并及时为宾客导引服务。

会议开始后,应选择适当时机为主席台和台下来宾添水。会议结束后要及时清理现场,物归原位;发现来宾遗留物品,要即时送还;清洗消毒茶具。最后,填写会议接待服务登记,对发生或发现的问题及时上报,以便下次改进。

注意事项:

(1) 为主席台和台下来宾添水是要轻拿轻放,避免打碎、碰坏物品,发出响声,影响会议。

(2) 当主席台讲话或演奏国歌时,服务员要暂停倒水服务。

第七章 讲解队伍建设

讲解队伍是讲解工作开展的最基本要素,队伍本身的强弱以及对这支队伍的重视程度直接影响着这项工作的开展水平。在讲解队伍日益发展的今天,讲解员无论是文化水平,还是专业、能力水平都有了较大的提高,但对这支队伍的组织、管理、培养、建设等诸项工作,还需要下功夫运筹谋划。

第一节 队伍组成

讲解员是联系博物馆和观众的纽带和桥梁,是展览内容与观众的中介,是博物馆的窗口。他们解读博物馆藏品的信息,沟通现代人与历史的对话。在某种意义上说是人类灵魂的工程师,是文明和美的塑造者。在国外,讲解员被视为知识渊博者,从事这项工作的人普遍享有较高的地位,受到人们的尊重,许多人争先恐后到博物馆做讲解志愿者。在国内,这个行业也逐渐被社会所认识,从事这项工作的人也越来越受到人们的尊重和羡慕,地位正逐渐提高,愈来愈多的人加入了这个行业。

一、队伍组成

1. 人员结构

讲解队伍应从年龄、职称等方面逐渐形成阶梯式宝塔状的人员结构。聘用讲解员时,要分期分批进行,在保持这支队伍的相对稳定的基础上,在年龄、职称和专业知识、接待经验等方面拉开档次,形成一般讲解员、优秀讲解员、专业讲解员几个档次的组合。首先要有一批年富力强的从事一般性讲解和接待的讲解员,使讲解员队伍中永远有一批年轻人活跃在第一线,他们精力充沛、身体强健、朝气蓬勃,能很好地完成大量的日常讲解工作。其次要有一些能为专业观众或特殊观众提供讲解服务的骨干力量,属于讲解队伍中的中坚力量。这批人员应当是经过多年考验,具有较深厚的专业知识、语言能力和讲解接待经验的业务尖子,从而保证各馆顺利圆满地完成一些重要的接待任务。另外,还要保留少量高档次的研究人员,从事高层次的接待和业务工作,以适应不同观众和不同工作的需要,并且能与国际对话。

讲解队伍既要稳定,又要合理流动,永远保持竞争机制。只有人才流动,才能保持优胜劣汰、竞争上岗。对于通过实践证明那些进步不明显、各方面表现一般的讲解员应允许或鼓励他们自由流动,对于那些不适应这个岗位的讲解员要坚决辞聘,再招新人,以保证第一线讲解员的质量,使讲解员队伍的结构形成良性循环。河南博物院先后8次招聘讲解员,由于进馆时间的长短和进步快慢等因素的差异,已初步形成了档次,基本上能满足重要观众、一般观众和学生观众的需要。讲解员也要因材使用,重要观众往往安排来院时间长、接待经验和知识比较丰富的人员去接待;而一般观众则安排普通讲解员去接待。

目前,不少博物馆还有一部分属于正式职工的老讲解员,对她们也应该引入竞争机制。确能留用的应有意识地让她们向专业化方面发展,成为专家型的讲解员,分担一些专业性的接待和外出讲课、做报告或者在本院举办科普性的讲座等工作,以适应高层次的观众的需要;对不适合在这个岗位工作的人员应适时进行调整。

因工作需要,一些博物馆还招募了不少志愿者,作为博物馆讲解接待的补充力量。志愿者的组成也要考虑到年龄、文化程度、专业和服务时间等差异性,在年龄上老、中、小都要有,特别要吸收那些业余时间较多的退休人员,使他们的服务时间分布于每个开放日,从而保证每天和节假日都有志愿者服务。

2. 专业要求和在岗形式

根据特殊岗位的多维要求,聘用人员的专业组成也可涉及多方面,不能局限历史考古类、师范、艺术、外语等专业人才都要考虑,使讲解岗位囊括的专业尽可能全面一些,以适应不断发展的社会需要。

讲解员队伍的组成应以公开招聘为主,分配为辅。视不同情况和各馆的实际,采取多种在岗形式,如在编、签订人事代理、签订合同和临时协议等。尽管有多种在岗形式,但必须有一定比例的在岗人员,以留住骨干力量,稳定队伍,延续事业。应避免出现讲解队伍全是临时性人员或全是固定性人员的不合时宜的状况。

3. 竞争上岗,合理流动

讲解队伍既要稳定,又要合理流动,只有人才流动,才能优胜劣汰、保持竞争机制。对于实践证明那些进步不明显、各方面表现一般的讲解员允许或鼓励她们自由流动,对于那些不适应这个岗位的讲解员要大胆辞聘,再招新人,保证在第一线的讲解员精力充沛、身体强健、朝气蓬勃、精通业务,以保证讲解水平,很好地完成大量的日常讲解工作。河南博物院的讲解队伍就有这样的情况:有的入馆晚的讲解员在业务和综合考评时被评为优秀,超过了前边的讲解员,跃上更高一个档次。反之,在上一个档次的讲解员后来落伍了,也会滑到下一个档次的行列中,这就是优胜劣汰、竞争上岗的规则。

二、讲解员应具备的素质和条件

1. 讲解员应具有的基本条件

(1) 拥护党的领导,品行端正,遵纪守法。

(2) 大专以上文化程度,据有较全面的文化修养。

(3) 容貌端庄,气质高雅。身高:男 1.73m 以上,女 1.62m 以上,身体健康。

(4) 声音洪亮,吐字清晰,普通话标准流利。

(5) 具有较强的语言表达能力,会外语者更好。

2. 讲解员应具备的基本素质

作为一名讲解员必须要具备过硬的政治修养、较高的文化水准、较强的业务能力和良好的心理素质。

讲解员要具备过硬的政治修养。因为讲解工作也是在为观众服务,向观众传播文化知识,服务的质量和水平与讲解员的思想意识、政治修养关系很大。讲解员必须有坚定的政治立场,拥护中国共产党的领导,坚持为社会主义服务,为人民服务的政治理念,有高度的责任感和良好的职业道德,积极宣传改革开放的伟大成就和中华民族绵延五千年的优秀文化,始终如一地为观众做好服务,做到热情礼貌、细心周到。

讲解员是科学文化知识的传播者,起着"传道、授业、解惑"的作用,因此必须具备一定的文化水准和业务能力,才能完成所担负的任务。文化水准是讲解员掌握知识、提高业务能力的基础。在这个基础上讲解员才能掌握较渊博的知识,才能面对所要讲解的各种陈列展览。有人说:"讲解员应是一个杂家。"这句话不是没有道理的。如历史类的讲解员就要具备历史、考古、文物、文学语言、美学和教育学、心理学等等多方面的知识。很多讲解员在讲解了若干年后都成为很有知识的人,常听到不少转行的讲解员由衷地感叹:"我的很多知识都是在当讲解员时学到的。"国外的人们之所以视讲解员为知识渊博者也基于此。另外,讲解员还要具有较强的业务能力,它包括较好的语言表达能力、社交能力、组织能力和应变能力。这些能力不否认有它先天的一面,但重要的还是来自后天的锻炼和培养。

讲解员还要具有良好的心理素质,它包括:较强的思维认知能力,良好的情绪、情感和比较坚定的意志等,无论在何种情况下都能以自己良好的心态、稳定的情绪、顽强的意志自觉地为观众服务,成为被观众喜爱、尊敬的人。讲解员每天都会碰到不同阶层的人,每天都要面对来自四面八方的观众。每天的讲解工作既有欢笑、有观众的认同,有掌声和赞许,也有做得不好的地方,或者不能得到观众的理解而受委屈的时候。这就要求讲解员能够有较强的心理承受能力,"得意淡然,失意泰然","泰山崩于前而色不变",保持一种平和的心态对待一切不公正的待遇。但是,个人也必须发现并找出存在的问题,及时加以纠正,使工作不断取得更大的进步,这是一种从根本上自我调节的方式。讲解员的心理素质修养要在实践中自觉地、有目的地进行锻炼,要不断改造、完善自己的内心世界,养成良好的心理素质。养成自己良好的心理素质要注意以下几点:

(1)思维能力。思维能力包括感知、认识、记忆、思维、想象等能力。感知和认识能力是记忆的基础,讲解员只有在充分感知和认识博物馆陈列展览内容和各种专业知识的基础上,才能在理解中加深记忆。讲解员不能完全靠死记硬背讲词来为观众讲解,成为单纯的"传声筒"、"留声机",丢掉讲词就什么也讲不出来。讲解员首先要感知并理解所要讲的内容,然后有所选择地对一些必要的数据、名字、专业术语等进行记忆。应该说,只要真正感知理解了内容,会很容易记忆下来,一般是不会忘记的。讲解员在感知内容和学习知识中不能生吞活剥,要通过自己的头脑加工思考,以加强思维的独立性。要勤于用脑、善于用脑,善于独立发现问题、分析问题并解决问题,不依赖现成的答案和方法,勇于探索新途径、新方法、新答案。加强思维的逻辑性,使思想连贯有层次,思路清晰有条理。不断提高思维的广度和深度,提高思维的敏捷性和灵活性。正确掌握抽象、概括、对比、具体和系统化的思维方法,熟练地运用概念去判断和推理。

(2) 良好的情绪和情感。情绪和情感内含着自己对他人或事物的好恶倾向,它是由于他人或事物是否符合自己的需要而产生的态度的体验。心理学研究表明:人的情绪和情感是受他人、周围环境和自身心理状态等因素影响的,反过来他人情绪的好坏会影响自身的认识和行为。例如讲解员的热情礼貌和真诚可亲的态度、情绪和情感会给观众以好感,使观众产生愉快的心理感受;反之,讲解员脸色冷漠或阴沉,会使观众讨厌反感甚至害怕、恐惧。同样,观众对讲解员的友好、信任和对讲解内容充满兴趣,也会引起讲解员情绪和情感的兴奋和愉快。这种情绪和情感主要来自讲解员的敬业精神和职业道德。讲解员要热爱本职工作,敬业爱岗,树立职业道德观念,培养"感情移入"的心理,愿意为别人服务,时时处处能为别人着想,关心、体贴、尊重、理解观众。另外,要能够控制自己的情绪和情感,加强自身修养,做到喜、怒、哀、乐有所节制,不以己乐而乐,也不以己悲而悲,能够理智、宽容、大度,克服情绪化的讲解。

(3) 坚强的意志。讲解员在讲解过程中经常会面临着意志的考验,如在这个岗位上是坚持干到底,还是中途而废;是知难而进,还是知难而退。在遇到观众没有兴趣或纪律松懈的情况时,怎样想方设法坚持讲好,扭转态势等等,都是对个人意志的考验。讲解员对待工作,不仅要有正确的职业动机和远大的理想及奋斗目标,而且要有实现这个目标的顽强决心和毅力。否则,缺乏意志就会对工作忽冷忽热,难以持之以恒。因此,讲解员必须锻炼自己的意志,对自己所从事的工作和事业有坚定的信念,充满信心。对工作增强目的性和自觉性,锻炼韧性和忍耐性,克服脆弱性和动摇性,不因成功而骄傲,不因困难而退却,在实践中,不断总结经验教训,加强修养,逐步养成自己良好的心理素质。

第二节　讲解员的招聘

博物馆讲解员是各馆对外的窗口,代表着各馆的精神状态、文明程度和业务水平。讲解员是先进文化的传播者,在某种意义上说是"人类灵魂的工程师",应是复合型的人才。由于其特殊的工作岗位和特殊的要求,这部分人很适合采用招聘制,使那些符合要求的人员进入这个特殊的部门。

当前中国的改革形势日益深入,竞争上岗、择优组合已普遍深入到各个领域,博物馆也无例外,各种用人制度被逐渐采用,聘用制用人已司空见惯,这一用人制度已成为招聘讲解员的成熟方法。

一、招聘的步骤和方法

在招聘讲解员时要先行宣传,扩大招聘范围,然后从中进行严格挑选,综合衡量,择优录取。基本上可分为准备、宣传、报名、考试和岗前培训等五个阶段进行。

1. 准备阶段

(1) 成立招聘委员会或领导小组。向社会公开招聘讲解员是一项严肃认真的工作,既然是公开招聘,就要受到社会的监督,在招聘讲解员的整个过程中,都应在"公平、公开和择优"的原则下进行,这样才能真正聘到优秀的人才。招聘讲解员之前要专门成立以本馆领导为主的招聘委员会或领导小组,全权负责招聘工作。还要邀请上一级或同级行政部门的人事工作领导,进行现场指导监督。成立以博物馆办公室和社教部成员为主的招聘讲解员办公室和招聘考试委员会,进行招聘考试工作。为了体现它的社会性,在招聘考试委员会里,除了博物馆社教部和其他专业人员参加外,还应外聘部分社会上的有关专业人员参加。这些人员要求公正无私、作风正派、熟悉语言工作、有观察判断能力等。招聘考试委员会除了考试外,还要制定评分标准,进行打分、评议工作,为招聘委员会或领导小组推荐录取人员名单。

领导小组成员严把进人关,杜绝开后门,在整个招聘过程中起着非常重要的作用。领导小组成员以身作则、严格要求、敢于承担责任,会带动全体工作人员照章办事、不谋私利,使招聘工作做到公开、公正、公平。

（2）起草各种文档。招聘讲解员前要大力宣传，需要准备很多文字材料，如招聘启事、广告词、招聘讲解员简章和各种须知（报名须知、考试须知）等。在招聘中还需要各种表格，如报名登记表、简历表、考号登记表、考官打分表等等。还要准备各种考试材料，如朗读材料、绕口令和复述材料等，每次考试完还要发放复试、笔试、录取通知书等。这些文档都要事先起草和打印出来，以备使用。

（3）制作有关标志。在招聘工作中，还有各种标志，如招聘横额、路标、考场示意图、告示牌等，都要事先制作好备用。

2. 宣传阶段

宣传报名阶段主要是将招聘讲解员的信息和招聘简章通过新闻媒体广为宣传，以扩大博物馆的影响，同时通过媒体的宣传使社会了解和重新认识讲解员的工作，改变过去认为讲解员只要会背词就行的错误观念。宣传阶段的时间一般都要在一星期以上。

3. 报名阶段

报名阶段主要把握应试条件，如应聘者的学历、年龄和讲解员应具备的基本条件等，兼有初步面试的含义。应聘者报名时要填写简历表和登记表，简历表应包括基本学习和工作情况、个人爱好以及获得的各种奖励和荣誉；登记表主要包括年龄、毕业学校、专业和最后学历以及联系电话等个人主要信息。报名阶段的时间一般也应在一周以上（见图7-1、图7-2）。

4. 考试阶段

考试是选择讲解员的重要手段，必须要认真严格地进行筛选，按照由低到高、步步深入、严格挑选、综合衡量的原则进行。主要有初试、复试、笔试等几个步骤。组织熟悉讲解业务或具有某方面专长的人员组成考试委员会，对已报名的考生进行初试。

5. 体检和政审

讲解员要身体健康，才能保证多出勤、出满勤。根据公共场所的有关规定，其工作人员不得患有传染病，如肺病、肝炎等等，所以体检也不能少。政审，是对一个人政治表现和经历的审查，以保证所用人员身份的可靠性，同时还要将这份材料存档，以达到全面衡量应聘者的能力和水平的目的。体检和政审合格后录取，并张榜公布。经过这些方面的测试后，挑选那些综合素质较高的人员予以录取，以确保讲解员的质量（见图7-3）。

图7-1 招聘报名现场

图7-2 讲解员招聘报名

图 7-3 政审谈话

二、考试的过程和内容

1. 初试

报名考生在初试前要排队抽号并登记考号,然后按考号进入考场(见图 7-4)。考试内容有:

(1)朗读。抽取由本馆提供的朗读材料一份进行朗读,朗读不得少于 2 分钟,从中检测其普通话、吐字、音质和阅读能力。

(2)朗诵。由本人事先准备材料并脱稿朗诵,以检测其声音的明亮度和气息的运用以及表达能力的好坏。

(3)根据每个人的具体情况加试其他内容。初试完毕,考试委员会评定商议参加复试人员名单,报请招聘领导小组通过,而后张榜公布。

2. 复试

重点检测应聘者的口语表达、文化修养、理解、记忆和应变能力等,另外再加外语考试和才艺展示。复试内容有:

(1)绕口令练习。考察其口齿的伶俐程度及反应能力。

(2)声音潜在力测试。由主考官或老师带领练声,测听其声音潜力,是否有可塑性和培养前途。

（3）复述。将事先准备好的有关历史人物、重要文物景点、历史典故等若干材料提前 10 分钟让考生抽取，阅读预习，进考场后进行组合复述。以测试考生的归纳总结能力、记忆应变能力、思维创新能力和综合素质水平。

图 7-4　考试现场

复试完毕，考试委员会认真评定通过复试人员名单，报请领导小组通过，而后张榜公布。

3. 笔试

主要是检测考生的文字表达能力，在通常情况下写与说的能力是相辅相成的，具有一定的文字表达能力会促进口语表达能力，同时也是日后讲解员自己动手编写讲词的基础。笔试的内容，一般以本馆的文物展品或本省文物古迹为内容写一篇说明文，考生也可自命题。笔试之前，一般先安排参观本馆陈列展览，并安排讲解，允许考生参观时做记录。进入考场后，发给每个考生一本关于本馆的简介，作为笔试参考资料（见图 7-5）。笔试完毕，由招聘领导小组最后确定录取人员名单并向社会公布。

图 7-5 笔试现场

第三节 讲解员的培养和培训

新聘人员虽然起点高,但没有讲解经验,必须首先进行岗前培训,同时还要进行不定期的业务培训和长期的培养,才能规范上岗,历练成才。

一、培养和培训讲解员的原则

1. 因人而异

因人而异是孔子教育方法中重要的一条,它告诉我们在教育人的时候要根据个人的情况而采取相适宜的方法。这种方法同样适用于培养教育讲解员。因为每位讲解员都有不同的基础条件,如声音、吐字、文化程度、理解能力以及心理状态等都不尽相同,用同一种方法进行培训可能在某些讲解员身上见效,而在另一些讲解员身上就不见效。因此,我们要善于掌握每位讲解员的特点,用不同的方法施教和培养。

2. 因势利导

因势利导就是根据讲解员自身的基础和特点加以引导。任何事情都有其发展的规律性,按照规律性去办就会事半功倍,反之就会事倍功半。因势利导就是按照事物的发展规律办事的教育方法。古代庖丁解牛的故事就是遵循规律办事的范例。教育培训讲解员用引导的方法比机械模仿、千篇一律的方法大有益处,培训效果会十分明显。而机械模仿、千篇一律的培训方法成效甚微,有时会出现东施效颦的结果。

3. 循序渐进

事物的发展是由低到高、由简单到复杂,人的知识和能力也是靠一点一点积累起来的,不可能一下子就吃成大胖子,不能急于求成。"揠苗助长"、"越俎代庖"等历史寓言故事说的都是这个道理。讲解员的培养也是这样,必须一点一点做起,循序渐进。只有这样,讲解员所学到的知识和技能才会巩固。否则就缺乏基础,犹如空中楼阁。短期效应和速成法只会见效于一时,但不能长久。

二、培养和培训讲解员的方法和步骤

讲解员的培养是个长期过程,培训是短期措施。它们既有联系,又有区别。

培养讲解员主要通过授课、培训、以老带新传帮带、示范观摩交流、电化教育、考试、业务考核、不断实践、自学等方法来进行(见图7-6)。培训可以有多种,如岗前培训、岗中培训或年终培训、淡季培训、短期培训、长期培训等,一般应分阶段来进行。但不管哪种培训都少不了岗前培训。这些培训主要是让讲解员对讲解工作中的各种要求进一步熟悉并行成一种职业习惯,逐步掌握各类专业知识,逐渐学会接待各类不同的观众,并由传播型向智能型转化(见图7-7)。

这些方法中最主要的是提倡讲解员通过自学,逐年积累经验和知识,不断提高自己的能力和水平。同时讲解员还要积极主动向广大观众学习,观众中不乏行家里手,他们不仅能够指正我们讲解中的不妥之处,还能给讲解员以新的知识信息。20世纪80年代,湖北省博物馆的一位优秀的讲解员李枫曾写了《论讲解员与观众的知识互补》一文,以具体事例专门论述了讲解员向观众学习的必要性和成效。

对于讲解员的培训和培养应分为三个步骤进行,使他们知识积累经历浅、精、深的过程。

第七章　讲解队伍建设　215

图7-6　河南博物院以老带新传帮带

图7-7　示范讲解

第一步，全方位打基础，以知识为主，包括讲解方法、待人接物等。让讲解员对讲解专业所接触的内容都有所了解，这种了解可以说是粗浅的了解，是一种打基础的工作。

第二步,重点提高。这主要针对讲解员所具有的专业知识、综合素质和能力进行的补缺和提高,以便向个性化发展,达到有一定的深度。

第三步,定向培养。讲解员在进行了全方位的打基础和重点提高之后,应当根据讲解员经过后天培训和自身努力后所呈现的优势和特点进行因势利导,定向培养,使之成为某方面的专业人才或行家里手,达到精的程度。如有的人成为陶瓷、青铜、石刻艺术等各方面的专业人才,有的人成为宣传方面或社交方面的行家,有的人成为写作方面的里手等等。

1. 主要内容和课程

应当根据讲解员最终成为一个什么样的人才和最终实现的目标,进行各种培训和长期的培养。国家博物馆研究员、社会教育专家齐吉祥认为:"'专家型讲解员'成为越来越多人的共识。我们要争取做到:在展厅里,能同各类观众说古论今;坐在室内,可写文著书,不乏见地;走到社会,可与同行、专家探讨交流。"[①]这就是培养讲解员的最终目标。

(1) 培养讲解员的主要内容

对讲解员主要应当从知识、能力、素质和礼仪、语言艺术等方面来培养和训练。

知识。知识是讲解员必须具有的基础,即大家常说的:"要给观众一杯水,讲解员就得准备一桶水。"这是做好讲解工作的第一步。人们常说"艺高人胆大"。讲解员是知识的传播者,离开知识就无从谈传播。对讲解内容的认识与再创造首先要取决于讲解员个人的知识水平,不可能以己昏昏而能使人昭昭。讲解员的知识包括各馆的共性和个性两个方面。个性的知识是与本馆所宣传的内容有关的知识,如历史类的博物馆要具有历史、文物、考古等知识;自然类的博物馆要具有动物、植物以及与其相关的生态环境等知识;艺术类的博物馆要具有绘画、书法、雕刻、美学欣赏等方面的知识;科技类的博物要具有各种科学原理和运用技能等知识。所谓共性的知识就是各馆讲解员都应具备的知识,主要包括语言艺术和礼貌、礼仪、美学、教育学、心理学等知识

---

① 齐吉祥:《以人为本 服务至上 开拓创新 持续发展》,阎宏斌、郑智主编:《社会化视野下的博物馆教育》,北京:文物出版社2006年版。

（见图7-8）。

图7-8 文物专家授课

知识主要靠个人努力、勤学好问、刻苦钻研获得,但与单位的培养也是密不可分的。知识瞬息万变,对知识的积累是一个长期的过程,必须持之以恒,终生学习,不断给自己充电,丰富"内容",完善自己的知识体系。

能力。能力是一个讲解员应具有的技能和工作适应力。讲解员应具有的能力主要是语言能力、应变能力、组织能力、社交能力和研究能力等。语言能力是说话和讲解的基础,会组织语言才能词汇丰富多变,说话得体,表达到位,讲解流利生动。有应变能力才会左右逢源,随机应变,机敏处事,使自己立于不败之地。有组织能力才能驾驭观众,引导观众。有社交能力才能适应社会教育工作,直面形形色色的人群和多方面的接待。有研究能力才能独立钻研业务,分析判断问题,不断提高业务水平。讲解员在讲解接待中遇到的各种各样问题,不能总是被动地等待别人把研究成果双手奉上,应当逐步置身于研究之中,以研究者的眼光审视和分析出现的问题,经常对自身的行为进行反思,对出现的问题进行探讨,对工作经验进行总结,从而概括出系统性和规律性的理论和方法。讲解员的能力更多的来源于实践的锻炼,功夫不负有心人。实践证明,在经历多次实际磨炼后,许多讲解员特别是新讲解员的整合、处理事情的能力以及克服困难的办法都有了长足的进步。

素质。"素质是在本人的先天生理基础上,经过后天教育和社会环境的影响,由知识内化而形成的相对稳定的心理品质。①"素质是知识内化和升华的结果,单纯具有知识不等于具备一定的素质,知识只是素质形成或提高的基础,素质相对持久地影响和左右着人对待外界和自身的态度。讲解员应具有综合素质,它包括讲解员的思想道德、文化、业务、心理素质等。其中思想道德素质是根本,是灵魂;文化素质是基础;业务素质是本能;心理素质是保证。这四个方面的统一,才能达到较高的"综合素质"。

仪表。仪表是一个讲解员的外在表现,包括礼貌用语、手势、举止、待人接物等,它是衡量讲解员外在美的一个方面,是一个人素质、修养的外在表现,直接体现着博物馆的形象和文明程度(见图7-9)。

图7-9 礼仪培训

语言艺术。语言艺术是讲解员表达讲解内容的方法。它包括有声语言的音质、音量、音调、吐字、普通话及表达艺术,不懂得或不会运用语言艺术就不可能产生讲解感染力,这在历次讲解比赛中尤为明显。有了知识、能力和素质却不一定很受观众欢迎,重要的原因就在于缺少语言艺术和魅力。

---

① 周远清:《素质·素质教育·文化素质教育》,郑州大学编:《素质教育》,郑州大学出版社2002年版。

以上五个方面相比,知识、能力和素质是一个讲解员最重要的方面,但仪表和语言艺术也不可缺少。一个优秀的讲解员应该是知识、能力、素质、仪表和语言的高度和谐和完美的统一体,缺少其中之一就不能称之为健全的或优秀的人才。这些虽都具有先天的因素,但更重要的是后天的培养和实践。因此要较为系统地安排各种专业课,对讲解员进行全面的岗前和岗中培训。

(2) 主要课程

培训课程应以各馆所涉及的专业而定,包括的面比较广。公共课可设立的有以下主要课程:

礼仪课。包括个人仪态、一般礼节、礼貌用语等。

讲解艺术课。包括职业道德、讲解基本要领、讲解技巧、语音训练等。

博物馆学知识课。包括博物馆的功能、任务和宣传教育理论及实际运作等。

陈列知识课。包括各个陈列展览的主题思想、陈列意图和主要内容等。

外语基本知识和日常会话。

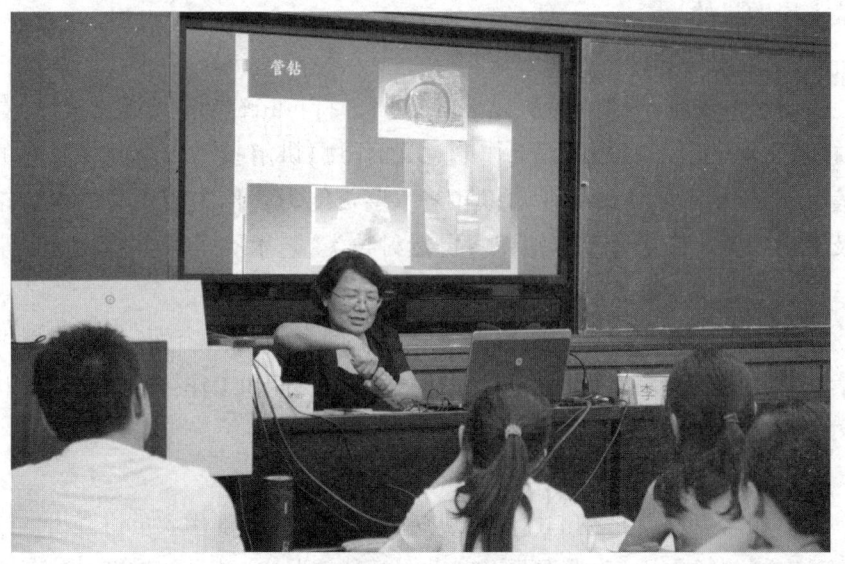

图 7-10 专家授课

专业知识课。专业知识课应依据各馆所涉及的专业而定,包括的面比较广。如历史类博物馆可包括文物知识、历史知识、重要考古发现等(见图7-10)。其中文物知识又包括陶瓷器、青铜器、玉器、古代建筑、石刻艺术等门类。自然博物馆和植物园、水族馆的讲解员应掌握植物学、动物学、地质学、矿物学、人类学、生物学等各种相关学科的知识和技能;科技类博物馆的讲解员应掌握物理学、化学、机械动力学等有关知识和技能;产业类博物馆的讲解员要知道本产业的起源、历史发展、工艺技术、操作方法、产品种类、原料来源、研究著作等。

三、岗前培训

1. 目的

岗前培训是讲解员上岗前的一种培训活动,它对于讲解员规范上岗有着重要的意义,培训与否在讲解效果方面有着明显的差别。

岗前培训的目的在于让讲解员在上岗前先了解熟悉自己的工作环境和职责要求,认识自己工作的意义和作用,初步掌握本职工作的要领和技能,具有一定接待观众的礼貌礼仪常识以及必备的专业基础知识,从而达到早上岗和规范上岗的目的。

2. 主要内容和课程设置

讲解员的岗前培训主要从以下几方面进行:讲解员的职责要求、规章制度,接待常识、礼仪知识,讲解工作的意义、作用,讲解技巧以及吐字发声的练习等,还要培训最基本的专业知识和艺术鉴赏能力。作为历史类的博物馆要涉及文物、考古、历史等基本知识。自然科技类、艺术类等各类博物馆也都有自己特殊的基本专业知识。

岗前培训的课程设置主要根据讲解员上岗急需的内容而定,可设置博物馆学、本馆陈列内容和重点文物介绍、讲解员的职责和工作标准、接待礼仪、讲解岗位规范、讲解艺术、基本专业常识等(见图7–11)。

3. 上岗前的试讲

试讲顾名思义就是在正式接待观众前试着对内部工作人员讲一讲。这项工作具有把关的作用,非常重要。试讲有两种情况,一种是新讲解员经过培训上岗前先通过内部试讲,达到上岗标准后方可正式上岗接待观众。另外一种情况是每个新展览在接待观众之前,都要先进行内部试讲。试讲时组织讲解人员和陈列部业务人员听讲把关,进行点评,指出错误或不当之处,以免贻误观众。

第七章　讲解队伍建设　221

图7－11　讲解实用艺术课

图7－12　现场指导

讲解员的培训和培养是个长期不断的工作，不可能一蹴而就，而是要持之以恒。随着知识和信息的瞬息万变，对讲解员的培训和培养也要随形势发展而不断有所变化。这种培训和培养如前文所说是通过种种不同的方法和步骤去实现的,需要综合培训和培养(见图7-12)。但这都是外界的帮助,最根本的还需要个人的努力。讲解员要充分发挥个人的主观能动性,靠自己来提高自己,才是最现实、最有效的途径。

第四节 科学管理

建立一支高素质的讲解员队伍,还必须实行配套的科学化管理,从严要求,避免出现松、散、垮的现象,保持这支队伍的优良传统。

一、建立健全各项规章制度,认真严格执行奖惩

科学管理就是要以制度管人,而不是以人管人。应根据讲解工作的实际情况,制定各种规章制度,使各项工作都有章可循。

讲解工作应当有一些最基本的规章制度,如《讲解员岗位职责》、《讲解员上岗规定》、《讲解员奖罚制度》、《讲解员招聘和辞聘规定》等。每年还要针对出现的问题不断地对这些规章制度进行修改和完善。在日常工作中要严格按制度办事,不能以个人感情代替政策,也不能过于"人性化"。对于违反规章制度的人,应先向本人递交处罚单,通知处罚缘由,然后进行谈话,批评教育,按规定进行相应的处罚。这是非常重要的,可以为日后的规范管理打下良好的基础,取得事半功倍的效果,形成良好的工作环境和氛围。

招聘和辞聘是促使人才交流和竞争上岗、保证讲解队伍水平的重要手段。但在执行中应当把握好原则:首先应以所定制度为准则,不能人为地实行双重标准;其次,应当公平、公开、公正,通过一定合理的透明的办法,真正实现人才竞争;同时还要有监督机制,把好进人和辞聘关。

二、坚持文明礼貌和优质服务

博物馆是教育的场所,经常要与观众打交道,这个部门的领导者应始终将文明礼貌教育放在头等位置,要不厌其烦地对讲解员进行灌输,使其深入到每个人的脑海中。同时还要结合业务课,传授文明用语和文雅举止,使之成为讲解员的个人习惯,自觉落实到行动中,坚持优质服务。

1. 统一着装,佩戴标志

讲解员上岗应统一着装,根据自己工作岗位的性质穿着不同的服装;所有岗位应统一佩挂写着自己姓名和职务的标志牌。这样,一方面便于观众咨询,另一方面可以规范自己的行为,便于观众的监督(见图7-13)。

图7-13　河南博物院讲解员

2. 坚持礼貌待人

讲解员对观众应实行微笑服务,礼貌待人。要使用文明用语,经常把"您好"、"再见"、"对不起"、"欢迎下次再来"等言词挂在嘴边,使观众听讲解能始终享受高礼遇的文明服务。对容易引起矛盾的事应尽力给以委婉礼貌的提示,让观众听着舒服,高兴而来,满意而归。

3. 做好优质服务

讲解员为观众讲解必须要保证讲解质量,真正起到"传道"、"解惑"的作用,力争把讲解内容做成精品。首先要规范讲解内容,不允许信口开河、错误连篇;也不允许以自己的好恶选择讲解内容,而必须要按照陈列大纲的主题或重点去讲解和发挥。其次要确定讲解时间,除观众主动要求压缩时间外,不得偷工减料,擅自缩短讲解时间。

河南博物院的讲解员,每一批都是通过招聘来的,他们都经过了较为严格的岗前培训、试讲考核,合格后方才上岗。他们上岗后不负众望,以良好的敬业精神和较高的讲解水平为观众服务,使本院的有偿讲解供不应求,成为一大亮点。在日常的开馆时间里,不少家长专门为自己的孩子请一位讲解员讲解。讲解员常常这一批还未讲下来,下一批已经在等待。为了满足观众听讲的需要,讲解员经常一批接一批地讲,来不及喝口水、歇歇脚,有时饿着肚子或带病讲解。许多观众感受了她们的服务后,禁不住竖起大拇指,发出由衷的赞叹。在观众留言中经常可以看到"讲解一流、服务一流"、"文明礼貌、热情周到"一类的赞美之词。但也有个别讲解员出现过"偷工减料"、缩短讲解时间的现象。每逢遇到这种情况,社教部都会将它同投诉一样,严肃处理。除对本人批评教育、处罚外,同时还会召开大会教育大家,提醒大家引以为戒,为观众提供优质服务,树立讲解员的良好形象。

三、规范管理

1. 建立例会制度,加强讲解员之间的交流

讲解员是博物院一线的专业技术队伍,讲解工作是博物馆的窗口,直接关系着各馆在社会上的形象。为确保服务质量,提高讲解员的政治素养和业务素质,实行每周例会制度。通过例会,及时通报每周出现的新情况,解决新问题,加强成员之间的沟通与信息交流。

2. 实行考勤和工作统计

讲解员必须遵守纪律,坚持每天报到,每月进行工作登记(见图 7 - 14)。对他们应认真进行考勤和工作统计。专门设计出考勤和工作统计表,包括日表、月表和年表,张贴在显著部位,使员工都可以看到,起到监督、核实作用。在考勤表中对迟到、请假、加班、调休都予以记录,清楚地显示他们的出勤情况;在工作统计表中记下每人的讲解批次,清楚地显示每人的主要工作情况。这些措施无形中对先进者起到表扬作用,对后进者起到鞭策和督促作用。

四、建立考核和评比制度

1. 业务考核

业务考核是促进讲解员提高讲解水平的途径之一,可以不断鞭策他们学

图 7 - 14　河南博物院讲解员早点名、班前会

习、进步,保证服务质量,是讲解队伍多年来行之有效的管理方法。

(1)考核办法。对讲解员的考核办法可以灵活多样,比如展厅讲解、讲解+提问、答卷(书面解答专业问题)、写文章等多种考核办法。展厅讲解考核除了按照正常顺序讲解,还可进行抽签讲解,抽到哪儿讲到哪儿。讲解+提问+答卷(书面解答专业问题)考核,可事先划分范围或随机提问。

另外,还可根据讲解员工作时间的长短采取分组、分层次考核。河南博物院讲解员是分批招收来的,业务知识和能力水平参差不齐,自2002年起采取的就是分组、分层次考核,并结合上面的几种考核办法,每年还结合实际不断改进。

对讲解员的业务考核,除部门管理人员和业务人员参加外,还可邀请本院主管领导和各业务部室的人员参加,进行无记名投票,评出业务优秀者。有时候还可进行打分,排出名次。

(2)考核标准。根据讲解员工作时间的长短制定不同的考核内容和标准,尽可能贴近讲解员的实际情况。如果采取同一种标准,工作时间长的讲解员会感到很容易,而工作时间短的讲解员就会感到比较困难,不能考出讲解员的实际水平,起不到激励讲解员的作用。

每年对讲解员要进行业务考核至少两次,一般放在年中或年末。特别是每年年底要集中对讲解员进行业务考核(见图7-15、图7-16)。

图7-15 考核现场

图7-16 考核提问

（3）考核结果。考核成绩分为优秀、良好、一般、较差、差几个等级。每次考核后，都要指出每个讲解员的优缺点和今后努力方向，以利提高。对考核优秀者，可予以表扬或与经济收益挂钩。对考核较差者，进行下岗学习提高，等到考核合格后再准予上岗。

2. 综合考核

每年年底除业务考核外，还应对讲解员进行综合考核。它是在业务考核的基础上，从工作态度和表现、出勤、讲解批次、观众反应、业务成绩等多方面进行综合平衡。通过业务考核、出勤情况统计、工作总结述职和有关人员投票评定等程序，最终评出优秀、良好、合格、不合格等级别，根据考核等级给予奖励，对考核不合格者予以辞退。

3. 评先

为促进讲解水平和服务质量提高，应经常举办一些评比活动，如"优质讲解服务评比"、"优秀讲解员"、"三八红旗手"、"共青团标兵"、"示范岗"等评比活动，实践证明，这是一项行之有效的方法。

4. 举办讲解比赛

各馆自行举办或参加本省、国家举办的讲解比赛，也是提高讲解队伍水平的重要途径。目前有关讲解或近似讲解的比赛有：文博系统的讲解比赛或演讲比赛，其他部门如旅游局、民政部门等举办的讲解导游比赛，其他行业举办的以某种主题为主的演讲比赛等。多参加这种类活动对于培养锻炼和提高讲解员的讲解水平以及胆量非常有帮助（见图7-17、图7-18、图7-19）。

但组织这些活动首先要确定好比赛内容、规则、办法和比赛程序，要尽可能贴近实际。其次进行缜密的组织，做好准备工作。另外要选好评判人员，评判人员要具备大公无私、业务精通和在本领域中具有一定影响和知名度的条件（图7-20）。

图7-17 2012年河南省文物局和博物馆学会联合举办的讲解比赛

图7-18 河南博物院讲解员在河南省文化厅演讲比赛领奖台上

图 7-19　河南博物院讲解员豆小宇获全国讲解大赛一等奖

图 7-20　2008 年河南省"嵩山杯"讲解比赛现场

五、建立岗位监督机制

1. 设立留言簿

为了及时掌握广大观众对讲解工作的反映,应在博物馆内设立"留言簿",使观众提到的问题能及时得到处理,该表扬的表扬,该批评的批评,达到发扬成绩,纠正错误,以利再战的目的。

2. 现场跟踪察看

坚持不定期地对讲解工作跟踪考核和抽查,检查讲解员的实际讲解质量。可以跟随讲解员听讲,实地查看讲解员的表现,包括讲解水平、回答观众问题和组织引导观众的能力以及对观众服务的态度和质量。

3. 口头征询意见

对有些没有时间和不便于文字留言的观众,如博物馆界的同行、政府部门的接待人员或有时间限制的团体等,可采取口头征询意见的办法,收集观众的意见和建议。

4. 进行讲解质量和观众满意程度的调查

这种调查更具有针对性,有直接参考价值,通过这种方式能更好地约束讲解员,保证讲解质量。讲解质量和观众满意程度的调查可分普查和抽样调查两种,每一种又可安排长期和短期调查,如河南博物院近两年在每年的参观旺季5月和10月进行讲解质量调查。在调查中表格的设计很重要,一般采取问卷式,内容设计一定要清楚、准确、便利、新颖,简单易行,不可过于复杂,否则无人愿意填写。表格内容包括讲解时间、讲解员的态度、讲解水平及对讲解员的建议和意见等。一方面可以通过现场进行调查,即观众听完讲解后填表交服务台;另一方面也可以通过网上或其他手段进行调查。为了保证表格的回收率,可采取一些鼓励措施,如采取交表格领取小纪念品的方法等。

六、稳定队伍

中国特色的管理总是以安定团结为目的,在严格管理的同时又必须坚持人文关怀。这反映了当代先进文化的思想内涵,是国内外管理中不可或缺的内容。

1. 对讲解员既要使用又要培养

讲解员上岗后,要立足于对其长期培养,使之成材。除了他们自身不断努力进取外,还需要有一个宽松的环境和指导老师及外界的帮助,通过岗中培训、业务考核、竞赛评比、外出参观学习等活动,使他们的知识储备不断增加(见图7-21)。还要帮助他们制定短期或长期的学习计划,确立奋斗目标,使之逐步成长为专业人才。要想办法稳定讲解员队伍,改变过去那种中途"改换门庭"或一事无成的结果,坚持这个行业的持久性、专业性、永恒性,改变那种"讲解是青春职业"的看法,与国际博物馆的讲解人员接轨。

图7-21 严把讲解质量关

2. 人文关怀

人文关怀首先要有爱人之心、惜才之心。讲解员与其他部门的人一样也是专业人才,这种专业所需要的特殊要求在一定程度上不亚于任何一个业务部门。所以一定要将他们视为专业人才加以爱惜,不应该看不起他们。特别是对未在编制的讲解员要一视同仁,尊重他们的人格。

体现人文关怀还要从各个方面去关心讲解员,如工资待遇、评定职称、外出参观学习、办公场所以及休息、上连班的吃饭问题等等。尽力为他们创造良好、宽松的工作环境,解除他们的后顾之忧,使他们全身心地投入工作。

中国抗日战争纪念馆副馆长于延俊在《博物馆与青少年德育教育》一文

中认为:"博物馆教育实效的人性化要求,还特别要求重视培养和造就一支高素质的讲解队伍,懂得宣传教育工作的艺术。近几年来,中国人民抗日战争纪念馆在职工队伍的建设方面狠下功夫。2002年底进行了人事制度的改革,实行竞聘上岗和岗位工资制度,岗位责任与经济收入相联系,严格按20%的工资浮动标准。职工有了竞争,感受到压力便有了动力,大家学习刻苦,工作认真,服务热情,爱岗敬业。目前,讲解员都达到了本科以上学历,学会运用双语、多语种讲解,同时又能到社会各单位、各学校开展演讲、报告等多种形式的教育活动。从1994年的'大篷车'到1997年的抗战流动博物馆,到2002年的博物馆进社区,2003年的党课进校园,2004年的抗战歌曲校园行,2005年的理想与信念的颂歌演讲报告团,讲解员在这么多样的活动中得到了锻炼与提高,成为既能讲又能演的多面手。2005年7月7日,为纪念中国人民抗日战争暨世界反法西斯战争胜利60周年,中央组织部、宣传部等八部委在抗战馆举办的《伟大胜利》大型主题展览开幕。在两个多月的时间里,以胡锦涛总书记为首的党和国家领导人,二百余位省部级干部和一百余万广大群众、青少年朋友参观了展览。在这种观众层次高、流量大的超常情况下,讲解员们以娴熟的讲解、文明的礼仪、热情的服务、高雅的素质,赢得了各级领导和各界人士的高度赞扬。"[1]

据南京梅园新村纪念馆有关人员介绍,梅园新村纪念馆从公开招聘讲解员入手,制定了一整套科学合理的讲解员选拔程序,并邀请专业人士把关。俗话说,台上一分钟,台下十年功。每一场讲解都不只是简单的重复,它凝结了讲解员辛勤的劳动成果。梅园新村纪念馆利用自身专业队伍的优势,采取专家授课与个人自学、岗前培训与在岗培训相结合的方式,就职业道德、讲解理论、讲解技巧、讲解内容、仪容仪表以及普通话吐字等方面对讲解员进行在岗培训,并带他们外出参观、考察,送他们参加全国、省、市文物系统举办的讲解员培训班以及讲解比赛等。系统的理论知识与实践经验的学习,使讲解员的讲解水平不断提高,素质一流。

---

[1] 中国人民抗日战争纪念馆于延俊:《博物馆中的人本观——浅谈展览的多样化与教育的人性化》,阎宏斌、郑智主编:《社会化视野下的博物馆教育》,北京:文物出版社2006年版。

河南博物院自1997年建立以来一直面向社会公开招聘讲解员,对讲解员实行特殊管理办法,建立健全各项规章制度,认真严格执行奖惩;狠抓文明礼貌教育,坚持优质服务;认真进行管理,长期坚持考勤和工作统计;建立考核和评比及优胜劣汰的竞争上岗制度;通过观众留言、讲解质量调查等手段,建立岗位监督机制;给予人文关怀,在使用讲解员的同时,注意对讲解员的培养,积极改善待遇。长期的培养和锻炼,使讲解员具有比较扎实的知识和讲解功底,在河南省文物局举办的历次讲解员比赛中均取得优异成绩。

附1: 河南博物院讲解员有关规章制度

河南博物院讲解员岗位职责

讲解工作是博物馆的重要业务工作,处于博物馆的第一线,是博物馆的窗口,代表着博物馆的形象。它的主要职责如下:

1. 为观众讲解。
2. 承担博物馆外出宣讲任务。
3. 编写新的陈列展览讲词。
4. 当讲解水平达到一定程度后,参与讲座、报告和编写宣传资料等。
5. 完成博物院、社教部交给的其他任务。

河南博物院讲解员须知

1. 遵纪守法,尊敬领导和老师,服从分配。
2. 团结同志,互助友爱,具有良好的团队精神。
3. 敬业爱岗,有高度的责任感和职业道德;努力学习钻研业务,不断进取。
4. 讲解时要保持良好的状态,精神饱满,严肃认真;不能无精打采,松懈拖拉。
5. 要微笑服务,对观众应积极讲解,热情礼貌,有求必应,始终如一。
6. 在讲解中保持严谨科学的讲解作风,不能信口开河,哗众取宠。

河南博物院讲解员上岗规定

1. 按时上岗和下岗，不迟到和早退；有事需事先请假，得到允许后方可离开岗位。
2. 要排队进入岗位，进行中保持安静和队伍整齐。
3. 上岗必须统一着装、挂胸卡，不得私自换装。
4. 必须提前到岗等候观众，未经允许不得擅离岗位或私自换岗，不准有误岗、空岗、串岗等现象的发生。
5. 在岗位等候观众时，不准大声喧哗、聊天、打闹、吃东西、化妆、打哈欠、打瞌睡等，维护好讲解员的形象。
6. 上班时间未经允许不得外出，不准在岗位上会亲友或接待客人。
7. 讲解中不许开手机或接电话，以免影响工作的正常进行。
8. 严禁与观众发生口角。
9. 一旦发生以上失职行为要作相应处理（请参阅社教部奖惩制度）。

河南博物院讲解员仪态的规范

1. 服装

保持工装整洁，不要有皱折，衣领、袖口不能有污迹。在岗位上不能穿休闲装、牛仔装、运动装、健美装、背心、短裤、拖鞋等。男士穿西装务必打领带，女士穿裙子须穿长筒袜子。

2. 发式

庄重大方、美观舒适。不要追求怪奇，不要染彩发。男讲解员不准留长发、留胡须。适当注重修饰，不要邋遢窝囊。做到面部洁净，头发梳理整齐，不能蓬头垢面，有头屑、乱发。

装饰宜简单，发夹、领带、项饰、胸花等装饰需庄重和谐，避免珠光宝气。女讲解员可化淡妆，不要浓妆艳抹。保持口腔卫生，讲解接待前不要喝酒、吃有异味的食物。

3. 精神面貌

讲解时要保持良好的状态,精神饱满,严肃认真;不能无精打采,松懈拖拉。对待观众要热情礼貌、和蔼可亲、谦虚谨慎。在讲解和接待观众中,要始终面向观众,而不能侧向观众,更不能背对观众。目光应平视和巡视观众,不能左顾右盼,心不在焉。始终坚持微笑服务和站立服务。积极尽力为观众服务,做到服务周到,有求必应,始终如一。

4. 举止

稳重高雅,大方庄重,自然和谐。要"站有站相,坐有坐相"。站立时,要自然挺胸收腹;坐下时要挺直端庄,没有多余的举止动作和毛病。对自己的一举一动多加检点,避免粗俗,同时也不要矫揉造作。

附2： 河南博物院讲解效果调查表

河南博物院讲解效果调查表

您的单位或姓名						
您的年龄	18岁以下	19~35岁	36~50岁	51~60岁	61岁以上	
您的职业	干部	公司职员	军人	学生	教师	服务人员	工人	历史、考古、文博专业人员	其他
您认为讲解多长时间合适	40分钟	1小时	1小时20分钟	1小时30分钟	其他	
您认为我们的讲解内容	通俗易懂	有些地方不好理解	专业性强			
您认为一名讲解员最该具备哪些素质	仪容仪态好,亲和力强	通俗简练易懂	知识广博,内容丰富	随机应变能力强	口才好,善于表达	其他
您对博物院的讲解	很满意	满意	一般	不满意		
您认为博物院讲解工作还有哪些需要改进的						
您对博物院的工作有何建议与要求						
备注						

第八章 讲解志愿者

近年来,志愿者活动在我国已成为一种新的社会风尚,越来越多的人自觉加入到这个队伍中来。随着志愿者队伍的兴起,为各博物馆增加了一个新群体——讲解志愿者,它有效地补充了讲解队伍的不足,发挥了很大的作用。

在博物馆社会教育工作中引入"义工"形式,其实质就是希望以志愿人员作为载体,在公众与博物馆之间建立起沟通的桥梁。"取之社会,服务社会"是新时期我们工作的宗旨。社会的进步需要全社会的共同参与和努力,博物馆的志愿工作正是鼓励越来越多的人参与到服务社会的行列中来,对促进社会进步有一定的积极作用。

第一节 志愿者的概况

一、志愿者的含义

"志愿者"顾名思义就是以个人的志愿,去无偿地服务于社会的个人。我国历史上有中国人民抗美援朝志愿军,那是无偿服务于国家和民族的战士。更有消防志愿者、教育志愿者、医护志愿者、环卫志愿者、保护野生动物志愿者等等。博物馆志愿者,也是志愿者当中默默奉献的一员。

"志愿者"是英文 volunteer 的中文译法,也被译做"义工"。志愿者服务是一项社会公益事业,它起源于 19 世纪的英国。最初是战争救护、重建家园、安置孤儿等与战争相关的救助活动,它是指任何人自愿贡献个人时间和精力,在不给以物质报酬的前提下,为推动人类发展、社会进步和福利事业的开展而提供服务的活动。如今志愿服务几乎是每个文明社会不可缺少的一部分,已经发展成为涵盖环境保护、维护和平、经济建设和社会进步等多领域的综合性服务，在服务水平及服务内涵上都上升到一定的高度。

自1994年12月5日团中央成立中国青年志愿者协会以来，我国志愿服务工作也逐步步入正规化、组织化、规范化的轨道。青年志愿行动以"团结友爱、助人为乐、见义勇为、无私奉献"为服务宗旨，为社会做了大量踏踏实实的工作，在赢得社会广泛认同和好评的同时，也加深了人们对志愿服务工作的认识和理解，志愿服务是"送人玫瑰，手有余香"，更是让整个社会充满芳香。联合国秘书长安南指出，在世界各地，志愿者的贡献往往被忽视。根据一些国家的统计，志愿服务创造的经济价值能够达到国民生产总值的8%到14%左右。他举例说，在美国，志愿者的服务相当于900万工作者的全时工作量，每年创造2550亿美元的经济价值。

自我实现人生价值是人的最高需要，志愿服务作为一种超越现实利益的行为，扩展着志愿者对人和社会的理解，推动人们以一种乐观向上的态度追求进步和完美。最终，人们这种默默无闻的自我实现汇集成历史发展的洪流，从根本上促进整个社会的进步与发展。从志愿服务与社会发展、构建和谐社会的角度看，可以发现志愿服务收获的已大大超越了"余香"，她能让整个社会充满芳香。

志愿服务促进人与人之间，不同社会群体、社会阶层之间的了解和沟通，缓解由于社会群体分化所带来的矛盾，推动精神文明建设的发展。改革开放以来，不同社会群体逐渐出现分化，由此产生了社会群体之间的矛盾。就社会成员个人而言，由于社会转型以及群体利益的分化，心理上不免产生一定的孤独感与不平衡感。志愿活动的开展，有助于促进人与人之间的融合互助，有助于加强人与人之间的关怀与接触，减少、消除彼此之间的距离和隔阂，从而缓解由于社会群体分化所带来的矛盾，增进人们之间的了解，促使整个社会的和谐。

二、志愿者的现状

中国国家博物馆三年多的时间里先后有三四千人参与过志愿者的队伍。2009年正式注册的"志愿讲解员"有130人，很好地满足了广大参观者对文物历史知识的渴望，受到了广泛好评。正如该馆社教部主任黄琛所说："实践告诉我们，开展社会化教育必须要有实在和有效的载体，而切实增强社会教育的群众性、实效性和感召力、吸引力,才能吸引公众的广泛参与。"①

中国国家博物馆原先只有 6 名专职讲解员,而每年要接待的观众超过 100 万人次,无法胜任观众的需求。他们从 2002 年 6 月开始为公众提供义务讲解服务,每年都要向社会招募志愿者。这些志愿者大都具有一定的文史知识基础、较高的文化修养和学历,其中不乏名牌大学的博士、硕士,他们当中既有在校学生,也有公职人员,还有退休者,大多都有稳定的经济收入。每天展厅内都有这样的志愿者在为观众服务。

图 8-1 故宫博物院志愿者代表

志愿者数量最多的大约是故宫博物院,在这里,大量的日常讲解工作都是由志愿者来承担的,他们每年要接待七八百万观众。在钟表馆、珍宝馆、石鼓馆、戏剧馆、青铜器馆、玻璃馆等许多展厅中,都活跃着志愿者的身影。另外,志愿者还承担着部分英语讲解,流利的英语和专业的知识让所有的来宾都赞不绝口(见图 8-1)。上海博物馆 1996 年建立了志愿者队伍,他们为上海博物馆作出了巨大的贡献。尤其是通过常规的讲解,志愿者帮助博物馆的每个观众更加深入地理解博物馆的展览与文物。

---

① 黄琛:《博物馆与青少年》,2006 年在郑州举办的"全国部分博物馆、纪念馆'博物馆与青少年'学术研讨会暨创新展示"与会论文。

中国科技馆的志愿者工作开展得比较早,开始主要聘请大学的教授,他们有学识、治学态度严谨、有长者风度。后来主要招聘大学生,还有部分宏志班的中学生等。

北京自然博物馆的志愿者以大、中、小学生为主,还有少量幼儿园的小朋友。因为他们的观众群主要是学生,所以这些与观众年龄相仿的志愿者非常受欢迎(见图8-2)。

图8-2　北京自然博物馆志愿者代表

首都博物馆从2006年3月18日招聘首批志愿者,至同年12月19日已义务为观众提供讲解服务时间累计达4935小时,至2006年12月31日已有20名志愿者服务时间已超过100小时,服务时间最长的已达到174小时。他们用爱心搭建起了一座观众与首博沟通的桥梁,用热情向观众传播辉煌的中华文明。他们为博物馆事业尽着自己的一份力量,用行动向社会展示了志愿者的风采。

浙江省博物馆联合浙江自然博物馆、中国丝绸博物馆、中国茶叶博物馆于2006年5月18日的"国际博物馆日"第一次向社会招募志愿者。这些志愿者所学专业涵盖了历史、英语、中文、艺术等多个学科,所属身份各异,有在校学生、退休老人、退伍军人及在职职工。他们的加入为浙江省博物馆的社会服务队伍注入了新鲜血液,在拓宽博物馆社会教育、服务功能和健全博物馆公众服务体系等方面起到了积极的作用。

南京市博物馆组建大学生志愿者队伍，前后参与的人员大约在三百名左右，他们分别来自南京晓庄学院、东南大学、南京艺术学院、南京师范大学、南京航空航天大学、南京农业大学、南京林业大学、南京大学、中国药科大学、江苏省广播电视大学、金陵职大、三江学院等高等院校。志愿者的行动受到社会的肯定，2005 年被授予"南京市志愿者行动优秀组织奖"。志愿者服务对大学生进一步了解社会、巩固他们所学的专业知识有很大的帮助，同时也给了一个让同学们把学到的知识回报社会的机会。通过一段时间的工作，使他们的语言表达能力、社会交往能力以及综合能力等都有很大的提高，为他们走上工作岗位打下了较好的基础。志愿者也为博物馆增添了一道亮丽的风景，在南京市博物馆进行国家 AAAA 级旅游景点的评选中，青年志愿者讲解员也成为景点的特色接待人员（见图 8 - 3）。

图 8 - 3　南京博物馆志愿者代表

　　河南博物院于 2004 年 10 月第一次通过媒体向社会发出了招募志愿者的消息，一时间在社会上引起极大的反响。在短短的 10 天内，报名、电话咨询的人络绎不绝，有 300 多人前来报名。通过选拔，又经过全面的历史、文化知识的培训，从中挑选了 70 名有一定的文史知识基础、有较高的文化修养和学历的人作为河南博物院首批志愿者，于 2004 年 11 月 14 日正式上岗。他们中有在校大学生，有公职人员、大学教师、专职律师等，大都有固定的工作，有的还是高层管理者或事业有成者,经济收入稳定,来做志愿者工作完全出于爱心和对文博事业的热爱。他们中年龄最小的19岁,最大的近70岁(见图8-4、图8-5、图8-6)。

图8-4　河南博物院志愿者代表

图8-5　河南博物院金牌志愿者为青少年讲解

图8-6 河南博物院金牌志愿者郭桂兰为学生讲解

为了让少年儿童有缘走进河南博物院讲解员的生活世界,给他们一个"梦想成真"的机会,同时探索一条博物馆服务未成年人社会实践、互动双赢的新路子,河南博物院2006年7月暑期启动了首届"国宝讲解小明星"选拔活动,向社会公开招募热衷于博物院讲解工作的小志愿者,最小的7岁,最大的14岁。在河南博物院,每个星期日都可以看到这批小志愿者在兴致勃勃地为观众义务讲解。这些可爱的孩子们每到周末都准时到达展厅,为观众提供义务讲解服务,风雨无阻,从未间断(见图8-7、图8-8)。

凡是领略过这些小讲解员风采的观众,无不为他们认真热情的工作态度和有模有样的讲解而赞叹。一位家长说,经过学习,感觉孩子发生了很大的变化,待人接物比以前大方多了。这样的活动对拓展孩子的知识面、从小培养他们的社会实践能力和人文素养有着十分重要的作用(见图8-9、图8-10、图8-11)。

截至2015年底,河南博物院志愿者团队注册志愿者达四千多人,包括国宝讲解小明星支队、河南博物院职工服务支队、媒体服务支队和5支大学生服务支队。志愿者们积极参与河南博物院各种公共教育活动,服务内容涉及参观引导、文明劝阻、存包辅助、电梯提示、展厅讲解、特展互动教育、访问接待、

图8-7 河南博物院第六届国宝讲解小明星选拔

图8-8 2007年河南博物院小志愿者合影

交流培训、文化进校园宣讲、"国宝讲解小明星"管理、微信和微博活动宣传、策划、报纸编辑、展览策划、巡展推广等十五项之多，累计为公众提供义务讲解92960批，承担46个大型特展的宣传教育活动，编写讲解词55万字，录入文保信息两千条，发布新媒体宣传教育信息9000多条，编辑《蒲公英》报刊33期，参与策划实施大型广场活动25场，历史文化宣讲161场，提供义务服务超

图 8-9　河南博物院小志愿者讲解莲鹤方壶

图 8-10　河南博物院小志愿者在国际志愿者日为领导讲解

过300万小时。团队先后被中共团中央授予"第八届中国青年志愿者优秀组织奖"荣誉称号,被中国博物馆协会授予的"牵手历史——第二届中国博物馆十佳志愿者之星团体",被河南省志愿者工作领导小组授予"河南省首届十大杰出志愿服务集体"称号,共青团河南省委授予"河南省民间志愿服务团队之

图 8-11 河南博物院小志愿者为观众发放参观须知

星"和"河南省志愿者示范站"。团队培养出 4 位"中国博物馆十佳志愿者之星"、3 位"河南省金牌志愿者"、1 位全国讲解大赛三等奖,1 位"河南省第六届讲解大赛"一等奖。

三、志愿者与博物馆之间的关系

志愿者和博物馆之间是一种互惠互利的关系。"由于志愿工作的特殊性,彼此之间完全是一种松散的,建立在平等、信任基础上的合作关系。彼此就像是朋友,互相尊重、互相信任。"①大家在这里都得到了各自所需要的东西:博物馆为志愿者提供了广阔的天地,志愿者在这里学到了许多在外边学不到的知识,增加了智慧,提高了胆量和语言表达能力,充分展示了自我价值。博物馆则通过吸收志愿者达到了利用这批社会力量开展工作,更好地服务于观众,取得了一定的社会效益和经济效益。

但是,对待志愿者的工作中也有一些不正确的认识,博物馆中有的人错误地把志愿者当成了廉价的劳动力,只注意对他们的使用而不注意对他们的回

---

① 黄琛:《国家博物馆开展志愿者工作的几点体会》,中国博物馆学会主办、故宫博物院协办《中国博物馆通讯》,2004 年第 3 期。

报;或者把志愿者当成了一种包袱。"志愿者从进入博物馆的那一刻起,就具备了博物馆人与社会公众的双重身份。给志愿者一个恰当而正确的地位,对充分发挥志愿者对博物馆宣传教育工作的积极促进作用,起着至关重要的作用。……首先要把志愿者定为博物馆工作中的一部分。应当把他们当成博物馆日常工作中的得力助手,彼此之间充满信任、平等与友好。这是给予志愿者的情感定位。正如故宫博物院院长在一次志愿者座谈会上所讲的那样,志愿者来到了故宫,就成了'故宫人'中的一员,大家亲如一家,共同为故宫的事业贡献着自己的力量。"①在志愿者当中,有的人只注意博物馆对他们的回报,而不注意自己的付出。黄琛认为:"从志愿者方面去考虑,他们付出的主要在于'实践'和'精力',而回报主要来自于'个人综合素质的提高'和'社会对本人能力的认可'。从博物馆方面来考虑,博物馆的付出主要在于'管理'和'培训',而回报则来自于'直接的社会效益'和'间接的经济效益'以及'先进文化在更广泛层面上的普及与推广'。"②因此,两者是互惠互利、相得益彰的双赢关系。

第二节 志愿者的组织和管理

一、志愿者的职责、权利和义务

1. 志愿者的职责

志愿者的工作主要是讲解、咨询与接待导引观众以及其他辅助性服务工作。据有关资料和馆际交流得知,上海博物馆志愿者的职责是为观众提供各种导览与咨询,从事资料收集整理、文字编辑与设计等工作。中国科技馆志愿者的工作主要是为观众讲解咨询、培训讲解员、审核资料、研究和开发等。天津自然博物馆设置的志愿者岗位职责主要包括展览讲解、咨询,博物馆年卡录入工作,主题科普活动等等。南京市博物馆的志愿者主要从事讲解接待、多媒

---

① 果美侠、阎宏斌:《故宫博物院的志愿者》,阎宏斌、郑智主编:《社会化视野下的博物馆教育》,北京:文物出版社 2006 年版。

② 黄琛:《国家博物馆开展志愿者工作的几点体会》,中国博物馆学会主办、故宫博物院协办《中国博物馆通讯》,2004 年第 3 期。

体教室管理、展厅秩序维护等等。湖南省博物馆的志愿者主要承担为观众提供免费讲解、疏导观众和观众问卷调查等工作。浙江省博物馆志愿者主要负责博物馆咨询、讲解、观众参观反馈信息的收集等工作。总之，不同博物馆的志愿者的工作有同有异，但都在尽着传播文明，回报社会的职责。

河南博物院志愿者主要承担义务讲解、咨询、导引等工作。他们还为参观者营造了舒适、美好的参观学习环境，撑起了博物馆事业的一片天。志愿者刊物《蒲公英》自开办以来已改版六次，内容更加丰富，版式更加规范。自2016年元旦开始，河南博物院志愿者与西安半坡博物馆志愿者利用新媒体平台，共同举办"炼土生辉——新石器时代黄河中游彩陶艺术线上展"。在历时一个月的网络展览中，每天以图片、视频等形式发布一件代表性彩陶器或彩陶相关知识，同时进行文化解读，总阅读量达到50.1万次。之后，志愿者们经研究认为，网络本来就是开放的社交平台，所发布的内容也不应仅局限于河南范围，应该把中华文化的推广作为己任。于是，团队依据国家文物局于2002年1月18日印发《首批禁止出国（境）展览文物目录》，策划了名为"禁止出国64件"的线上专题展。该展览通过微博平台，将文物图并茂地推送给文博爱好者，每天推送一件文物，并围绕这件文物与公众共同讨论、交流。截至2016年6月，该专题总阅读量已经达到700.7万次，参与讨论超过1.1万人次。

2. 志愿者的权利

志愿者在为博物馆尽义务、无偿为社会服务的同时，还应当有一定的回报和权益。其权利一般有以下几项：

（1）享有在博物馆开展志愿服务的必要条件和保障。

（2）享有参加博物馆开展的各种对外教育活动的权利，如免费参观各种陈列和展览、领取宣传品、参加各种学术讲座及报告等。

（3）享有接受博物馆教育和参加培训的权利，如岗前培训、岗位培训、讲解观摩活动以及博物馆组织的外出参观学习、联谊活动等，使自己不断提高业务水平和文化素养。

3. 志愿者的义务

（1）按时为观众提供志愿讲解、咨询、导引服务等，志愿服务不少于博物馆规定的次数和时间。

（2）在讲解和接待中严守党纪国法，行为端庄，落落大方，不卑不亢，体现良好的国格、人格。

（3）遵守博物馆有关对外开放的一切纪律和规定,自觉维护志愿者组织和志愿者的形象。

二、志愿者的组织和管理

志愿者为群众性组织,组织的大小规模不受限制,因地、因馆而宜。少则几十人,多则上千人。欧美一些大的博物馆,如美国大都会博物馆、大英博物馆等都有成千上万的博物馆志愿者。据有关资料介绍,故宫博物院和中国国家博物馆先后有数千人参与过志愿者的队伍,上海博物馆的固定志愿者队伍已达163人之多。

目前,世界博物馆志愿者的管理有两种形式:自我管理和由博物馆管理。在国外博物馆里大多采取的是自我管理的方式。"美国和欧洲的一些博物馆内,设有志愿者协调员,负责志愿者工作的分配、调遣、管理和考核。而在日本和我国台湾的一些博物馆则流行志愿者的自我管理,他们组成志愿者团体,由负责人与馆方联系,安排工作……"①国内博物馆志愿者多数则由博物馆管理。志愿者组织的名称有"志愿者协会"或"志愿者团队"、"志愿者服务中心"等。一般由该馆社教部管理,有的还设秘书组或办公室等办事机构,根据志愿者规模的大小,再设置若干班、组。管理人员多数由博物馆工作人员和志愿者双方共同组成。

1. 建立管理机构,提供必要的设施

博物馆志愿者组织必须要有专门机构或专人负责管理,并吸纳一些志愿者参与管理工作。

上海博物馆志愿者的管理机构为"志愿者委员会",协助上海博物馆管理志愿者,并为志愿者提供帮助与服务。委员会由8名干事组成,干事由上海博物馆聘请,任期一年,可连聘连任。上海博物馆志愿者组织还建有14个志愿者专题小组,志愿者小组为固定的工作团体。组长由上海博物馆聘任,任期一年,除上海博物馆根据工作需要调整或自行提出终止工作外,可连聘连任。组

---

① 张天莉:《北京地区博物馆志愿者工作的探索和研究》,阎宏斌、郑智主编:《社会化视野下的博物馆教育》,北京:文物出版社2006年版。

长作为全组核心,团结组员积极开展工作,成为组员和上海博物馆之间的桥梁,贯彻上海博物馆的决策,反映组员的建议和意见,协调各项工作。

浙江省博物馆新组建的志愿团队共 26 人,分为三大组。湖南博物馆 130 多个志愿者由一个专职讲解员在不耽误本职工作的情况下进行管理。由于志愿者工作做得好,电视台还专门为志愿者做了节目。

图 8-12 河南博物院志愿者组长会

中国国家博物馆为志愿者配有独立的休息室,还建立了档案管理、登记系统等。

河南博物院志愿者的管理机构为"河南博物院志愿者团队",设团长,下设秘书组为日常办事机构,带领志愿者开展活动。秘书组由社教部人员和志愿者共同组成,设若干名秘书长和秘书。成人志愿者团队按服务时间分为 12 个小组,每个小组有一名组长(见图 8-12)。

下面附上上海博物馆志愿者委员会的职责和组长的工作情况,以供参考。

上海博物馆志愿者委员会主要职责

(1)招聘。协助上海博物馆招聘新志愿者。

(2)培训。组织、安排新志愿者上岗前的培训与常规培训。

(3) 日常管理。管理志愿者预约登记、考勤记录、日常导览等事务,并及时向组长反馈情况。

(4) 资料管理。主要有志愿者通讯资料的更新、志愿者团队大事记、年终总结和先进评选的纪录,志愿者各项工作、活动的文字、照片收集整理以及《上海博物馆志愿工作者服务手册》的发放。

(5) 内务。为志愿者的各项工作、活动做文字、照片记录,并发布相关信息;组织策划志愿者各项活动;及时汇总、反映志愿者的意见和建议,并做出反馈。

(6) 考评。协助上海博物馆对全体志愿者的工作做出考评、总结。

(7) 根据以上各项工作召集相关人员开会讨论有关事宜。

(8) 向全体志愿者作年度工作报告。

上海博物馆志愿者委员会组长的主要工作

(1) 每月保证在小组工作时间到馆两次,因故无法到馆时必须预先指定组员代理组长工作。

(2) 每月统计组员个人预约登记、个人工作量,记入"上海博物馆志愿者小组工作量统计"。

(3) 每一季度定期召开小组会议,通报工作情况,核对个人工作预约登记情况、工作量和小组工作量的统计,汇总组员的意见和建议。

(4) 组长会议每年一般召开两次,讨论工作情况,汇总意见和建议,完成考核与评定,讨论并制定新一年的工作计划。

(5) 协助志愿者委员会开展工作。

2. 加强日常管理,建立必要的管理制度

日常管理是志愿者管理人员的基本工作,它主要包括对志愿者的考勤、工作统计、分派岗位和协调工作、召开班组会、安排业务学习和观摩考察,组织业务考核、表彰优秀、搜集整理志愿者的资料等。

河南博物院将志愿者的服务时间安排得自周二到周日都有,每个志愿者每周为观众服务时间不低于三个小时。除了周一闭馆,每天两个组,分为上下午班,一般服务时间为上午9:00~12:00,下午2:00~5:00。小志愿者每周六和周日来馆为观众服务,也分为上下午班,一般讲解时间为上午9:00~11:30,下午2:30~5:00,另外讲解批次也根据观众的需要而定。

志愿者虽不是博物馆的职工,但也不能对其不闻不问,不负管理责任。为了便于管理,对志愿者也建立了相应的规章制度,以规范志愿者的服务行为。

河南博物院志愿者团队成立之初,就坚持用章程规范管理,用制度实施规范,努力培养服务能力,提高知识水平,锤炼坚强意志,在服务公众的综合素质上狠下功夫。以为民、奉献的理念,实现远大梦想的追求来凝聚自由松散、层次错落、职业各异、来自四面八方的志愿者。3万多字的《河南博物院志愿者管理规范》和符合团队组织领导、动员招募、登记注册、岗位培训、星级认定、供需对接、项目推进、社会回馈、表彰激励、政策保障等全方位的制度化要求的规章制度是团队的制度保障。

团队还专门出台《组长管理办法》,对组长的选拔、培训、考核要求严格,工作内容明确,表彰力度大,成为团队业务骨干,满足了志愿者提高自身素质、奉献社会和发挥余热的愿望。每组规定服务时间前,组长会以短信方式提醒组员按时服务;服务中,组长会根据组员特长合理安排服务任务;服务结束,组长会召集组员总结当天服务情况和小组发展意见。如果有事不能按时参加服务,组长会给组员打电话,传递大家的问候和关心。人性化的管理办法让志愿者感觉这个集体热乎乎的,像自己的家一样。

附志愿者规章制度

河南博物院志愿者岗位须知

一、遵守河南博物院纪律,按时上下岗,有事需事先请假。一般情况下,应该按原定时间上岗服务,不能擅自调换时间,以免误岗;确有特殊情况,应事先告知管理人员,由管理人员进行调整。

二、上岗服务必须佩戴志愿者标志,必须讲普通话,使用文明用语,注意礼貌礼节。

三、在岗位上不准聚堆聊天、大声喧哗打闹、吃东西、化妆、打瞌睡,做与工作无关的事情,应维护好博物院的形象。

四、服务时间请勿带小孩或在岗位上会亲友、接待客人。

五、讲解中请勿开手机或接电话,以免影响讲解工作。

六、严禁与观众发生口角。

天津自然博物馆志愿者管理条例

一、上岗时着装规范,佩戴志愿者标志,仪表整洁,精神饱满。

二、参加志愿者服务应准时到岗,如需早退或请假,应预先向宣教部主任或负责人申请,并及时安排好善后工作。

三、服从领导所安排的岗位和工作,并按时按量地完成,如有特殊情况可向志愿者管理部门提出。

四、作为志愿者应举止大方,言辞得体,微笑服务。不说粗话脏话、不能与观众发生争执。

五、在工作中发现安全隐患,及时、主动联系宣教部工作人员,求得更好处理。

六、表现与志愿者身份不符、有损本馆形象的本馆将予以辞退;表现优秀者年终予以表彰。

3. 建立评定、奖励制度

奖励先进,带动后进,几乎是不少博物馆都已采取的奖励措施,各馆每年都在表彰优秀志愿者。中国国家博物馆除了利用年终总结的形式表彰优秀志愿者以外,还在志愿者的胸卡上做文章,把志愿者的胸卡分为"临时卡"和"正式卡"两种,以显示其不同的贡献。新吸收的志愿者发给"临时卡",上面只有编号和标识,而没有本人的姓名和照片,右下角的五颗五角星也没有颜色。当志愿者服务满50个小时后,才有资格佩带"正式卡",同时将右下角的五颗五角星中的第一颗染成红色。当志愿者服务满150小时后,第二颗染成红色。当服务满300小时后,将第三颗染成红色。服务满600小时后,第四颗也染成红色。服务满1000小时后,五颗五角星将全部染成红色,同时还获得"中国国家博物馆荣誉馆员"称号。此外,还根据每位志愿者一年的服务时间、服务质量等综合因素进行评定,对"合格者"进行奖励,"优秀者"还将有幸上展厅入口处的"明星榜"。

上海博物馆通过口试的应聘者成为博物馆见习志愿者。经过实践和进一步学习,在能胜任两个展厅的导览后,即正式成为志愿者,领取上海博物馆志愿者工作者证和《上海博物馆志愿工作者服务手册》。

天津自然博物馆为了更好地掌握志愿者服务的质量,对志愿者的工作有一个规范合理的考核,定期对志愿者的工作进行评定。要求:(1)各岗位的负责人在每次的志愿者服务后对志愿者做出评定,并记录在案。(2)每年志愿者组织将结合各方面所得的信息,对各岗位的志愿者做出最终工作评定,将所得结果记录在天津自然博物馆志愿者注册表内,完成对志愿者的评定工作。

河南博物院每年年底根据志愿者的服务时间、工作量、业务考核成绩和担负的额外工作等情况综合衡量,评出"优秀志愿者"和"最佳志愿者"若干名,进行表彰,同时发放荣誉证、专业书籍并且安排外出参观学习(见图8-13、图8-14)。

图8-13　获奖志愿者与颁奖领导合影留念

图8-14　获得表彰的河南博物院小志愿者喜笑颜开

4. 组织必要的参观学习和业务考核

中国国家博物馆、上海博物馆、天津自然博物馆、首都博物馆、河南博物院等一些馆都安排有志愿者外出参观学习活动。中国国家博物馆结合专题展览的特点组织志愿者有针对性的外出参观学习。在《契丹王朝展》展出期间,他们组织志愿者到房山云居寺参观学习;在《承德避暑山庄300年特展》开幕前夕,组织志愿者赴承德实地考察。河南博物院除带领志愿者参观安阳、三门峡、洛阳等省内的一些博物馆外,在山西博物馆新馆落成后,带领志愿者到山西参观山西博物馆、晋祠、乔家大院等地方;还带领志愿者赴湖北、山东、台湾等地参观(见图8-15、图8-16)。

图8-15 河南博物馆小志愿者参观地质博物馆

为了保证志愿者的服务水平,特别是讲解的水平,除了进行培训、参观学习外,还应当对志愿者组织一定的业务考核,以促进其业务水平的提高。河南博物院的临时展览都是由志愿者承担讲解、咨询和疏导观众工作的。每变换一个新展览,在开幕前一般都要进行试讲,努力将错误和不足降到最低点,同时也督促每个志愿者高度重视新展览,做到认真准备,对观众负责,不能仓促上阵,应付观众,更不能以讹传讹。

首都博物馆除组织志愿者到北京的一些兄弟馆参观学习外,还带领服务

图 8 - 16　河南博物院志愿者在山东博物馆交流学习

图 8 - 17　首都博物馆志愿者参观兄弟博物馆

时间在 100 小时以上的志愿者组成考察团,赴上海、苏州进行考察学习(见图 8 - 17)。2008 年,为配合北京主办第二十九届奥林匹克运动会,还举办了首都博物馆首次志愿者讲解比赛。此次讲解比赛面向全部首都博物馆在岗志愿讲解员,参赛人员没有展厅、年龄的限制。根据本人兴趣爱好,结合所讲展品的特点,自备中文讲解稿件一篇,讲解5~6分钟。参赛志愿者着重从形象、声音、肢体语言、亲和力等方面展示志愿者的风貌,并用简练、准确的语言,讲解介绍一件文物。这次比赛是对首都博物馆三年来志愿讲解工作的一次总结、检阅,展示了志愿者良好的精神风貌,宣传了首都北京悠久的历史文化与魅力,从而树立了首都博物馆志愿者的品牌形象。

第三节 志愿者的招募

一、志愿者的条件

由于各地情况的差异,各馆招聘讲解志愿者的条件也不尽相同。一般具有以下条件即可:

1. 大专以上文化程度。
2. 热爱社会公益事业,有奉献精神,具有一定的语言和交往能力。
3. 年龄在18~65周岁,身体健康,并能坚持定时、定量完成博物馆交给的各项工作任务。下面将几家博物馆招聘志愿者的条件作简单介绍。

中国国家博物馆招聘志愿者的条件

1. 18~60周岁,身体健康。
2. 大专以上学历,热爱社会公益事业,有奉献精神。
3. 能够定时、定量地完成国家博物馆安排的工作。

上海博物馆招聘志愿者的条件

1. 热爱博物馆事业,具有文物的基础知识以及相关的历史文化知识。
2. 年龄在25周岁至65周岁之间。
3. 身心健康,能够胜任博物馆安排的工作。
4. 具有大专或相当于大专以上的文化程度。
5. 具有充裕的自由支配时间,能够按时至博物馆从事志愿者工作。
6. 严格遵守上海博物馆的各项规章制度。

河南博物院招聘志愿者的条件

1. 热心社会公益事业、热爱文博事业。
2. 大专以上文化程度,年龄在 18～60 岁,长期在郑州居住生活,身心健康,男女不限。
3. 会讲普通话,掌握一些文博知识;具有一定的语言表达和社交能力。
4. 能够遵守本院的各项规章制度,能够在每周二至周日期间来馆服务一次(不少于 3 个小时);每年服务时间不少于 100 小时。

首都博物馆志愿者报名条件
1. 热爱文博事业,了解有关文博的常识性知识(掌握历史、艺术、外语等方面知识的人员优先)。
2. 身心健康,具有一定的语言表达能力,能够使用普通话。
3. 年龄在 18 岁以上(在职教师、离退休人员优先)。
4. 能够自觉遵守本馆的各项规章制度。
5. 保证每周至少来馆服务一次(不少于 2 个小时);每年服务时间不少于 100 小时。
6. 长期在北京居住、工作、学习的人士。

二、志愿者的招募办法

志愿者的招募可分为大批招募、定时招募、随时招募和临时展览招募等,采取向社会公开招募的办法,显示博物馆开展这项工作的公开性、透明性和社会性。

三、志愿者的招聘程序

志愿者的招募首先是在招募前进行广泛的宣传,如在网上或报刊上进行宣传,让社会知道博物馆招聘志愿者的消息;而后进行报名审核,最后要经过考试;入选后还要进行培训,方可上岗进行讲解服务。招聘程序大同小异,现将几家博物馆的招聘程序介绍如下:

中国国家博物馆志愿者的招聘程序
1. 报名、面试。

2. 口试、笔试。
3. 培训(技能培训、专业培训)。
4. 专业考核。
5. 上岗。

上海博物馆志愿者的招聘程序
1. 应聘者出示身份证、学历证明。
2. 应聘者参加面谈与笔试。
3. 通过面谈与笔试的应聘者参加上海博物馆组织的"新志愿者上岗前培训"。
4. 完成培训的应聘者参加展厅中的口试。
5. 通过口试的应聘者成为上海博物馆见习志愿者。

河南博物院志愿者的招聘程序
1. 登报和网上宣传。
2. 报名(网上报名或直接报名)。
3. 面试(各种证件的验证、自我介绍、回答问题等)。
4. 培训。
5. 考核合格者上岗(根据考核情况分配工作岗位)。
6. 注册发证(建立志愿者个人档案、发放河南博物院志愿者证和《河南博物院志愿讲解服务手册》)。

河南博物馆志愿者招募也越来越科学,由最初的打广告到网上随时招募、每年国际博物馆日定期招募和特展专项招募等,越来越便捷并且符合社会需要(见图8-18、图8-19)。众多的大学生想到河南博物院服务,可是学习任务重,大量的讲解词熟悉过程会影响功课。于是团队成立了大学生服务支队,在双休日引导观众领取参观卡、引导正确使用参观卡、安全参观提示等即来即服务的方式参与志愿服务,不仅实现了当代大学生的志愿者服务愿望,又不会影响学习。

河南博物院小志愿者的招聘大体模仿了正规讲解员的招聘、培训过程,并

图 8-18　河南博物院志愿者招募现场

图 8-19　河南博物院志愿者面试

第八章 讲解志愿者　　261

图8-20 "国宝讲解小明星选拔赛"前十名的选手被聘为河南博物院小志愿者

借鉴了讲解大赛的有些方法,给孩子们提供了一个完整的讲解工作的体验过程。自2006年开始这项活动以后,每年的招聘过程大体上是:在登报和网上

图8-21 讲解老师手把手辅导小志愿者

图 8-22　河南博物院"国宝讲解小明星"汇报讲解有模有样

宣传后,开始报名,在报名的过程中就对那些不符合条件者进行了初步筛选,然后对筛选后的小朋友们免费举办学习班。在学习培训结束后,进行选拔比赛,前十名为"国宝讲解小明星",同时被聘为河南博物院小志愿者(见图 8-20)。参加"国宝讲解小明星"选拔活动的孩子最小的 8 岁,最大的 14 岁,他们在为期一个月的时间里学习了博物馆和文物的基本知识,接受了讲解基本要求的训练,还学会了如何编写讲解词。通过系统学习、观摩讲解和辅导培训,孩子们在展厅里的讲解已经有模有样了(见图 8-21、图 8-22)。

第四节　志愿者的培训

一、志愿者的培训类型

志愿者的培训主要有岗前培训、岗中培训(日常培训)和特殊培训等。

上海博物馆对志愿者的培训分为以下几种:

1. 新志愿者上岗前的培训

在 6 个月内共完成 16 个学分的学习任务,每个学分约为 1.5 小时。如已参加过相关培训,可根据具体情况免修部分培训课程。

2. 志愿者的常规培训

根据需要积极参加上海博物馆组织的培训活动,每年完成 2 学分以上的培训任务。没有完成规定学习任务的志愿者不参加年度的先进志愿者评选。两年内无法完成 4 个学分培训任务的志愿者视为自动放弃志愿者身份。

河南博物院对志愿者的培训主要是岗前培训和岗中培训,有时根据新展览的具体情况增加一些有针对性的培训工作。

二、志愿者培训的内容和方式

1. 培训内容

上海博物馆对志愿者的培训内容,主要有规章制度和常规工作程序;博物馆学和博物馆导览的相关知识;文物、历史、艺术的相关知识。几乎每个月都安排有讲课课程,学习的知识很全面。

河南博物院对志愿者的培训内容主要分三部分:礼貌礼节的培训;历史、考古和文物知识的培训;讲解、接待、服务技能的培训。

2. 培训方式

上海博物馆对志愿者的培训主要通过举办讲座、展厅导览、志愿者观摩导览、发放相关书籍及电子文本等方式进行。河南博物院对志愿者的培训主要包括岗前培训和岗中培训,通过授课、讲座、交流、观摩、发放相关资料和以老带新等方法进行。还开拓了分层次培训的方式,采取组长岗上实地培训与河南讲解培训基地集中培训相结合,有效保证团队能够保持阶梯状发展。每次志愿者培训,都要请有能力的志愿者和河南博物院专家及社会上的专家授课,河南博物院院长曾亲自为他们授课,有的专家还深入志愿者实际工作中进行传、帮、带,使他们在这里学到许多在社会上学不到的知识,成为凝聚志愿者最有效的方式(见图8-23)。

图 8-23　河南博物院院长田凯为志愿者授课

附：志愿者的感想和体会

幸福的守望

河南博物院志愿者　郭桂兰

　　我是一位企业退休人员，出生在崇尚英雄的年代，自小就特别崇拜革命英雄，特别希望能见到那些英雄，但因为生长在和平年代，这个愿望一直不能实现。2005 年 6 月，在经过应聘、面试、短期培训后，我在河南博物院《中原丰碑》（河南近代革命史）展厅做了志愿讲解员，至今已近三年时间。

　　近三年时间，我"守望"在先烈浴血奋战的年代，与英烈们"对话"，使我童年的愿望得以实现，使我的生活掀开了新的篇章，进入了一个全新的领域，变得从未有过的充实和多姿多彩。

　　刚开始上岗时，因从未做过讲解工作，一点经验都没有，只会把万余字的解说词干巴巴地给游客背一遍。讲着讲着，游客就不听了，越讲人越少，自己觉得很尴尬，头上直冒汗，心里难受得像十五只吊桶打水——七上八下，不由得想打退堂鼓。

就在这时，博物院社教部的领导及时给我们开会鼓劲，并派经验丰富的讲解员进行技术辅导。志愿者中的电脑工程师王慧芳还专门建立了一个网站，让大家在上面交流。我自己也反思失败的教训，对工作进行了总结，写了一个《调查报告》。在报告中，把游客按不同年龄分组，把不同年龄组关注的焦点找了出来。针对这些焦点，到图书馆、上网查资料，丰富解说词，把一个个重大事件的背景丰富起来，把一个个英雄人物过去少有报道的事迹挖掘出来，这样再给游客讲解时，详实而又生动，游客听起来也津津有味。我把自己的这段感受写了一篇小文章用电子邮件发给了《大河报》，题目就是《我当志愿者》，没想到被采用了，发表在2005年8月24日的夕阳红《老人天地》专栏。

近三年的时间里，我接待的国内游客来自全国各地，其中最小的四五岁，是两个大班的幼儿园小朋友；最大的八十多岁，是参加过挺进中原战役的刘邓大军的老战士。国外游客中有外国人，也有旅居海外的华裔。最多的是大中专学校的学生。他们也给了我深深地感动：在列强瓜分中国的巨幅照片前，一位八十多岁的郑州老市民，给我痛说鸦片给中国人民带来的沉重灾难；二七区地方志编委会的一位老同志，在听我讲解了"二七大罢工"的英烈事迹后，为了给我送补充资料，大热天从城南跑到城北；那位身为刘邓大军的老战士，给我讲述了刘伯承将军率领大军抢渡淮河的奇迹，并与我合影留念；淮海战役时支前队长的儿子，在支前队伍的大幅照片前，含泪讲解父辈支前的模范事迹；花园口的老农，在给我讲述了新中国成立前他们悲惨的生活后满怀深情地说："没有共产党就没有新中国，咱们今天的好日子都是先烈用鲜血换来的！"那些幼儿园的孩子，用稚嫩的声音和我一起背诵吉鸿昌将军的《就义诗》；那些红领巾在"二七大罢工"模拟现场前久久不忍离去；那些风华正茂的大学生围在彭雪枫将军遗像前注目凝视；那些专门领着孩子来接受革命传统教育的母亲被杨靖宇将军的事迹感动得泪流满面；一个又一个支部的共产党员们在展厅举行宣誓活动，要永保共产党员的先进性。特别使我难以忘怀的是一位旅居澳大利亚的郑州籍女孩，携外籍男友来参观，当她听完我讲解的杨靖宇、彭雪枫、吉鸿昌将军的事迹后，含着泪花翻译给她的男友，她的男友听完后，握着我的手，一个劲儿地说："他们太伟大了！"

每当这时，我就感到非常幸福，觉得自己不是一名讲解员，而是一条联系先烈和游客的"丝带";就会觉得先烈们没有死,他们正微笑着看着参观的人流,与人们分享着和平年代的幸福生活。

  我们这些志愿者,来自全市各个领域,没有报酬,还要听辅导课、背讲词、值班,用的都是自己的业余时间。在商品社会的今天,人们的价值取向多元化,面对诸多诱惑,坚持一月俩月容易,持之以恒则难。最难克服的是周围人们的不理解,就是好朋友也骂我们"傻帽儿"、"闲得没事干,没事找事"……对于我来说,原专业是企业管理,退休后,曾被多家企业聘用,待遇优厚。做了志愿者,挣钱的机会有时就在眼前,但为了这份守望,就放弃了;我还酷爱旅游,和原单位几位好友组织了一个"骑自行车旅游小队",曾和大伙骑车几乎游遍市郊所有景点,因为我做了志愿者,无法再正常参加"驴友"们的活动,和大家渐渐疏远了。有时想到这些,我心里就会不平衡,就会动摇。但再看看身边的志愿者,我又会给自己打气,坚持下去。志愿者中,有位杨龙玉老师,家中老人住院,还坚持值班不请假;还有位张大姐,脚做了手术,刚拆线,走路时脚一瘸一瘸地来值班;还有一位好姑娘小王,原在郑州上学时应聘做了志愿者,毕业分配到了安阳,每逢周末坐火车从安阳来博物院值班……这样的事例,不胜枚举,真是有"苦不苦,想想红军两万五,累不累,想想革命老前辈"的劲头。我们大家这样苦苦地守望着,究竟为了什么? 在学习会上,我们的代表小韩道出了大家的心声:人们说中华五千年看河南,人们来到河南博物院不仅要看到中华五千年的文明史,还要让他们看到厚重文化熏陶下的河南人。我们相信,只要我们坚持下去,代表幸福守望的"黄丝带"(志愿者标志牌上系的是黄丝带)最终会飘扬在博物院的每一个角落。

志愿者心声

河南博物院志愿者　佟永洁

每当我走进博物院殿堂,
五千年的脚步在耳边回响。
古老纯朴的中原大地啊,
尘土中闪烁着古文明的光芒。

每当我走进博物院殿堂，
浪漫的楚乐在脑海中飞扬。
沉睡千年的王孙浩甬钟啊，
打击中显示着帝王的奢强。

每当我走进博物院殿堂，
古远的玉佩在胸前飘荡。
温润纯洁的玉如意啊，
琢磨中寄予着先人的希望。

每当我走进博物院殿堂，
武则天的金简在眼前闪亮。
空前绝后的大周囡主啊，
字句间流露着女皇的忧伤。

每当我走进博物院殿堂，
明清书画的墨彩依然飘香。
博览神州的艺术大师啊，
挥毫中抒发着诗人的向往。

每当我走进博物院殿堂，
民族解放的歌声格外嘹亮。
催人奋进的中原英雄谱啊，
呐喊中留给后人许多思想。

每当我走进博物院殿堂，
一股暖流在心中激荡。
崇高自豪的志愿者啊，
点滴中书写着奉献的篇章。

我当上了河南博物院小志愿者

郑州市纬五路二小　三(3)班　张大方

今年刚放暑假,我就报名参加了河南博物院举办的"第二届国宝讲解小明星暨小志愿者选拔"活动。经过一个半月的培训,2007年8月16日上午,在决赛中,经过与近百名小选手紧张而又激烈的角逐,我终于被评为"十佳国宝讲解小明星",同时被河南博物院聘为"小志愿者"。也就是说,以后在业余时间我可以到博物院里为观众进行讲解了。

暑假里,不论酷暑或暴雨,我都坚持去培训,一次也没有落下。至今我还十分感谢博物院的老师们,她们以轻松愉快、生动活泼的教育方式,传授给我们博物院文物的基本知识,以及吐字发声、仪态仪表、讲解节奏等相关知识。

第一次接到上岗通知时,我兴奋极了。9月2日下午,我穿戴整齐,早早地来到博物院。当工作人员把我介绍给来此参观的观众时,我好紧张,但是我马上镇定下来。我以饱满的热情、熟练的讲解,把文物介绍给大家。

没想到,当我讲解结束时,大家给予我热烈的掌声,夸我小小年纪真了不起。还有两个阿姨一边说谢谢一边激动地塞糖给我。我一共给四批观众进行了讲解,一次比一次精彩,不知不觉一个下午就过去了。为观众讲解虽然很累,但能把国宝文物介绍给大家我真的很自豪。

第九章 讲解对象——观众

讲解离不开对象,博物馆的讲解对象就是观众。日本博物馆学专家鹤田总一郎说:"观众,同藏品陈列一样,是构成博物馆不可缺少的基本因素。观众是博物馆的服务对象,是博物馆赖以生存的社会基础。博物馆应该像爱护珍贵文物一样,爱护和对待观众。如果不考虑观众,或者根本没有观众来参观博物馆,那么应该说这不成为一个博物馆,或者至少说是一个不合格的博物馆。"观众不仅是博物馆赖以生存的社会基础,同样也是博物馆讲解工作的基础,只有观众多,博物馆才能轰轰烈烈地开展讲解工作,发挥其"传道、解惑"的作用。因此在探讨博物馆讲解艺术的同时,还必须深入地研究讲解的对象——观众,了解观众的类型和各类人的心理特征与需要,充分地去满足他们。

第一节 观众的类别

博物馆的观众形形色色,各种年龄、职业、文化程度和兴趣喜好应有尽有。如何将这些观众进行分类呢?这是一个比较复杂的问题。目前对观众分类存在着多种认识和看法,有的认为应该按年龄分类,有的则认为应该按职业分类,有的还认为应该按群体或兴趣进行分类,不一而足。

一、观众的分类方法

对观众分类归总起来大概有这几种常见方法:年龄分类法、职业分类法、群体分类法、兴趣分类法、需求分类法、场所分类法、时间分类法等。

1. 常见分类法

(1) 年龄分类法。是根据观众的年龄进行分类的方法。这种方法将观众分为儿童(5 岁至 7 岁的学龄前儿童)观众、少年观众、青年观众、成年观众和老年(65 岁以上的老年人)观众,根据他们不同年龄段的特点,安排博物馆的展览、社会教育活动,也包括对他们的讲解工作(见图 9-1)。

图 9-1　香港特别行政区九届全国人大代表参观河南博物院

(2) 职业分类法。是根据观众的身份进行分类的方法,如干部、工人、商人、军人、学生等。根据他们的职业特点,安排博物馆的展览、社会教育活动,也包括对他们的讲解工作。

(3) 兴趣、专业分类法。是根据观众的兴趣和爱好进行分类的方法。这种方法将观众分为游览观众和求知观众,或者是一般观众与特殊观众。根据他们的兴趣和专业特点,安排博物馆的展览、社会教育活动,也包括对他们的讲解工作。

(4) 需求分类法。是根据观众的需要进行分类的方法。这种分法以荷兰博物馆学家弗朗斯·斯考顿为代表。他在《博物馆学研究》中说:"博物馆观众大致可分为三类:专业性观众、特殊兴趣性观众和寻求娱乐性观众。专业性观众是把博物馆作为文化设施看待的,是为进一步深化自己的知识或验证自己研究的观点;特殊兴趣的观众是怀着某种兴趣来到博物馆;寻求娱乐性的观众主要是利用闲暇时间。"

（5）场所分类法。根据观众所在场所进行分类的方法。这种方法将观众分为馆内观众和馆外观众，包括网上观众等。

（6）群体分类法。根据观众参观时的组成形式进行分类的方法。例如：零散观众、团体观众等。零散观众又分为单个观众、家庭观众、自由组合观众、外宾等；团体观众里又分为学生团体、旅游团体、企事业团体、军人团体、外宾等。

2. 简易分类法

观众分类主要与他们的接受能力、兴趣爱好有关，应将观众的身份、文化程度、专业、参观时间作为分类的主要依据。根据这些，可分为一般观众和特殊观众两种。一般观众指没有明确目的或特殊要求的观众，主要为零散观众和企事业、部队等成人团体观众，旅游观众及大学生；特殊观众指有特殊要求或需要采取特殊方法进行讲解的观众，包括中小学生、外宾、专业观众、重要观众（中央领导和外国元首及著名人物）等。

二、讲解量与观众

目前，国内博物馆的讲解量是比较大的，这也是中国博物馆的一大特色。在一般情况下它与观众的多少是成正比的，观众多，讲解需求量自然就多；观众少，讲解需求量就少。但也有个别博物馆会出现观众很多但讲解量并不大的情况。可以这么说，观众的增多会对博物馆的讲解工作起到积极的推动作用。一旦博物馆的讲解量增大，成为观众的需要时，就会促使讲解员兴趣的高涨，有效地提高讲解水平，从而形成良性循环。反之，假如得不到观众的共鸣和响应，讲解工作就无法开展，讲解员就得不到实践锻炼，讲解水平也就无法提高，以此会形成恶性循环。

从实际情况来看，一个好的博物馆往往观众比较多，讲解量也比较大，讲解工作也开展得比较好。据前几年的统计，故宫博物院每年平均接待观众一二百万，讲解需求量很大。他们专门建立了专职讲解员、兼职讲解员和志愿者等三结合的庞大队伍，以满足众多观众的需要。即使如此，在参观高峰时期，讲解工作与观众的需要仍存在着明显的供需矛盾。陕西秦始皇陵兵马俑博物馆每年接待观众也很多，由于讲解工作需求量大，因而使不少野导游乘隙而入。河南博物院由于讲解需求量较大，常常出现争抢讲解员的现象。由此可以看出，开展讲解工作离不开观众的需要和支持，讲解量与观众关系密切。

三、听讲群体的变化

目前喜欢听讲解的观众主要还是国内观众,但听讲观众的类别有所改变,已由过去那种多是集体观众要求听讲解的状况,改变为个人或家庭听讲观众逐年增多的状况(见图9-2)。另外,喜欢听讲的集体观众也在发生着变化,过去听讲的集体观众往往是学生或企事业单位职工,现在除了以上的集体观众之外,旅游团体逐年增长,特别在旅游旺季,他们已成为博物馆听讲的主力军(见图9-3)。而过去企事业单位大批职工参观听讲的活动也正在被化解为小股组织,配合某种活动前来参观听讲。如配合党团员活动、五四青年节、三八妇女节、老人节等等。

图9-2　家庭参观者

根据目前听讲观众的成分来看,可分为以下几种类型:团体旅游观众、团体学生、公司员工、某种团体活动的人群、亲朋好友、家庭旅游观众、个人旅游观众等(见图9-4、图9-5、图9-6)。

听讲群体和听讲需要也发生一定变化,与传统观念有所不同,从河南博物院的讲解质量调查中就可窥见一斑。河南博物院社教部自2006年开始将每

图9-3 旅行社参观者

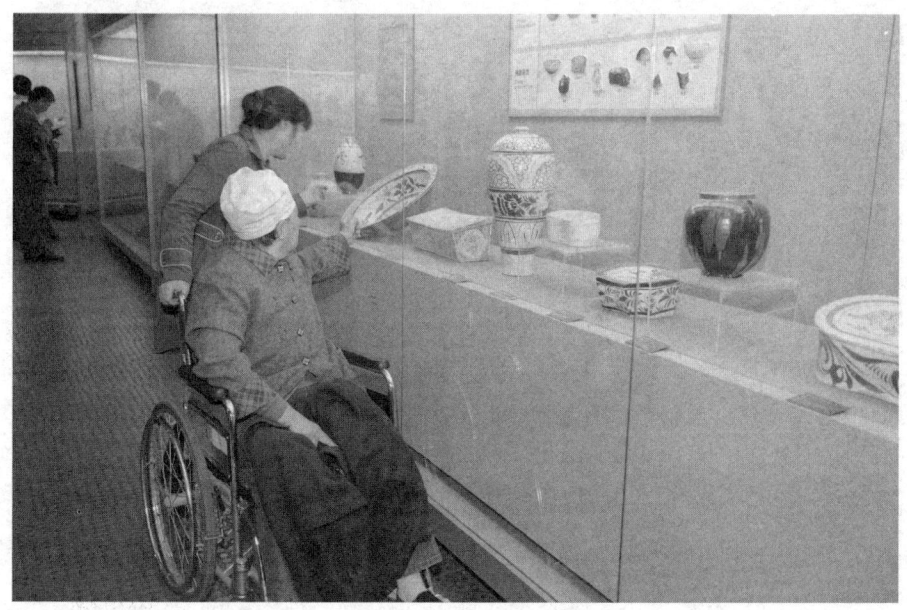

图9-4 老年参观者

图9-5 农民工子女免费参观河南博物院

图9-6 外籍学生交流团参观河南博物院

年的5月定为讲解质量调查月。调查的内容主要是：喜好听讲观众的年龄群、喜好听讲观众的职业、讲解的最佳时间、讲解内容是否适合观众、观众希望讲解员具备哪些基本素质、观众对讲解的满意程度、观众对讲解有何建议等。调查采取问卷形式抽样调查，问卷随每批听讲观众发放。通过调查得出以下结论：

1. 听讲观众的年龄以19~35岁居多，其次为36~50岁者，这与当前的实际情况相符，因为这个年龄段的人正是各个岗位的主力军，也正处于积极学习的上进时期。

2. 听讲观众的职业主要是干部，其次为公司职员，这说明听讲的人大多数是有一定文化修养的。

3. 观众听讲的最佳时间为一个半小时，与该馆所规定的讲解时间相符。

4. 观众普遍认为该馆的讲解内容通俗易懂，说明讲解质量达到了预期效果。

5. 大多数观众认为讲解员应仪容仪态好、亲和力强；部分观众认为讲解员的知识应当广博、讲解内容应当丰富。

第二节　观众的信息反馈

当今的世界是信息世界，信息的交流与反馈对各行各业都至关重要，与博物馆的讲解工作也密切相关。

一、观众信息反馈的手段

1. 设立留言簿

留言簿是各行各业听取群众意见、联系群众的一种基本方法，也是集中群众智慧、接受群众监督、发扬民主的一条重要渠道，又是对博物馆社会效益的测试和对观众服务好坏的检查尺度。

留言簿应放在展厅的明显位置，如出入口、休息厅等。挂在墙上也可以，但最好放在桌子上，写上"观众留言簿"或"请您留言"的字样，并备椅子、笔墨等工具，甚至可以将周围环境适当加以布置、点缀。观众留言一般应配两套，一套供一般观众用，一套供国内外贵宾用。对一般观众的留言簿可以简单大方，也可以豪华美观，这要视各馆的具体情况而定。对贵宾的留言簿则要讲究一些,要有点艺术性。留言簿应由专人负责,及时调换并细心整理观众留言,将这些信息及时反馈给领导和有关部门,以便及时改进博物馆的工作(见图9-7)。

图9-7　请观众在留言簿上留言

2. 观察

通过对观众的察言观色,加上自己的判断分析,搜集信息。这种方法可以听到、看到一些真实的东西,但有时也往往会有主观臆断性或片面性,不容易观察到更深入的东西。国外曾采用隐蔽观察、跟踪观察或通过闭路电视观察等方法进行信息反馈。

3. 面谈、座谈

通过和观众个别交谈或集体座谈的方式了解情况,搜集信息,这种方法简单易行,省时省事,20世纪六七十年代在博物馆界是常用的方法。

二、对观众的调查研究

1. 调查种类

从调查的范围来说可分社会调查和观众调查,从调查的形式来说可分为普查、抽样调查、个案调查和典型调查。普查是对社会上的人员或对所有入馆观众逐一进行调查的方法,这种调查是为了在一定时间和空间里取得全面、系统的调查材料,得到更科学、完整、准确的结论,但由于调查的范围较大,比较费时费力。抽样调查是按照一定的原则从调查总体中选取部分对象进行调查,然后用其结果推论原调查总体,这种调查更具有针对性,而且较之普查容易一些,但有时结论会有偏差。个案调查是选取一个社会单位、某个家庭或某个观众作为调查对象,全面而又系统地了解这个单位、家庭或个人的历史和现状及未来的发展,用个别说明一般,用生动的实例说明一般规律。典型调查是根据调查的目的和要求,在对所调查的对象进行初步全面分析的基础上,选择具有代表性的单位或个体做周密系统的调查。通过"解剖麻雀",达到对全面情况的了解。典型调查和个案调查有一定的相似之处,其关键区别在于:典型调查是选取有代表性的典型,而个案调查不一定是一个典型,任何个体都可以。

2. 调查的步骤和方法

(1)确定目的和主要内容。博物馆的调查可以有多种,无论采取哪一种调查,每次调查前都应首先确定目的和要求,明确调查对象和范围,以及准备解决哪些问题等。

(2)做好准备工作。成立调查小组,翻阅有关资料,设计调查表格,确定调查时间,参与人员,调查单位、人员、地点和路线等。

(3)调查的实施。到预定的地点进行调查,首先要向被调查对象或单位说明情况,调动他们参与的积极性,取得他们的支持和协助,最后由被调查对象按照调查内容实事求是地填写调查表,也可以由调查人员根据他们的口述代为填写。

(4)整理调查材料。将收回的表格分类编号、汇总,进行数据统计和定量分析,得出一定的结论,最后写出书面报告。

3. 调查内容

博物馆的调查内容比较广泛,可以是对博物馆全面工作或观众全面情况的调查,如观众对博物馆的总体看法等;也可以是对博物馆某一方面的工作或观众某一方面要求的调查,如观众参观时间的调查、参观动机的调查、参观效果的调查或观众对博物馆利用率、观众欣赏水平、社会需求、观众一般心理状况、参观流量等的调查。

4. 注意事项

（1）调查小组成员应是有一定社会经验和组织能力的人员。

（2）实事求是地进行调查填表、汇总，不可添加个人意愿和好恶。

（3）注意调查对象的广泛性和代表性，应包括各阶层、职业、年龄、性别、文化程度的人员。分出层次，找出典型，特别要把一般人员作为主要调查对象。

（4）一次调查的内容不可太多，应围绕一个中心进行。

5. 表格设计

表格设计要清楚、准确、便利、新颖，不要过于复杂，应以简单明了、填写方便为原则。形式一般以问答式表格为主，可以采取限制式问卷或开放式问卷。问答式是一种常用的书面调查形式，经常采用填空式、是非式、选择式等形式。

第三节　观众的心理研究

一提起心理学，人们都有一种高深莫测之感，其实，每个人的任何一种活动都伴随着心理现象的产生与发展。普通心理学综合研究社会实践中各个方面的心理现象及共同规律，对人们的认识、意识进行了全面的描述和解释，使它成为一种专门的基础学科。19世纪以来，心理学的一般原理被广泛运用，形成了心理学的各种分支，例如教育心理学、劳动心理学、犯罪心理学、儿童心理学、医务心理学等等，博物馆观众心理学也不例外，也是运用心理学的一般原理的分支学科。

一、概　说

博物馆观众心理学是研究观众心理现象及规律的科学。任何一门科学都不是孤立存在的，而是同其他学科相互联系的，博物馆观众心理学是以普通心理学为基础，着重研究博物馆教育过程中，教育者和被教育者心理活动、心理现象的产生、发展及其规律的一门科学。

1. 观众心理学研究的意义

研究博物馆观众心理不仅有一定的理论意义，更有重要的实践意义。掌握了观众的心理活动规律，就可以根据博物馆陈列展览、讲解活动的需要，控制调节人的心理活动,提高博物馆参观效率。特别是从事博物馆讲解工作的人员,一定要研究掌握观众心理,只有这样,才能因人施教,达到讲解员和观众心理上的协调,更好地服务于社会和观众。

2. 观众心理学研究的对象和内容

普通心理学是研究人类自身心理现象、行为及其规律的科学。它研究的对象是人,是人的心理现象(心思、思想、感情)及其产生、发展的规律。它研究的主要内容是:

(1) 人的心理过程,包括认识过程、情感过程及意志过程。

心理过程→ { 认识过程:感觉、知觉、记忆、思维
情感过程:情绪、情感
意志过程:动机、意志、行为 }

(2) 个性心理特征,包括能力、气质、性格等。

根据普通心理学研究的对象和内容,博物馆观众心理学研究的对象和内容也离不开这些,不过更具体、更有针对性罢了。博物馆观众心理学研究的内容主要包括观众心理过程的三大部分:

(1) 认识过程。研究观众如何通过感觉、知觉、记忆、想象和思维这些认识活动,对客观事物,即博物馆的陈列展览和各种教育活动进行了解的过程。

(2) 情感过程。研究观众对博物馆陈列展览、教育活动产生的看法、态度、感受和体会。

(3) 意志过程。研究在博物馆的活动中,如何使观众达到受教育的目的,为此如何想方设法,使教育目的得以顺利实现。同时,也要研究各类观众的主要心理特征,以便因人施教,正确实施博物馆的教育。

3. 观众心理学的研究原则和方法

(1) 研究原则。

客观性原则。研究博物馆观众心理活动,必须联系博物馆教育活动的实际情况,根据观众可以观察、感知、验证的客观事实,客观地分析观众的心理现象及其特点,从而总结其中的规律。而不能主观臆造,凭经验来猜测观众的心理活动。

发展性原则。客观世界在不断变化,观众的兴趣、喜好以及由客观实际反映出来的感知、认识等心理活动,也在发展变化。因此在研究博物馆观众的心

理规律时,也不能停止在以往的状态,而要通过调查研究,不断发现观众心理的微妙变化,以发展的眼光看待观众的心理规律。

系统性原则。观众在博物馆的教育活动中,产生一系列的心理活动,它是连续的、不可割裂的。每一个观众的心理活动构成了群体观众的心理共性,它也是不可分割的。否则,从中研究的结果就是片面的、间断的,就没有规律可言。因此,在研究博物馆观众的心理时,还要坚持系统的、全面的原则,不能"只见树木、不见森林","挂一漏万"。

(2) 研究方法。

观察法。通过对观众的直接或间接接触,观察观众的外部表现,如语言、动作、表情等,由此去洞察他们的心理。

调查法。设留言簿、开座谈会、个别交谈或发调查表,网上调查了解观众的想法、感受和意见。

经验总结法。根据博物馆工作者以往的经验体会加以概括总结。

统计学研究法。统计学是各种研究活动的基础,它可以使我们在复杂的实践中分析因果关系的因素,推断出结论;同时还能使我们通过已知条件预测事物变化的可能和程度。这是一种借助于计算来判断观众心理的研究方法。

二、观众的需要和动机

1. 观众的需要

需要是人们对某种目标的渴求或欲望,它是人们心理活动的动力,人们有了需要才会产生动机。需要决定动机,动机支配行为,行为指向目标。人们的需要分物质需要和精神需要两种,博物馆主要是满足人们的精神需要,如对艺术和美的享受的需要,或对补充知识的需要,或探求科学、创造发明的需要等等。当博物馆的陈列展览内容或讲解等社会教育活动,一旦为观众和社会需要时,就会转化为人们参观博物馆或参加博物馆活动的动机。观众对博物馆的需要主要表现在以下几个方面:

(1) 政治需要。为了某种政治目的,如进行思想政治教育,开展某项社会活动,新兵入伍或新人入厂、新生入校等。

(2) 求知的需要。探求科学文化知识或开拓知识文化领域等。

(3) 专业的需要。补充、验证、深化某种专业知识,收集专业资料等。

（4）旅游的需要。为了观光浏览名胜古迹或重要文化场所。

（5）娱乐、消遣的需要。欣赏古今灿烂的文化艺术，得到美的享受或打发闲暇时间。

（6）好奇心理的需要。看到博物馆新奇的广告宣传或门前车水马龙的场面，想探个究竟；或对某一内容的猎奇。

（7）渴求信息的需要。随着经济体制改革和社会意识的开放更新，人们的开放心态代替了封闭的心态，出现一个多元的、复杂的、各种需求交叉的社会欣赏心态。博物馆作为社会自然、历史、艺术和人生等多种信息载体，使人们把它当做获取各种信息的媒介。

2. 观众的动机

动机是推动某一活动的内部动因，是激发人们为达到某一目标而产生的内在因素。动机可以引起行为，并指引行为向预定目标前进。它能维持或制止、增强或减弱行为的力量。由于不同的需要，观众的参观和听讲动机大体有以下几种：

（1）受教育。

（2）学知识，开阔视野。

（3）搜集信息或资料。

（4）随集体活动。

（5）陪客。

（6）娱乐（欣赏艺术或参与活动）。

（7）消磨时间或猎奇。

这几种动机中，有的属于自愿，有的属于不自愿。尽管观众有各种各样的参观动机和原因，但只要我们的陈列展览内容或讲解工作等社会教育活动诸方面的因素能够吸引他们、满足他们，也可以由不同的动机得到相同的结果：学了知识、长了见识，得到了某种满足。因此，重要的是要使观众产生参观或参与博物馆活动的动机，观众只有进入博物馆，才能达到我们宣传教育的目的。为了使更多的群众产生参观动机，我们应当从广告上面做文章，加强广告宣传。"广告"一词来源于拉丁语，原意是注意诱导，即唤起人们的注意。随着社会的变化发展，广告越来越受到各界的重视，它起着传递信息，沟通博物馆和社会联系的作用；并能刺激需求，诱发动机，吸引更多的观众。这里就需要我们从群众的心理出发,用更能吸引、诱发群众参观动机的广告来吸引观众。

有了好的新奇的广告,还要有货真价实的内容和各种条件的配合,否则只能是"一锤子买卖"。其中最重要的是考虑社会和群众的需要,从他们的需要出发,举办各种为他们喜闻乐见的陈列展览并进行高质量的有针对性的讲解。否则违背社会和群众的需要,就不可能使他们产生参观博物馆的动机,也就不会有听讲行为。

三、观众的兴趣和注意

1. 观众的兴趣

兴趣是力求认识某种事物和渴望探求真理的积极的意识倾向,在观众的心理活动中占有重要的地位。兴趣也就是观众的兴奋点,它有直接兴趣和间接兴趣之分。直接兴趣的产生,一般并不总是被意识到的,它是由事物的特点而引起观众强烈的情绪,在无意中表现出来的;间接兴趣是和自觉性的活动密切联系着的,它对具体的对象或活动的结果并无兴趣,而对活动的目的和任务有明确的认识,并产生兴趣,从而支配自己去坚持活动。兴趣一般和人的需要相联系,它对认识事物和开展活动具有重要意义。

由于参观者的构成比较复杂,在参观的特定环境中,参观者的兴趣有一定的共性,但也有一定的个性,而这种个性的差异,主要来自不同的需要。观众的兴趣还会随时转移,程度也会增加或减弱。另外,兴趣有一定的诱导和激发性,它主要来自:直观形象和信号系统的作用,如奇怪的、新鲜的、有刺激的事物和优美动听的语言等。兴趣本身存在的这些特性,要求讲解员在讲解中要随时抓住这稍纵即逝的瞬间做文章,增强它的延续性。

2. 观众的注意

注意是心理活动对一定对象的指向和集中,它本身不是一种独立的心理过程,而是各种心理过程的一种共同特性。注意总是和感觉、知觉、记忆、想象、思维等同时发生的。一切心理过程都离不开注意。巴甫洛夫说:人在注意某些对象时,大脑皮层的有关区域就产生了一个优势兴奋中心,这样就能对那些与这个优势兴奋中心相应的事物产生更完善的反映。因此,注意虽不是一种独立的心理过程,但它对认识事物起着重要的作用。注意有一些明显的外部表现,通过对展厅观众的观察就可以看到,当观众对某种事物注意的时候,会出现"侧耳倾听"、"双目凝视"、"目不转睛"、"张嘴屏息"、"牙关紧闭"、"握紧拳头"、"聚精会神"等等表现(见图9-8)。

图9-8 观众聚精会神地观看展览

注意分有意注意和无意注意两种情况。有意注意是有目的的,受人的意识调节和支配,有时还需要一定的意志。无意注意是事先没有目的的,不受意识的控制,也不需要一定的意志。这两种不同性质的注意,在目的性、持久性、制约性等方面,有很大的不同,但它们又可以互相转化。心理学研究证明,引起有意注意的主要原因是:

(1)明确活动的目的、任务及意义。

(2)有间接兴趣。一个人对某种事物或活动本身可能没有兴趣,但对于活动的结果却有很大兴趣,如进行评比、写感想体会等。

(3)有一定的意志。

引起无意注意的主要原因是:

(1)外界刺激。例如强光、响动、鲜艳的色彩、刺鼻的怪味或者亮灯、灭灯、声音突然中断、变换一种新的环境、出现新异的事物等等,这些都可以引起人们的无意注意。外界刺激主要通过刺激物的强度、运动、对比、变换等方式出现。

（2）人本身的内部状态。同样是外界刺激，但由于人本身具有的意志、兴趣等内部状态的不同，就可能引起一部分人注意，而引不起另一部分人的注意。这是因为一部分人专心致志，能够排除刺激的干扰，而另一部分人由于兴趣、意志弱等原因，容易被刺激吸引。

心理学研究表明，人们只有对某种事物注意，才可能展开心理活动，才能进行感觉、知觉、记忆、想象、思维等一系列认识过程，而这种注意又是伴随兴趣出现的，可以说兴趣是注意的先导。观众如果对博物馆的参观和活动有兴趣，就会引起注意，产生愉快紧张的情绪以及自控的意志等心理状态，对认识的对象留下深刻的印象，收到良好的效果。

3. 充分利用观众的兴趣和注意

充分利用观众的兴趣，包括直接兴趣和间接兴趣，引起观众有意或无意的注意，是组织引导好博物馆的参观讲解和其他活动的重要一环。博物馆的陈列展览和讲解等社会教育活动，必须要充分注意趣味性，"寓知于乐"。要适应大多数观众的趣味，注意通俗、普及，不要过于高雅。同时也要注意提高观众的欣赏水平，引导观众的趣味向健康、高雅方向发展，不能为了"趣味"，而一味地迎合迁就某些观众的"兴趣"，让一些毫无意义的或庸俗、低级的"趣味"影响博物馆社会教育的职能。在探明了有意注意和无意注意的原因后，我们可以为观众创造有意注意和无意注意的条件。为了引起观众的有意注意，在参观前做好思想动员和组织工作，使他们加深对参观活动的目的意义的认识，甚至可以布置一定的问题作为任务，提高他们的兴趣。在参观活动中，还可以及时提醒引导观众，特别是学生观众。必要时也可以整顿组织纪律，加入一定的强制性；还可以开展竞赛、评比，增加间接兴趣，以达到预期效果（见图9－9）。除此之外，还要利用观众更多的无意注意，把观众的无意注意向有意注意上转化，引导观众感兴趣并加以注意。在陈列展览方面，充分利用声、光、电的效果，利用环境方式的变化和反差对比等刺激、吸引观众；开展有趣的、"寓知于乐"的社会教育活动；宣传教育方法要灵活多变，生动活泼（见图9－10）；在讲解导游中，可以适当更换不同风格的讲解导游人员进行讲解导游，避免一个面孔和一种声调而引起的困倦。讲解导游员也要注意声调和节奏的变化,方式方法也要因人而异,突出重点,注意内容的趣味性。根据一般认识过程,人们的兴趣往往是由和已知的事物有联系的东西引起,完全熟悉或陌生的东西一般引不起兴趣。所以学校教师在讲新课时,往往从旧内容引导出新内容,以引起学生心理上的共鸣。讲解也应该注意到这些。另外,博物馆要尽可能创造一个良好的参观环境,减少干扰观众的外界因素,如嘈杂声、歌声、说话声、打闹戏耍、涣散的纪律等等;减少陈列展览中喧宾夺主的装饰;减少讲解员语病和过多的表情。以上这些都容易分散观众的注意力。有意注意和无意注意都有个极限,注意同时间、精神状态有一定关系,在安排参观或活动时不能时间过长,采取短时间或间断休息进行,以减少观众疲劳,保持兴趣和注意。

图9-9 问答奖励机制增加学习积极性

四、观众的感觉和知觉

1. 感觉和知觉的异同

感觉是客观事物直接作用于人的感觉器官,在人脑中所产生的对事物个别属性的反映。感觉一般分外部感觉和内部感觉,在学知识受教育的过程中,

图 9-10　寓教于乐的社会教育活动《七盘舞》

人们主要是通过视觉、听觉、嗅觉、味觉、皮肤感觉等外部感觉获取的。博物馆给观众的感觉主要是听觉和视觉。

知觉是直接作用于感觉器官的客观事物的整体在人脑中的反映。例如，当观众进入博物馆后，不仅看到博物馆的建筑形式、场馆设置和环境的美化，也看到了各种内容的陈列展览，还会听到讲解，于是观众就产生了对博物馆的整体形象，知道了什么是博物馆，它是一个什么样的博物馆，这就是知觉。

尽管感觉和知觉都是观众对客观事物的直接反映，但它们又有很大的区别，感觉是对事物个别属性的反映，知觉是对事物各种不同属性、各个不同部分及其相互关系的综合反映。感觉是知觉的基础，知觉是在感觉的基础上产生的，是感觉的有机联系。观众进入博物馆后，总是先有一个个感觉；听到或看见的一件件文物和一张张图片，初步产生表象；然后再通过进一步的观察了解，产生由表及里的东西，也就是感觉汇合后的知觉。这种知觉要比感觉到的东西全面而深刻，因为观众看到或听到的东西并不一定了解，只是产生初步的概念：这是件文物！那是件地图！通过听讲和深入观察了解才能进一步认识到，这是件什么质地的文物及它的历史、科学和艺术价值，从而获得了比感觉要全面而深刻的认识。从感觉到知觉是观众的一个认识过程,这个过程是在同其他心理过程的联系中进行的,如思维、情绪、意志等心理过程。

2. 感觉和知觉的利用

观众对博物馆内容的了解,首先是从感觉开始,主要通过视、听觉来进行。通过看、听,认知博物馆的内容,由表及里、由浅入深、由具体到概括、由感性到理性。观众对博物馆感觉得越全面、越深入,知觉才会越正确、越完善。因此,博物馆的陈列展览和社会教育活动,首先要全面调动观众的各种感知器官,让观众充分地去感觉、体味。科学研究证明:视觉传达的速度可达到听觉的两倍,视听同时起作用,传达的速度是听觉的 10 倍。学校教育主要以听觉为主,目前也正在向视、听方向发展。博物馆教育比学校教育优越一步,以视、听为主,目前已发展到触觉(动手操作触摸,见图 9 – 11)、味觉(品尝)、嗅觉,甚至还发展到调动内部感觉的程度,这些有利于让观众感知博物馆的内容。

图 9 – 11　引导学生体验陶器修复

在博物馆给观众的感知中,重要的一项是培养观众的观察能力。观察是有目的、有计划、比较持久而主动的知觉。观察在博物馆的参观和活动中有重大意义,它是观众感知的重要方式。观众只有通过细致、全面、系统的观察,才能从中发现问题,找出规律。为了提高观众的观察力,除了充分调动观众的感觉器官外,同时要指导观众,特别是青少年观众去有目的地观察。如果让观众一般地去感知事物,不附加任何指导说明,就无法使观众全面而深刻地感知博物馆的内容,让观众盲目地"走马观花"将会大大削弱感知程度。

五、观众的记忆和遗忘

1. 观众的记忆

经历过的事物在人脑中的留存,叫作记忆。记忆要经过识记、保持、再认和回忆等过程。记忆是人的心理发展的必要条件,有了记忆,才能把先后的经验联系起来,加深对客观事物的认识,增加知识。

记忆首先是从记忆表象开始。表象是记忆所保持的客观事物的形象,它是以感觉和知觉为基础。没有感知,表象就不可能形成。表象是认识过程中一个重要环节,它不仅使知觉更趋于概括化,并且也为思维、想象等过程的概括奠定了基础。记忆表象是从感知过渡到思维,从感性认识过渡到理性认识的桥梁和中间阶段。

记忆是个复杂的心理过程,它包括识记、保持、再认和回忆三个基本阶段。记忆的第一个阶段是识记,即事物的形象、性质或体验等在头脑中进行"识别"、"记忆"的过程。从信息加工的观点来看,它是信息的输入和编码过程。识记分机械识记和意义识记。机械识记是在对事物没有理解的情况下,依据事物的外部联系进行识记,主要以重复、反复、复习、背诵为基本条件。意义识记是建立在对事物理解的基础上,依据事物的内在联系,运用有关的经验进行的识记。记忆的第二个阶段是保持,即将已获得的知识经验在头脑中贮存和巩固的过程。记忆的第三个阶段是再认和回忆,即对过去的经历或经验重演恢复的过程。从信息加工的观点来看,它是信息的提取过程。这三个基本阶段、过程是互相联系、一环扣一环的。没有识记,就谈不上保持;没有识记和保持,就不能进行再认和回忆。

博物馆教育的本身就具有很强的直观性,一件件文物、一张张照片、一个个版面,为观众记忆提供了形形色色生动的表象,创造了加深记忆的良好开端。在此基础上,必须从教育手段和方法上,进一步帮助观众理解内容,在理解的基础上加强记忆,在记忆过程中加深理解,再加深记忆……首先要把各种复杂的内容进行归类和系统化,通过对内容的分类归纳,使观众掌握的材料清楚、层次分明,从而在观众头脑中留下清晰的痕迹。博物馆的陈列展览大多都有明晰的纲目,在具体讲解中,应在大纲目之下将众多的内容归类,形成小的明晰的章节和层次,这样才能脉络清晰、层次分明。其次,在讲解中,要突出重点,解决难点,不能面面俱到,特别是对学生观众。在复杂众多的内容中,必须根据具体观众的实际情况,去繁就简、去多求精,使观众便于记忆。再次,在讲解中,要适当采用比较的方法,帮助观众理解内容,加强记忆。例如在历史陈列展览中,有很多类似的历史事件,如农民起义、改革变法、不平等条约等。除讲授它们的特点外,还可将类似的或在时间上较近的事件加以对比,分析它们的异同,这有助于观众的理解和记忆。为了能让观众记住博物馆的内容,在讲解中重点内容可以适当重复、反复、加强。

科学实验证明,形象记忆(利用表象进行联想的记忆)是抽象记忆(逻辑、推理、判断)的1000倍。根据一般记忆规律,博物馆的陈列展览和讲解工作等社会教育活动,仍需要加强形象化和直观化,多为观众提供一些形象的东西。在讲解中多结合实物、图版是非常必要的,而不能把那些文物和辅助展品作为自己的陪衬,要尽可能把观众的视线导引到文物和展品上,这样会收到事半功倍的效果。为了加深观众的记忆,讲解中有必要多增加温习、再认的活动,以保持记忆,使短时记忆转化为长时记忆。根据心理学实验表明,记忆是脑的机能,是外界刺激产生的神经过程在大脑皮层留下的痕迹。在感知过程中,大脑皮层形成的暂时联系,如果经过多次反复,就会形成比较巩固的联系系统。

2. 观众的遗忘

与记忆相反,观众在短时间内对博物馆参观或活动的内容还会遗忘。观众遗忘的原因主要有以下几种:

(1)仅经过识记而没有经过运用或较少运用,也就是说识记内容的实用价值低,因而保持率就低,就容易遗忘。

(2)识记的内容过多。

(3)没有理解或理解较少,单靠机械识记。

(4)与识记内容的性质有关。比如生动形象的内容就不容易遗忘,反之就容易遗忘;有意义的内容比无意义的内容遗忘得慢,内容难度大的比难度小的遗忘得快。

(5) 与识记内容的位置有关。比如两头的内容不太容易遗忘,而中间部分则容易遗忘,这是因为人们的记忆规律是开头和结尾部分精神往往比较集中,所以容易记牢。

(6) 与个人因素有关。比如人的先天条件、精神状态、学习方法等。

(7) 个性差异。如青少年观众一般比成人观众机械记忆能力强,而成人观众一般比青少年观众的意义记忆能力强;画家、演员、建筑师等职业的人形象记忆力较强,而数学家、理化家对公式、定理等逻辑性的东西记忆力较强等。

观众对博物馆的内容不可能百分之百地保持不忘,问题是怎样减少观众对博物馆内容的遗忘。除了强化记忆手段外,博物馆的陈列展览和讲解工作等社会教育活动要注意时间性,内容要少而精,不要让观众过度记忆。实验证明,过度学习在100%~150%之间效果最佳,如果超过200%时,学习效果便逐渐降低。从许多博物馆的调查中得知,大部分观众在博物馆逗留的最佳时间是1~2小时。所以博物馆的各种陈列展览和讲解工作等教育活动都不宜时间过长,否则观众就会疲惫,精力分散,以后的教育就等于浪费,甚至还会影响以前的教育效果。为了减少观众的遗忘,博物馆最重要的是要改变过去仅灌输、不复习不运用、不让观众参与的教育方法(主要是社会历史类、艺术类的博物馆)。我国伟大的教育家孔子提倡:"学而时习之"、"温故而知新",这种教育方法在千百年的教育实践中被证实是行之有效的,因而在我国教育界广泛推行,培养出大批的有用人才。作为社会教育机构的博物馆,不仅仅是为了让人们欣赏文化,更重要的是让人们获得知识,这就必须十分重视复习、验证、实践的教育活动。

六、观众的思维和想象

1. 观众的思维

感知事物是观众对博物馆认识活动的低级阶段,也就是感性认识阶段,思维是观众认识活动的高级阶段,也称为理性认识阶段。思维是人脑对客观事物概括的、间接的反映,它以已有知识经验为中介,借助于语言来实现。感知反映的只是事物的一些外部特点、外部联系,而思维则能反映事物的共同的、本质的特征和内在联系。例如,当观众刚进入博物馆的时候,只是感受到"这个博物馆挺大"、"这个博物馆比某某博物馆漂亮",或者是这个博物馆有几个展览,开展什么活动等外部特点和联系,而当观众完成了全部参观过程后,会得出"这里是文化的殿堂"、"博物馆是个充满知识的教育场所"等结论,这就是通过对博物馆的感知,经过思维后,观众头脑中所反映的是博物馆共同的、本质的特征和内在联系。

分析综合是思维的基本过程。分析是把一件事物、一种现象、一个概念分成较简单的组成部分,找出这些部分的本质属性和彼此间的关系;综合是把分析过的对象或现象的各个部分、各属性联合成一个统一的整体。分析和综合是两个相反的过程,但它们又不是孤立存在的,而是紧密联系的。正由于它们的紧密联系,才组成了统一的思维过程。例如,讲解员在讲述"五四运动"时,一般要交代"五四运动"的爆发时间、地点、主要情节,这就是在分析一个事件。尔后,又讲述"五四运动"爆发的原因和伟大意义等,这就是在综合一个事件。当然,有的思维过程是综合、分析、再综合,不过思维的基本的过程是分析、综合。除此之外还有比较、抽象和概括、系统化和具体化等过程。

思维是以概念、判断、推理作为基本形式的。无论是分析综合,还是比较,或是抽象概括、系统化具体化等,都是以概念、判断、推理的思维形式出现的。概念是客观事物的本质特征在人脑中的反映,是思维形式之一。如"博物馆"这个概念反映的不是博物馆的大、小和省、市、县等级别,也不是单指哪种类型的博物馆,而是反映的博物馆本质的东西,反映的是它和图书馆、文化馆等机构的最根本区别,使人们一听到博物馆这个词,便能和其他概念区别开来。判断是肯定或否定概念之间的联系和关系的思维形式之一,它是人脑对客观事物本质联系或关系的反映。如:"这个陈列展览是好还是不好""这件文物好在哪儿?"等等。推理是从一个或数个已知判断推出新的判断的思维形式之一,它也是人脑对客观事物之间本质联系或关系的反映。如:"因为博物馆能给人以知识,所以应当常来博物馆参观";"文物是国家民族历史的见证物,我们应当保护它,利用它"。在思维的基本形式中,概念是最基本的形式,人们一般都是运用概念组成判断并进行推理。

博物馆的讲解教育活动,最重要的是提高观众的思维能力:分析、综合、抽象、概括、判断、推理等。首先是启发观众的思维能力,让他们开动脑子,积极思维对于有些活动可以事先提出部分重点问题,让他们带着问题去学习,充分发挥其学习的自觉性和主动性。其次是帮助观众进行思维。思维活动是以丰富的感性材料作基础的,因此在帮助观众进行思维时,要首先提供大量的感性材料。一个从未吃过梨子的人,不可能产生"梨子好吃"的概念;一个从未进入过博物馆的人,也就不会产生"博物馆是个充满知识的场所"的概念。要想让观众真正了解博物馆的内容,必须让他们掌握博物馆的第一手感性材料,不然观众的思维就是空想瞎想了。在提供给观众大量的感性材料后,必须使这些材料经过思维上升到理性认识上去。常听到一些走马观花的观众发表"博物馆放的都是些破盆烂罐"的错误结论,这是因为他们只看见了一些现象,没有深刻地感知这些盆盆罐罐的价值,缺乏头脑的思维加工,没有透过现象看到本质。在帮助观众进行思维活动时,除了提供大量的感性材料外,同时还要让观众正确理解概念和形成概念。因为概念是思维的最基本形式,观众只有搞清弄懂概念才能进行判断、推理,完成思维过程。在解释说明概念时,尽量运用各种方法,使事物的本质特征突出出来。例如在说明动物这个概念时,要充分利用感性材料,分析它的特征,再拿动物和植物等进行比较,使它的本质特征鲜明地突出;并用准确的语言进行概括,综合说明,下一准确精辟的定义,使观众随着解释说明进行思维活动,从感性认识上升到理性认识。在帮助观众进行思维时,不能代替观众思维,要注意用启发式、引导式,而不能完全靠灌输、填塞式。解释说明要由浅入深,突出重点,重在发掘文物的潜在价值,同时还要留有"弦外之音",留有让观众回想思考的余地。另外,博物馆的教育中,要多为观众提供思维的条件和活动,比如让观众多参与、多实践,让观众自己动脑去判断、挖掘、创造。

2. 观众的想象

在观众进行思维心理活动的时候,往往还会出现想象的心理活动。想象是在客观事物刺激影响下,在头脑里对旧形象的加工改造,形成新形象的心理过程。例如观众在看到吉鸿昌的照片或实物时,或听到对他的介绍时,脑海中会浮现出自己想象的吉鸿昌的高大英雄形象以及牺牲时慷慨陈词的场面,尽管谁也没有亲临其境,但每个人头脑中都会有一定的形象,这就是想象。有时观众参观欣赏一幅艺术品后,会在此基础上受到启发,脑海中产生新的艺术创作形象,这也是想象。

想象中出现的形象,不是记忆形象的简单再现,而是自己从未感知过的新形象。想象可以诱发创作灵感和发明创造,它是思维活动的进一步发展,是知识进化的重要条件之一,特别是创造想象。博物馆的教育不仅重在提高观众的思维能力,还在于培养观众的想象特别是创造想象能力:通过对科技内容的参观,激起他们发明创造的灵感,引出新的发明创造;通过对艺术作品的欣赏,引起观众对美的想象,引发其新的艺术创作激情。

七、观众的情绪和情感

情绪和情感是人对客观事物的一种特殊反映形式,是人对客观事物是否符合自己需要的态度的体验,例如满意、愉快、喜欢、赞扬等。人对客观事物常常不是无动于衷的,总是伴随着某种态度的体验。观众在博物馆的参观活动中,情绪和情感是随着认识活动而变化的,讲解质量如何,工作人员的态度如何,环境如何,是否符合自己的需要,都会使观众产生喜、怒、哀、乐等不同的情绪和情感。这种情绪和情感产生发展的根本原因就在于博物馆这个客观事物是否符合观众的需要。当然有时也和观众自身的情绪和情感有关。

虽然情绪和情感是人对客观事物的一种特殊反映形式,但它们又有不同。情绪是某种生理需要是否得到满足而产生的态度体验,而情感是与社会需要、与人的意识紧密相连的态度体验。情绪比较不稳定,常有情景化,并常带有面部表情,如笑容满面、怒气冲冲;而情感则有稳定性、长期性,是比较本质的东西,受社会制约。在讲解中,观众的情绪和情感是异常明显和丰富的,他们面部常有关注、惊异、惋惜、高兴、不高兴、满意、不满意等表情。古代悠久灿烂的文化,使观众产生自豪荣耀的情感;英雄人物的动人事迹,往往使观众泪流满面;敌人的凶残,往往引起观众的切齿痛恨和无比厌恶。

在参观和听讲过程中,观众会产生积极和消极的情绪,这主要受到以下因素的影响:

第一,是陈列展览和讲解内容水平的影响。陈列展览和讲解内容符合他们的精神需要,并且讲解水平高,观众就会产生积极情绪,反之就会产生消极情绪。同时观众随着对陈列展览和讲解内容的了解和认识,情绪会加深或变化,如由不满意到满意,或者由满意到不满意等。

第二,受到环境和服务质量的影响。参观现场环境优美、舒适、富有人性化,讲解员亲切认真,热情礼貌,就会使观众产生愉快、舒畅的积极情绪;反之就会引起厌烦、失望等消极情绪。

第三,也受到观众个人情绪的影响。情绪有一定的指向性,如指向某一事或某一物。个人情绪和家庭、环境、工作、身体等多种因素有关,个人情绪上的好坏反过来也影响着讲解员的情绪。比如某个观众在工作上出了麻烦或家里发生了不愉快的事情,那么他在参观听讲中必然会有一定的消极情绪;如果某个观众在工作上取得了成就或家里喜事临门,那么他在参观听讲中必然会有一定的积极情绪。

在观众的参观和听讲过程中,还会产生一定的情感,这种情感主要是道德感和理智感。道德感是观众根据社会道德标准,包括人的行为、举止、思想等去评价客观事物而产生的情感。例如博物馆讲解人员热情礼貌的工作作风会使观众产生友好感、赞赏感、满足感。再如讲解员宣传的内容,会使观众产生是非感、善恶感。特别是一些真、善、美的内容,会使他们灵魂深处受到冲击,产生一种短暂的、强烈的、爆发式的激情,引起他们的感悟和思索,从而增强了道德感和道德观念。

在观众的参观和听讲过程中,产生的另一种情感——理智感,主要表现在对他们的兴趣、爱好和好奇心的满足所产生的满意感和获得知识后情绪上的体验,还表现在他们在参观听讲过程中所产生的疑惑感、忧郁感以及出现新的见解或发现新的解决问题的方法、途径时所产生的惊奇感、自豪感等。它是和观众的认识、求知欲、兴趣的满足以及对认知内容的探求相联系的,是激发观众学习的重要心理条件。观众的理智感,由于求知欲望的强弱,探求真理的毅力和兴趣的大小而有不同的形式和程度,并随观众的认识、实践的不断深入而发展。

讲解作为讲解员与观众之间一种信息传播与接受的双向活动,其效果直接受到双方情感的影响。在主客体双方不同的情感状态下,传播或接受博物馆信息的效果是有差别的。观众在博物馆的情感也会受到讲解员的影响,同时也会影响到讲解员的情感。讲解员对文物、标本与陈列的情感,也直接影响着观众对文物、标本与陈列的接受和理解,影响着讲解效果。在讲解中,讲解员利用优美的语言,艺术生动地表现出自己内心深处对陈列的文物、标本的理解和情感,以自己丰富的情感感染观众,唤醒观众对文物、标本丰富的审美情感。而观众对讲解员丰富情感的回应和共鸣,又反过来进一步影响着讲解员的情感。

八、观众的意志

意志是决定达到某种目的而产生的心理状态,往往由语言和行动表现出来。意志是人类特有的,属于人们意识的积极调节方面,带有自觉性。观众在参观听讲过程中也需要意志,如为了学习知识或其他目的而不辞辛苦,不怕困难,排除干扰,坚持到底等。

认识是意志的前提,同时意志又促使认识更加深刻完善。只有当观众认识到博物馆的陈列内容对自己的需要有作用时,才能意志坚定,想方设法去完成在博物馆学习欣赏的任务。观众在坚定自己意志的过程中,离不开对展品的注意、观察、思维、想象等认识活动。意志和情绪、情感也紧密相连,一方面情绪、情感可以影响意志,另一方面意志也可以影响情绪、情感。例如积极愉快的情绪能强化观众参观听讲的意志,增强体力、精力,激励其去克服困难;反之会妨碍观众的意志。

意志有一定的品质,它们是:自觉性、坚毅性、果断性和自制力。一个人的意志品质是与他的个性特点分不开的,与他的先天素质、所接受的教育与锻炼及社会道德观念、习惯等影响都有联系,这就是个性意志差别。除了个性意志差别,意志还和个人需要、动机有直接关系,讲解员在讲解接待观众中且不可忽视。

第四节 观众的心理特征

博物馆观众的心理感受是丰富多彩的,观众的精神追求也是各式各样的,由于他们年龄、职业、文化、社会实践的不同,形成了不同的个性心理特征,现将博物馆主要观众的心理特征做一分析。

一、一般观众的心理特征

一般观众多为了观赏、求知而来,没有很明确的目的性;兴趣不一,各取所需;注意力往往被新、奇、显、美的内容所吸引,记忆能力和观察能力及思维能力各异;情感不稳,往往随博物馆的陈列展览和活动、环境、服务情况而变化,意志能力一般。这类观众的心理特征表现为:

1. 求乐趣的心理

许多观众在求知的同时，都喜欢快乐一些，脑子放松一下，因此对有趣味的东西比较感兴趣，希望寓教于乐，对干巴巴的讲解说教或一味地灌输会感到乏味，由此失去参观和听讲的兴趣。

2. 求新的心理

人们一般都喜欢新颖的内容与形式，喜新厌旧是人的普遍心理。因此各馆的讲解工作都要有其不同的内容和形式，突出不同于他馆的特性。否则，千篇一律、多年不变的形式和内容会使观众不感兴趣。

3. 求"价值"的心理

一般观众对博物馆各有不同的认识，大多是把它作为旅游景点和求知场所。将其作为旅游景点的观众希望博物馆能够满足旅游即游乐的需要；将其作为求知场所的观众则希望它成为百科全书，满足各方面知识的需求。

4. 求舒适的心理

求舒适是现代观众普遍共有的心理要求，特别是外宾。观众希望博物馆能够服务功能齐全，提供各种服务设施，环境幽雅卫生，各种手续简便。累了能休息，渴了有水喝，饿了有饭吃，并能娱乐游玩，处处舒适方便。

5. 求愉悦的心理

观众希望博物馆的工作人员热情、诚恳、文明、礼貌，服务周到，得到工作人员的尊重、理解和关怀，会使他们在精神上愉悦，高兴而来，满意而去。

二、青少年观众的心理特征

1. 少年观众的心理特征

儿童的身心发展是一个连续不断的发展过程，是一个由低级到高级，由量变到质变的发展过程，既有连续性，又有间断性。

少年观众主要指小学生和初中生。小学生的兴趣不稳定、不持久，主要对故事性的内容，特别是战斗、侦察、破案等内容感兴趣。其注意力容易被一些新奇的刺激所吸引，无意注意占优势；感知事物比较笼统，不细微精确，容易看表象，看不出事物之间的内部联系和特点；机械记忆力强，理解记忆力较差；以形象思维为主，抽象思维能力较差。小学生的集体荣誉感较强，喜欢表扬。在对小学生教育时，要善于改变方式，利用新异的刺激和他们感兴趣的内容，去吸引他们的注意。比如,讲解和看录像相结合,多讲些他们能理解的内容等,同时也要注意正确引导,发展他们的有意注意。比如,采用表扬、提问、反问等手段,以引导他们的注意力。针对小学生感知事物比较笼统、不细微、看不出事物的本质等特点,培养他们细微地观察事物,从复杂的现象中区分出主次,找出其中的不同和相同之处,发现一些规律;讲解、讲课时要突出重点,脉络清晰单一,语言浅显易懂。利用小学生机械记忆为主的特点,注意重点重复,或者编成饶有风趣的话语,使他们加深记忆。要充分利用博物馆教育直观生动的特点,加强儿童的形象思维,并注意培养他们的抽象思维能力(见图9－12)。

图9－12　用革命事迹集中孩子们的注意力

初中生的注意力比小学生稳定些,有一定的目的性和选择性;视觉和听觉能力有很大提高,15岁左右的人,在这方面甚至超过成人。在知觉上,初中生已能观察事物的细微之处,基本能抓住它们的主要特征;仍以机械记忆为主,但理解记忆能力有一定的发展;抽象思维能力已占主导地位,但形象思维仍占不小比例;已有了明显的意志。在对初中生教育时,除利用他们的无意注意外,可以引导他们有意注意;指导教给他们观察事物的方法,注意理论联系实际；注意讲解和讲课的逻辑性及语言的准确性，注意培养他们的抽象思维能力。由于初中生意志能力有明显的发展，他们渴望独立思考和接受多方面的知识，基本能够克制自己，学习和参加其他活动能坚持到底。在给他们讲解、讲课时，一方面可以不像对小学生那样挑选内容，基本按预定计划进行；另一方面也要注意时间性；不要用过多的儿童语言，因为在这个时期的少年，总希望把他们当大人看待。

2. 青年观众的心理特征

青年观众主要指高中生和大学生，他们已基本步入成人行列，在各个方面已趋于成熟，心理素质较高。

青年观众已能比较集中、持久地注意学习和研究问题，兴趣较为广泛；已能全面和深刻地观察事物，感知能力大大提高；理解记忆能力进一步加强；抽象思维能力已占主导地位，逐步摆脱具体的经验的限制，能运用概念、判断等进行逻辑思维；独立思考能力有较大发展，意志能力较强。大学生的心理特征基本和高中生相同，只是在思维能力上更进一步发展，概念、判断、推理能力，钻研问题的能力和想象能力有所提高。在对这一类观众讲解时，着重在于提供感性材料，补充开拓知识，进一步提高他们的观察、思维、想象能力，特别是创造性的想象能力。

三、专业观众的心理特征

1. 明确的目的性

专业观众一般兴趣比较专一并且浓厚，有明确的选择性和目的性。一般是为了补充、验证知识或收集专业资料而来，他们的注意力往往非常集中，出现一些明显的专注表情和举止，咨询的问题也比较专业或冷僻。

2. 独立思维能力强

专业观众理解记忆能力很强，观察细致入微，善于发现问题并提出问题。能够非常准确地运用概念、判断、推理形式，进行抽象、概括、比较、综合，使感性材料上升到理论认识。

3. 意志坚定

专业观众情感比较平稳，意志比较顽强，不怕严寒酷暑，不怕疲劳饥饿，想尽办法抄、写、画、照、看，努力完成自己的任务。对这类观众，应着重提供更多的感性材料,尽力满足他们的要求,提供各方面的服务,促使他们尽快尽好地完成自己的任务。

博物馆观众心理研究是个比较复杂的问题,需要经过长时间的观察、调查和探讨研究,在这里所提供的只是本人一点粗浅的认识,以求抛砖引玉。

参 考 资 料

1. 梁吉生:《博物馆概论》,国家文物局长沙学习班讲义。
2. 国家文物局主编:《中国博物馆学概论》,北京:文物出版社1985年版。
3. 黎先耀主编:《博物馆学新编》,南京:江苏科学技术出版社1982年版。
4. 国家文物局编:《中国博物馆》。
5. 吉林省博物馆学会、考古学会主编:《博物馆研究》。
6. 陈建民:《说和写》,广州:广东人民出版社1982年版。
7. 胡裕树主编:《现代汉语》(增订本),上海:上海教育出版社1986年版。
8. 王士达等:《文艺学常识》,长沙:湖南文艺出版社1999年版。
9. 贾正国主编:《普通话训练与测试》,开封:河南大学出版社2002年版。
10. 张颂:《播音创作基础》,北京:北京广播学院出版社2002年版。
11. 徐亨:《播音发声学》,北京:北京广播学院出版社2003年版。
12. 北京师范大学中文系编:《写作基础知识》,北京:北京出版社1982年版。
13. 中山大学中文系编:《语言学概论》,南宁:广西人民出版社1982年版。
14. 李景隆等主编:《基础写作》,北京:中央广播电视大学出版社1989年版。
15. 黄伯荣、廖序东主编:《现代汉语》(修订本),兰州:甘肃人民出版社1985年版。
16. 延华、盛斌、晓辉:《说明文》,长春:北方妇女儿童出版社1999年版。
17. 李斌:《国际礼仪与交际礼节》,北京:世界知识出版社1982年。
18. 《实用公共关系手册》,广州市《南风窗》杂志社1986年增刊。
19. 郝铭鉴等主编:《中国应用礼仪大全》,上海:上海文化出版社1999年版。
20. 金正昆:《涉外礼仪教程》,北京:中国人民大学出版社1999年版。

21. 云牧心:《社交与礼仪知识全集》,北京:北京工业大学出版社2006年版。
22. 北京师范大学编:《普通心理学》,西安:陕西人民教育出版社1985年版。
23. 陈纪方:《社会心理学》,郑州:河南人民出版社1985年版。

后　记

　　俗话说"丑媳妇总要见公婆",用去我二三年时间的《博物馆实用讲解艺术》终于与读者见面了。尽管它不是什么巨著,也不具有什么重要价值,但它是我三十多年实践的体会和认识,也是我在退休之年的一个工作总结。

　　1965年,我成为博物馆讲解队伍的一员,并爱上了这个工作,从此与讲解工作结下了不解之缘。随着工作实践的延续和深入,我最初对这项工作迷惘和模糊不清的认识逐渐产生变化,在探索实践中,有了一些新的体会和认识,并产生了新的探索欲望,于是就不断写一些文章,加入了探讨、研究者的行列。在与同行们交流中汲取了很多营养,在不断为讲解员学习班讲课中又促进了认识的逐渐提高和升华。于是,在最初几千字的小讲义基础上,页码不断加厚增多,内容不断充实丰赡。

　　20世纪90年代末,河南博物院诞生,整个工作上了一层楼,在河南博物院领导大兴科研之风的倡导下,我产生了强烈的写作冲动,干了一辈子的我是否应该为自己热爱的这项工作、为后来者留下一些哪怕是非常微小的启示?是否应该为自己探讨、研究的课题画上一个句号?于是就把《博物馆实用讲解艺术》作为一个科研课题报了上去,得到了河南博物院领导的大力支持,并给予资助,因此才使我的这项工作得以顺利完成,其成果就是即将行世的这本小书。在这里我对河南博物院的领导和学术委员会的大力支持和帮助表示衷心的感谢!同时也对为支持我完成这项科研任务并无私地提供资料和帮助的所有同志表示真诚的谢意!

作　者
2009年3月15日

再版后记

　　本书于 2009 年首次出版，此次为修改再版。博物馆学是一门新兴的科学，其理论的实践性很强，因而往往受到社会实践和发展的影响与制约。作为社会教育工作之一的讲解工作更是如此，今天的经验和理论到明天可能就会落伍和改变。加之我们从事历史类博物馆工作的局限，对其他行业博物馆的个性了解不够深入，书中所言肯定会有片面性和错误之处，真诚地希望文博界领导、专家、同行们予以批评指正。

　　感谢河南博物院学术文库编辑委员会资助出版本书，感谢河南博物院院长田凯和副院长丁福利、刘玉珍以及社教部给予的支持与帮助。社教部豆小宇为本书照片的整理给予了无私的帮助，在此一并感谢！

作　者

2017 年 1 月